「被耶鲁哈佛同时录取的6+4秘籍」

培养面向未来的孩子

杨玉芬 著

中国矿业大学出版社
·徐州·

内容提要

作者结合自身经验，通过十个字、一句话、两种方法和一种机制介绍了做家长的六大特点和培养孩子的四个步骤，用大量案例给出了“饥渴育儿法”和“小目标定位法”的实操过程，阐明了“思路比方法更重要”的核心理念。

本书可供家长、幼儿园与中小学老师以及家庭教育工作者阅读参考。

图书在版编目（CIP）数据

培养面向未来的孩子 / 杨玉芬著. —徐州：中国矿业大学出版社，2020.6

1SBN 978-7-5646-4551-9

Ⅰ. ①培… Ⅱ. ①杨… Ⅲ. ①家庭教育 Ⅳ. ① G78

中国版本图书馆 CIP 数据核字（2020）第 005106 号

书　　名　培养面向未来的孩子
著　　者　杨玉芬
责任编辑　史凤萍
出版发行　中国矿业大学出版社有限责任公司
（江苏省徐州市解放南路　邮编 221008）
营销热线　（0516）83885307　83884995
出版服务　（0516）83884895　83884920
网　　址　http://www.cumtp.com　E-mail:cumtpvip@cumtp.com
印　　刷　江苏凤凰数码印务有限公司
开　　本　880 mm×1230 mm　1/32　**印张** 11.625　**字数** 334 千字
版次印次　2020 年 6 月第 1 版　2020 年 6 月第 1 次印刷
定　　价　68.00 元

序

三十年前，我在做母亲教育研究时，就开始注重家庭教育个案的搜集、整理与研究。到2001年出版《我们是这样教育孩子的——9位中国杰出父母的成功经验》时，更是花了大量时间从事这方面的工作。

记得在这本书出版前后，我有一种很强烈的感受，就是2000年之前的那些优秀父母的个案与之后的个案有明显的不同：之前的个案有相当一部分或父母或孩子是残疾人，从而父母能有更多爱心更多时间教育孩子，最终孩子成长得更加优秀。

但是2000年之后的优秀父母则更多表现出一种有意识的教育结果。这方面最典型的代表就是《哈佛女孩刘亦婷》的作者刘卫华，她对自己家庭里的亲人要求“先培训后上岗”，如果不能统一思想则最好不要太多接触自己的孩子……

从父母教育孩子的“无意识”到“有意识”，这是一个巨大的进步。但是，仅有这种意识是不够的，因为这个“有意识”，并不见得就必然导致“有结果”。从“有意识”到“有结果”还需要长期坚持、不断调整和反思，而这样的韧性、毅力和反思恰恰又是非常难得的。

这里所说的“有结果”并不是简单地等同于“五子登科”或“鲤鱼跃龙门”，而是基于孩子自身条件的、有进取的、有社会存在价值的培养目标的实现。通俗地说，就是通过良好的家庭教育帮助孩子成为身心健康、快乐、自信和自食其力的劳动者和建设者。

杨玉芬老师是一位优秀的母亲，出生在农村，兄弟姐妹多，小时候有时连饭都吃不饱。好在她的老父亲重视教育，恢复高考后，克服重重困难让她重返校园。杨老师大学毕业后认真工作，41 岁时又毅然选择攻读博士学位，与女儿一道学习成长。她的女儿从小品学兼优，从徐州转学到北京时也一度不适应，但很快在她的帮助下度过了不适期，重新展现出一个优秀孩子的特性，终于在高中毕业时获得耶鲁大学和哈佛大学的全额奖学金，最终选择赴耶鲁大学深造。

早在 2007 年我就有幸结识杨老师与她先生。他们夫妇在女儿拿到耶鲁大学和哈佛大学的录取通知以后就应邀整理和撰写培养女儿的心得体会。在中国妇女出版社推出他们的作品《我们这样把女儿送入耶鲁大学》时，出版社领导希望我写一句推荐的话，我当时写了“家庭是孩子的第一课堂，黎蒙今天所取得的成绩，无疑得益于父母在她人生最初几年的精心培育”。现在杨老师写作的《培养面向未来的孩子》一书全面系统地介绍了她在女儿成长过程中提炼出的核心理念——思路比方法更重要，以及大胆尝试并证明行之有效的培养方法——饥渴育儿法和小目标定位法，作为家庭教育方面非常宝贵的第一手材料，对于家庭教育研究和众多家庭培养孩子的具体实践都具有很好的参考价值。

我相信杨老师的这本书能够帮助更多有困惑以及愿意成长的家长！

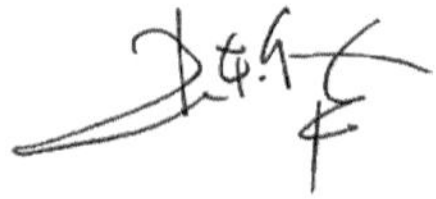

华东交通大学母亲教育研究所

2019 年 5 月 1 日

写在前面的话

慈母手中线，游子身上衣。天下最疼爱孩子的莫过于父母了，这是最基本的人伦之情，也是最朴素的一个道理，正所谓“可怜天下父母心”。可是为什么仍然有不少家长却出力不讨好，心没少用，事没少做，话没少说，孩子的表现却不算出众，甚至令人失望，不仅学习成绩一塌糊涂，还任性、自私、无法沟通，与家长对着干、与老师对着干，让他向东偏向西，让他打狗偏撵鸡。更让全职妈妈委屈的是自己不能有任何怨言，一有怨言，还会遭到家人的指责与批评：“天天在家，什么也不让你做，连孩子都教育不好……”唉！一肚子的苦水向谁倾诉？

毫无疑问，每个家长都是爱孩子的，到底什么是爱呢？

虽然无法准确地给爱下定义，然而，爱又是每个孩子在内心深处都能感受得到的。如果孩子的外在状态是快乐的、开心的、心满意足的，完全可以说孩子的内心是充满爱的，他或她的生活环境是洒满阳光的。

如何爱孩子呢？

爱孩子不是说出来的，是做出来的。早上起床时的一句“早上好！”临睡前的一声“晚安！”孩子沮丧伤心时的微笑和拥抱，成绩不理想时的安慰“没关系，咱们一起分析原因”，这就是爱的语言！爱的行为！

孩子小的时候当面说、当面做，长大了，远赴他乡读书和工作，温馨的电话、语音留言、短信、微信、表情包，这都是爱的表达方式！

只要想做，各种方法信手拈来，完全不受限制。套用一句时髦的话说就是：只有想不到，没有做不到。只要我们给予的能让孩子自己思考，自己选择；只要我们的所言所行能让孩子感受到温暖，感受到力量，我们说的话就是包含爱的语言，我们所做的事就是充满爱的行为。

如果我们说的话没有被孩子领会，我们的行为没有被孩子体会，或者孩子的表现离我们的期待越来越远，甚至适得其反，那一定是我们的语言、做法无效，问题一定出在我们家长身上，不是孩子本身出了问题。您可能会问，我是怎样做的，又是如何让孩子体会到我的爱的呢？

我自从当上妈妈的那天起，就以坚定的信念、持续的努力，陪伴孩子。一点一点摸索，一次一次实践，一件事一件事反思，逐渐形成了一个非常落地又切实可行的教育理念，形成了一套具有独到见解的教育方法。

女儿高中毕业前夕同时获得耶鲁、哈佛两所世界顶尖大学的全额奖学金，最终选择耶鲁放弃哈佛。大学毕业后工作期间又获得明德大学和哥伦比亚大学的硕士学位。也许是借鉴了我们的做法和经验，一些亲戚、朋友和同事有的培养出了中考状元，有的培养出了高考状元，有的孩子在美国名校放飞梦想并获得博士学位……这些家庭无一不是家长轻松、孩子快乐。

为了让家长朋友们更好地理解我的教育理念，我总结出“6+4”教育模式，全部包含在本书的六章内容中。

第一章，应该做怎样的家长，强调了家长应具备的六大基本特点。

信，即信任、相信，这是整个家庭教育的基础。培养孩子就应该用成长型思维相信孩子，而不是用固定型思维指责孩子。基于这样的信任，我们做家长的就应该相信孩子有无穷的潜力，相信孩子的未来有无限的可能性。

韧，即坚持，这是实现教育目标的唯一捷径。培养孩子就应该鼓励孩子坚持自己的目标而不是轻易放弃。成长需要时间，改变需要时间，调整需要时间，实现教育目标同样需要时间。

容，即宽容，这意味着一种胸怀、一种生活态度。培养孩子就应该面对各种挑战，接纳孩子的所有优点和不足，而不是一味地指责或逃避。

情，首先是情怀，就是把梦想当作一生的追求不断努力，且具有“择一事，终一生”近乎痴的执着精神。培养孩子就应该保护孩子的梦想而不是挫伤孩子的梦想。其次是共情，与孩子交往既要讲规则，更要有同理心，这是沟通的前提。培养孩子就应该设身处地体会孩子的感受，而不是敷衍或忽略孩子的感受。

弱，即示弱，这是一种聪明的退让。培养孩子就应该与孩子平等相待，启发和鼓励，而不是家长高高在上，一味地耍威风、强制命令。学会放手，能培养孩子的责任心；学会开导而不轻易下结论，能启发孩子自己思考；学会引导而不是武断决定，孩子更容易接受。

静，即平静，这是智者的选择。培养孩子应该三思而后行，不是鲁莽草率。心平气和的父母会带给孩子更多的爱、激励和信任。在爱的滋养下，孩子就会心情放松，做事更有头绪。

只要我们做到这六点，孩子就能感受到满满的爱。

第二章至第五章讨论怎样培养健康自信的孩子，包括必不可少的4个步骤，即思、行、通、省。

第二章，培养步骤之一：思，就是思考，即在化繁为简、化零归整的逻辑思维活动中，确立教育的目标。培养身心健康自信快乐胸怀宽广的孩子需要家长一生的修行。

第三章，培养步骤之二：行，就是践行与用心去做的过程。父母多用心，孩子的成长就多顺心。独一无二的家长，面对独一无二的孩子，本来就不存在“标准小孩”，更不存在“标准教育方法”，适合孩子的就是最好的方法。我总结了两种可行的育儿方法。饥渴育儿法就是培养孩子有获取某件东西的强烈欲望，就像饿了要吃、渴了要喝、困了要睡一样。这种感觉是发自内心的，是积极的、主动的、非做不可的。小目标定位法就是针对不同年龄段孩子的生理心理特征，什么年龄就做这个年龄该做的事情，不要饥不择食，不要拔苗助长。

第四章，培养步骤之三：通，就是沟通和变通，实现心灵呼应，让孩子感受到爱才会有动力与内驱力。沟通始于婴儿，从小到大，贯穿孩子的一生。沟通是实现教育目标必需的过程，也是家长与孩子互相关心、互相帮助、实现爱的过程。

第五章，培养步骤之四：省，就是反省与反思，是查找原因明确思路的过程。反思不是盲目的，不是简单地自我怀疑与自我否定，而是有规律可循的。“三步优化”逐级反省机制能让家长更清楚地认识自己、认识孩子。只要不断反思、善于反思，就能找到困惑的根源，帮助孩子成长，实现自我成长，成为孩子喜欢的家长。

只要想到了，又实实在在地做到了，我们每一位家长都能轻轻松松地让独一无二的、“高端定制”的孩子快乐成长。

第六章讨论培养孩子的核心理念，即思路比方法更重要，这是我在多年从事自然科学研究工作中提炼出来的，这一理念同样适用于孩子的教育。俗话说隔行如隔山，隔行不隔理。只要拥有正确的思路并及时转变观念，就能够在培养孩子的道路上走得更顺畅、效果更好。思路为本,方法为辅。思路在前,方法随后。一种思路可能对应多种方法。

家庭教育的目标就是让孩子身心健康，自信快乐，胸怀宽广。家长转变转念之时，就是孩子成长之时。父母觉醒之日，就是孩子改变之日。在爱的滋润和陶冶下，父母改变一小步，孩子成长一大步。

爱无处不在，只要想做，只要开始行动，就没有太晚的开始，孩子的快乐成长指日可待。

我只是一名普通的母亲，出生在农村，从小被认为有点傻，没进过幼儿园，10岁才上小学，有过初中休学、高考复读的经历，上大学时也曾自卑过。但只要会爱孩子，而不是单纯关注孩子的成绩、表现和行为，孩子就能收获健康、乐观与自信。

我相信我能做到的，您一定也能做到。

家庭教育说到底就是爱的教育，爱是教育的灵魂，没有爱就谈不上目标和追求。愿我们互相勉励、砥砺共进，共同培养面向未来的孩子！

杨玉芬

2019年10月于北京上地

目 录

第一章

应该做怎样的家长

信、韧、容、情、弱、静六大特点是按照我个人的理解归纳整理而成的，属于“道”的层面，明白了“道”，就知道如何做家长了。中国汉字博大精深，每一个字都有特别多的含义，限于篇幅，无法面面俱到，这里是这样理解这六个字的。

信，特指信任，信任是一切的基础。

韧，特指坚持，坚持是唯一的捷径。

容，特指宽容，宽容是一种胸怀。

情，涉及两部分内容：一是情怀，情怀是为梦想而努力、近乎痴的执着精神；二是共情，共情是一种同理心，是沟通的前提。

弱，特指示弱，示弱是一种聪明的退让。

静，特指平静，平静是智者的选择。

能做到这六个字，您将成为一位了不起、备受孩子敬佩的家长，孩子的成长就不用发愁了。而且在潜移默化中，孩子自然就会明白这些“道”，并烂熟于心，未来的路必然是越走越顺畅，何愁不能面向未来呢！

第一节　信

我结识的孩子有小学生、初中生、高中生，存在相当多怯场、不自信的行为，如：

上课不敢举手回答问题，害怕说错了被笑话；

当众不敢表达自己的想法，担心说得太幼稚没有面子；

不敢把真实成绩告诉父母，唯恐考不好被责怪打骂；

不敢参加学生干部竞选，忧虑票数太少被嘲笑……

我不断思考，这些现象到底是怎么产生的？与家长有什么关系？如何才能培养自信的孩子呢？

大量的案例说明，虽然导致孩子不自信的原因多种多样，但是根源很相似，那就是在孩子的成长过程中，我们给予孩子的信任远远不足。我曾接触过一个六年级的孩子，平时成绩不好，全班排名基本倒着数，有一次数学测验考 100 分，高兴劲就别提了。结果怎么样呢，就像图 1-1 所展示的一样，妈妈头也不抬，以怀疑的口气说：“就你？数学能考 100 分？一定是题目太简单了吧？”孩子由喜转悲，消极情绪陡增，一次特别难得的建立爱的链接的机会就这样错失了。

其实，培养孩子自信并不难，只要我们能发自内心地相信孩子，孩子就会表现出非凡的一面。那么，如何才能做一名信任孩子的家长呢？

一、什么是信任

信任就是相信并敢于托付。

人生道路上常常会遇到意想不到的困难，但再大的困难，只要我们能走一步，再走一步，就一定能将困难化解为一个个更小的困难，并最终战胜它。

图 1-1　家长的怀疑严重挫伤孩子的学习积极性

美国心理学家莫顿·亨特，小时候被困悬崖，基于对父亲的信任一步一步走完了自己看来不可能完成、甚至会掉下去摔死的路，从而产生了巨大的成就感。

那是费城七月里一个闷热的日子，当时和亨特一起的五个小男孩，因为玩弹子游戏，玩厌了，都想着找些新的花样去玩。

内德说："我们很久没有爬悬崖了。"

"我们现在就去爬吧！"有个孩子叫道。他们就朝一座悬崖飞跑而去。

亨特一时拿不定主意，虽然很希望自己像他们那样活跃勇敢，但是由于身体不好，他一直记住母亲不让冒险的忠告。

"来呀！"亨特最要好的朋友杰利喊道，"别做胆小鬼。"

"我来了！"亨特一面应着，一面跟着他们跑。

最后，他们来到悬崖峭壁边，壁面有许多凸出来的岩石、崩土和蓬乱的灌木。悬崖只有二十米高，但在亨特眼中却是不可能登临的险峰。

伙伴们一个个向着一条有岩壁突出的小山道爬去，那条小山道足有通往崖顶全部路程的三分之二那么长。亨特也跟着向上爬，但远远地落在后面，由于全身颤抖，冷汗直冒，吓得蹲在半山腰上。

“嗨，慢着，”亨特软弱地哀求道，“我没法过去——”

其他孩子已经到达崖顶，打算从崖顶沿着另一侧迂回的小路步行回家。他们向下凝视着亨特，其中一个孩子说：“再见！”其他孩子也都跟着哈哈大笑起来。“如果你想待在那里，就待着好了。”有个孩子嘲笑道。杰利看来好像有点不放心，但还是和大家一起走了。

亨特从半山腰向下望，不敢向下爬回去，感觉会滑倒摔死的；他也不敢往上爬，往崖顶的路更难爬，因为它更陡，更险。

时间一分一秒地过去，天慢慢地黑了。在一片寂静中，亨特伏在岩石上哭泣，恐惧和疲乏使他全身麻木，不能动弹。

暮色苍茫，天上出现了星星，悬崖下面的大地越来越昏暗。这时，树林里有一道手电筒光照来照去。亨特听到了杰利和父亲的声音！父亲用手电光照着他，带着安慰的口气说：“下来吧，孩子，晚饭做好了。”

“我下不去！”亨特哭着说，“我会掉下去，我会摔死的！”

父亲说：“听我说，不要想着距离有多远。只要想着你是在走一小步，你能办得到的。眼睛看着手电筒光照着的地方，能看见下面那块岩石吗？”

亨特慢慢地把身体移过去，“看见了。”

父亲又说：“好，现在把左脚踏到那块岩石上。不要担心下一步，听我的话。”

这似乎能办得到。亨特小心翼翼地伸出左脚去探那块岩石，而且踩到了它，顿时有了信心。父亲叫道：“很好，现在移动右脚，把它移到右边稍低一点的地方，那里有另外一个落脚点。”亨特又照着做了：“我能办得到的。”

每次只移动一小步，慢慢爬下悬崖。最后，亨特一脚踩在悬崖下面的岩石上，投入了父亲强壮的臂弯中。

这是他永远忘不了的经历。

不管是生活还是学习，路都很长。亨特惊讶地意识到，有很多时候，每当遇到一个遥不可及、令人害怕的情境，并感到惊慌失措时，都能够应付——因为他总能回想起很久以前自己上过的那一课，提醒自己不要看下面遥远的岩石，而是注意相对轻松、容易的第一小步，迈出一小步、再一小步，就这样体会每一步带来的成就感，直到完成自己想要完成的任务，达到自己的目标，然后再回头看，就会对自己走过的这段漫漫长路感到惊讶和自豪。

所以，只要有信任，孩子就有前进的动力与成长的机会。（图 1-2）

图 1-2　信任是孩子成长的动力

二、为什么要信任

信任是一切的基础，一切存在的基础，一切感情的基础，一切关系的基础，还是成就和幸福的基础。

在女儿出生的那一刻，我躺在产床上问医生的第一句话是“不缺什么吧？”医生回答：“四肢健全、五官健全。”然后，医生又说了一句话：“你挺特别的，别的妈妈都关心是男孩还是女孩，你关心健康不健康。”其实，我们应该想到，当这么一个完美的孩子呈现在眼前的时候，绝对是“高端定制”的佳品，作为母亲，我有什么理由不自信呢？

孩子的未来有无穷的潜力，高速发展的社会环境为孩子提供无限多的机会，我们的帮助与孩子的努力也将创造无限的可能性。2018 年初，我在清华大学的附属中学分享时，曾与家长们讨论过一个话题：有多少家长儿时的梦想与现在从事的职业密切关联？到场的家长几乎都摇头。后来我也在很多场合问过类似的问题，家长的回应是一致的。有一句话说得好：多元社会，多元思维。变才是不变的硬道理，用“日新月异”形容生活的变化都慢了，可以称之为“秒”变。真正不变的是一个人的心态，自信、阳光、积极、乐观无疑是我们希望孩子应有的状态。

我女儿有一个耶鲁校友，曾以全国第一名的成绩考入中央音乐学院附中。她多才多艺，弹琴、唱歌、谱曲样样皆通，2017 年大学毕业。她妈妈是广东人，现在从事音乐教育。我与这对母女曾经做过深度交流。我问她妈妈是如何培养女儿的，女儿为什么这么优秀。母女两人的共同观点是：高度信任。

女儿经常问妈妈：“您为什么这样相信我？”

妈妈说：“你本来就很优秀，能把自己的事情处理得很好，我有什么理由不相信你？”

女儿说：“妈妈的信任给了我极大的力量与勇气。”

只有相信，才能最大限度地发挥孩子本来就有的潜能。1968 年，美国著名心理学家罗森塔尔及其助手们来到一所小学，对 1 ～ 6 年级共三个班的学生进行了一次“预测未来与发展”的著名实验：一番虚张声势的检测后，罗森塔尔将一份“最有发展前途”的学生名单交给了校长，并以赞许的口吻说“这些孩子将来大有发展前途”，他们就是天才。八个月后，再次进行智能测验，奇迹出现了。罗森塔尔发现这些“列入名单”的学生，个个成绩都有较大的进步，且性格活泼开朗，积极上进，自信心强，求知欲旺盛，更乐于和别人打交道。

校长夸奖罗森塔尔是真正的专家，被挑选的学生确实都是天才。罗森塔尔却说这些学生都是随机抽取的。

2019 年 6 月 17 日在《与任正非的咖啡对话》中，麻省理工学院的尼古拉·尼葛洛庞蒂教授说：孩子们可以做的事情足以让人吃惊，而我们总是低估他们。

说到信任，类似于我们坐飞机，这是长途旅行的最佳选择。然而一旦飞机出故障，几乎没有回天之力，但坐飞机确实又是出险几率最小、出行最快捷的方式。选择乘坐飞机也就是选择了信任。（图 1-3）

图 1-3　透过飞机舷窗可以看到发动机生产商的标识

三、如何做到信任

1. 确立目标，信任是有针对性的，不是盲目的

以一位企业老板送儿子出国深造为例，我们来看看因素图形分析法（图 1-4）是如何让这位父亲改变决定的。

在这个图中，儿子出国是父子一致的目标，用大箭头表示。其他一系列的小箭头分别表示事实、想法、观点、看法、评判标准等。

高三快毕业的儿子学习努力，一直梦想着到国外上大学，雅思成绩 6.5 分，父亲也鼓励儿子走出去开阔眼界，这些都是有助于出国的因素，用加号（+）表示；但父亲不相信儿子，不放权，认为儿子没有经验，自我管理能力差，做事不主动，效率低，帮助儿子的同时又抱怨儿子，导致儿子很压抑，这些则是阻碍出国的因素，用减号（-）表示。

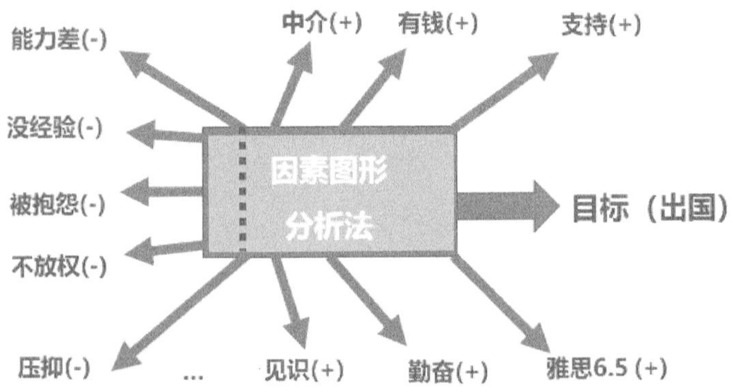

图 1-4　因素图形分析法

因素图形分析法一目了然，这位父亲很容易就找到不相信儿子的原因。他思路清晰后，勇敢地对儿子说："你自己去办理吧，出国也行，不出国也行；考上大学很好，考不上大学在公司帮忙也挺好。我们接受所有的结果。" 被信任的儿子非常开心，有经济保证，借助中介如愿以偿办理了留学需要的所有手续。

2. 信任是有力量的，尤其是对孩子而言

信任是一切的基础。我们不能总揪住孩子的不良表现进行强化，总认为今天不行，明天也不行。换一个角度，设身处地地想一想，哪个孩子愿意被家长训斥、被同学看不起、被老师批评？哪个孩子不想进步？哪个孩子不想得到认可呢？

这是一个真实的故事，小男孩很乖，一年级第一学期两次考试语文数学都考了 100 分，妈妈爸爸非常高兴，夸孩子聪明。结果第二学期第一次考试，语文 96 分，数学 98 分，竟然遭到妈妈一顿打骂。在妈妈“你真笨”的抱怨声中，孩子的考试分数一次比一次少。在妈妈不信任的目光中，到了三年级下学期，孩子每门课的成绩差不多在 80 分左右。终于如妈妈所愿，孩子成了全班倒数第一名。孩子该上四年级了，整天耷拉个脑袋，一点精气神也没有。到这个时候，这个妈妈似乎明白了什么，突然来了一个一百八十度大转弯，跟她儿子说话的语气、语调都变了。妈妈轻轻地抚摸着孩子的头，温柔地看着孩子的眼睛，坚定地对孩子说：

“儿子呀，以前妈妈错了，不该批评你，更不应该打骂你。我相信你下一次的考试成绩一定能超过最后一名，我感觉你一直很努力。”听到这里，孩子扑到妈妈怀里，哭泣着紧紧地拥抱妈妈。自此以后，孩子心结打开了，心田像久旱的土地吸取着水分，枯萎的心灵感受到情感的滋润。四年级开学第一次小测验，竟然超过 9 名同学。孩子在妈妈信任的目光中提升了自信心，潜力得到了进一步的发挥，一次又一次的考试，一次又一次的超越，到五年级下学期就稳居年级前 5 名了。相信自己，相信孩子，每个孩子都是可造之才，都有潜力，都是未来的小天才。这个孩子现在已经上高中了，成绩仍然名列前茅。

有的孩子就没有这样幸运了，一个 10 岁的小男孩说他考 100 分的时候家里是温馨的，要是考 90 分家里就不温馨了，等待他的要么是一顿批评、指责，要么就是一顿暴打。

其实，在孩子学走路、学说话的时候，我们都是对孩子充满信心的。孩子第一次说话，哪怕只讲一个字“姑”，即便说得模糊不清，把“姑”说成“卜”，我们都会激动得忘乎所以，都能怀着极大的热情鼓励孩子，因为我们相信孩子能学会说话，一定能说一口流利的中文。在赞美声中，孩子感受到学说话的成就感，学会了人世间最难学的中文口语！快看，孩子能爬了，能站了，能走了，能跑了。没有一个家长埋怨孩子站的时间太短了，走得太慢了，怎么还不跑呢。即便走得跌跌撞撞、踉踉跄跄，很不稳当，将来也一定能跑、会跳。在信任的目光中，孩子健步如飞。

然而，我们对上学后的孩子要求不一样了，关注点变了。在婴幼儿期，我们主要关注孩子说话、走路、吃饭、睡觉、玩耍等方面。上学了，转而关注孩子的成绩、升学、表现、兴趣爱好等。参照系变了，不是比自家孩子的过去，而是与别人家的孩子进行比较，比来比去，心态失衡了，对孩子的信任度也随之降低。（图 1-5）

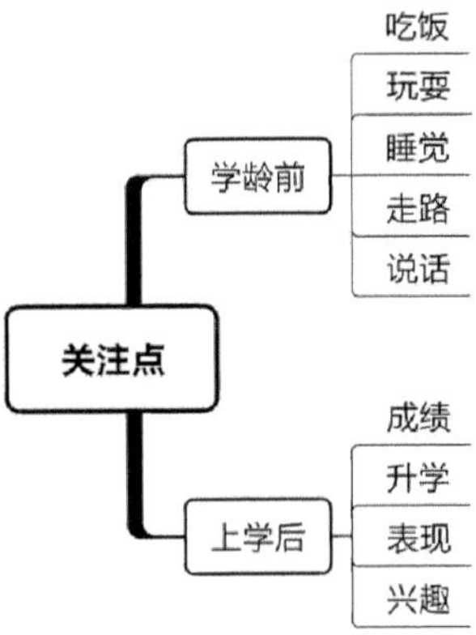

图 1-5　对不同年龄段孩子的关注点

信任是从信念、语言到实践的完整过程。父母、老师、同学和亲朋好友给予信任的过程，就是孩子获得信任并开始行动的过程。这个过程中孩子获得成就感，自信心才得以建立。

如果我们相信孩子渴望有良好的表现，孩子就会有卓越的表现，并树立自信心，相信自己一定行。如果我们不相信孩子，当孩子遇到困难、被卡住的时候，孩子就很容易自暴自弃，当然也谈不上树立自信心了。

我相信每个孩子付出的努力都渴望被父母看到，也相信孩子能够从失误中学习如何做得更好，相信孩子都渴望德智体美劳全面发展。我们应该随时帮助他们，但要不要我们帮助则由孩子自己来决定，这就是信任的力量。

第二节　韧

每个人在成长过程中都会遇到一些预料中的或者始料不及的困难与挫折，尤其是孩子，例如：

幼儿第一次系鞋带，无论如何也系不上；

刚入学的小学生不会阅读应用题，无论老师怎么讲就是不明白；

小学三年级的孩子不会写作文，该交作业了，一半还没完成；

初中生钢琴 9 级考试，没通过；

初中毕业了，没有考入理想的高中；

高中毕业，没有考上大学……

虽然遇到的困难有大有小，但是解决任何困难都需要时间，都需要持之以恒的坚持。如果一个人没有坚持的精神，做任何事情都不会成功。如果没有成功的体验，虽然可以吸取教训，但第一次失败了，第二次哪怕离成功很近，都有可能在最后一刻功亏一篑。所以只有成功一次，才容易成功第二次，第三次……

一、什么是坚持

坚持就是一种顽强持久的精神！包括不动摇、始终如一的乐观心态；面对挫折不怕失败的坚强意志；在强大压力下能够复原和成长的心理机制。美国前国务卿希拉里 · 克林顿经历 2016 年大选失败后，重新思考了“坚韧”的意义。她在耶鲁大学 2018 年的毕业典礼上发表演讲时说：失败离我们有多远？尽管这听起来可能难以接受，但是不管你是谁，不管你有多优秀，总会犯错，总会经历失败。而人生最重要的是经历失败后能够重新爬起来继续向前。每一次停下脚步与恐惧对视，都会收获自信、勇气和力量，这样便可以告诉自己，我已经经历过这一切了，我有勇气面对下一个挑战。这便是坚持。失败并不可怕，可怕的是失去了面对失败的勇气。

坚持就是简单的事情重复做。苏格拉底是古希腊著名的哲学家。有一天，他对学生们说：“今天只学一件最简单也是最容易做的事儿：把胳膊尽量往前甩，然后再尽量往后甩，每天做 300 下。大家能做到吗？”学生们都笑了。这么简单的事，有谁做不到呢？

过了一个月，苏格拉底问:“每天甩手 300 下，哪些同学做到了？”有八成的同学骄傲地举起了手。

又过了一个月，苏格拉底又问：“每天甩手 300 下，哪些同学做到了？”这一次坚持下来的学生只剩下六成。

一年之后，苏格拉底问：“请告诉我，最简单的甩手运动，还有几位同学在做？”整个教室里，只有一人举起了手，他就是后来成为古希腊大哲学家的柏拉图。世间自有公道，付出总有回报。最终的胜利一定属于那种勇于坚持、永不放弃的人。坚持就有成功的希望，放弃则永远不可能有希望。

一个人的成长，是通过一步一步的努力获得的。跑得快的兔子，不如跑得久的乌龟。面对比我们优秀的人不可怕，可怕的是比我们优秀的人更努力，更有韧性。

绳锯木断，水滴石穿。锲而舍之，朽木不折；锲而不舍，金石可镂。这些名言警句说的都是一个同样的道理：成功的秘诀在于坚持。

教育孩子也需要一天一天的坚持，就像培育小树苗一样，需要浇水、施肥，十年树木，百年树人。（图 1-6）

二、为什么要坚持

成长需要时间。人生不如意十之八九，任何人的成长都不可能一帆风顺，成长的轨迹几乎没有一条直线，都是波浪式前进或螺旋式上升的。鲁迅先生曾感慨地说：“哪里有天才？我是把别人喝咖啡的功夫都用在工作上的。”杨绛先生说：“有些人之所以不断成长，绝对是有一种坚持下去的力量。”我曾给女儿打过一个比方，挫折好比山谷，取得成绩好比山峰，峰与谷是交替出现的，忽高忽低，忽上忽下，各有各的风景。暂时的领先，不等于永远领先。王东华教授说：“小学优秀不等于初中优秀，初中优秀不等于高中优秀，高中优秀不等于大学优秀。大学优秀也不代表未来优秀。”反之亦然，幼时不优秀也不等于成人后不优秀。

图 1-6　给小树苗浇水

我们不仅要在孩子处于波峰时给予赞美，更要在波谷时给予孩子持续的鼓励，让孩子有不惧失败的心态、经受挫折的勇气以及持续努力的力量。

改变需要时间。任何习惯都不是一天两天养成的，都需要时间的积累。改变已有的习惯不可能一天两天就可以做到，也需要时间。比如磨蹭、拖延、熬夜等坏习惯，都有反复出现的可能，但是重现不代表“回到原点”，更不代表之前所做的努力全都白费。相反，应该分析每一次重现的时间间隔与表现程度。要让孩子知道，每一点的努力都是有积极意义的，绝不能因为短期看不到结果就轻易放弃。有专家给出这样的统计分析结果：任何人决心做出改变并形成新的习惯，差不多需要 3 ～ 6 个月。

2017 年 5 月，我曾与一位爱发脾气的妈妈交流一个多小时。她说儿子做事总是磨磨蹭蹭，尤其晚上该睡不睡、早上该起不起时，她总是吼来吼去，儿子根本不听，该怎样还是怎样。

她说："为什么我越发脾气，儿子越磨蹭？"

我说："这是必然的，因为我们的意识、我们的情绪、我们的行为（吼本身就是一种行为）都在强化孩子的磨蹭行为。"

她说："磨蹭是他的缺点呀，我吼，就是希望他不磨蹭，反而强化他的缺点？"

我说："是的，孩子就是在我们的要求与暗示下，一步步、一天天达到你预期的结果的。"

这位妈妈说："难道是我的问题吗？"

我问："请反思一下，吼能带给孩子什么？"

后来，这位妈妈按照我的建议换了一种做法，给孩子准备一个小闹铃，教他定时，告诉孩子几点睡几点起。征得孩子同意后，妈妈明确告诉孩子晚上不再督促他入睡，早上也不负责喊他起床，只负责给他做早餐和晚餐。最初一两天，孩子一如既往，晚上不睡、早晨不起，导致上学迟到，被老师批评。孩子觉得不能总在老师和同学面前出丑，后来就再也没有迟到过。晚上按时入睡和早晨按时起床的问题，在短时间内就解决了。

三、如何做到坚持

首先，是日积月累。

图 1-7 是我们 2017 年 7 月在剑桥大学耶稣学院入口处拍摄的。这张图给我很多启示，时间是最好的见证。当时，我把这张图发到微

信群，看到这张图的家长，也从中悟到很多。有的家长说教育孩子要坚持，有的家长说教育孩子不能急，应该慢慢来，还有的家长说滴水穿石，要有耐心陪伴孩子。剑桥大学耶稣学院建于 1496 年，至今已有 500 多年。现在耶稣学院每年录取本科生约 500 人、研究生约 240 人。每个学生、老师以及来访者，只要来学院的人，都要经过这里，一人又一人，一天又一天，一年又一年，一进一出踩两次，坚硬的石板台阶就这样被磨凹了。我们中国人讲的“只要功夫深，铁杵磨成针”说的就是这个道理。

图 1-7　日积月累的力量

其次，是不打折扣。

我相信有不少家长看过一个鸭妈妈带领一群可爱的小鸭子上台阶的视频：小鸭子们每上一个台阶，都不断地摔跤、跌倒，着急地叫着，但鸭妈妈特别坚定，坚信所有的小鸭子都能爬上所有台阶，于是坚持等待，直到最后一个小鸭子跳上最后一个台阶，鸭妈妈才昂着头骄傲地带着小鸭子们离开。说到这里，我给出一个既容易记住又容易理解的公式：

帮助孩子成长 = 坚定 × 坚信（相信孩子）× 坚持

为了孩子成长，需要 100% 坚定的目标，100% 坚强的信念，100% 坚持下去的勇气（这个勇气是指我们调整心态与转变观念的勇气），三者相乘等于 100%。如果只有 80% 的目标，80% 的信念，80% 的韧性，三者相乘等于 51.2%，也就是说帮助孩子成长的概率只剩下 50% 多一点。显然，孩子的成长很容易受到我们语言和行为的影响，如果我们不能持之以恒，孩子的成长也会打折扣。

最后，孩子的成长不是一蹴而就的，要循序渐进。

一位年轻的妈妈为 9 个月大的女儿从网上订购了一只电动玩具大象。婴儿第一次看到“电动玩具大象”非常害怕，尤其是大象的两只大耳朵忽上忽下煽动的时候，婴儿躲在妈妈的怀里，胆怯地喊妈妈。家人都建议把玩具退回去，别吓着孩子。我强烈建议不要退，这是帮助婴儿克服胆怯、培养胆量的好机会。我还告诉这位年轻的妈妈，如果不给孩子克服胆怯的机会，她以后见到会动的动物玩具或者动物都会害怕的。这样的话，害怕的感觉就有可能变成孩子性格的一部分。这位年轻的妈妈认为我说的有道理，问我应该怎么做。我给出下列步骤：

第一步，关闭大象的电源，抱着孩子先远距离地观察然后近距离地观察；

第二步，妈妈用手摸大象的各个部分，一边示范一边讲解；

第三步，妈妈握着婴儿的手，鼓励她模仿妈妈触摸大象的不同部位；

第四步，打开电源，让大象慢慢地动起来，速度不要太快，抱着婴儿从远距离到近距离地观察，同时观察婴儿的表情，感受她的变化；

第五步，妈妈用手摸大象两个动起来的大耳朵，一边示范一边讲解；

第六步，妈妈握着婴儿的手，再鼓励她模仿妈妈触摸大象两个动起来的大耳朵。

在整个过程中，一定要依据婴儿的状态，观察婴儿的反应，前一个步骤没有问题时，再进入下一个步骤，不能着急。每天坚持，直到婴儿完全消除恐惧时才停止这一训练。

几天后，这位妈妈就高兴地告诉我，她女儿已经开始喜欢那个电动玩具大象了。

从这个例子可以看出，坚持是唯一的捷径！没有时间的积累，任何人都将一事无成。凭借时间赢来的东西，时间肯定会为之做证（包括回报）。世上有很多东西，唯有时间才能证明。如果不坚持，任何方法都不会起作用。坚持也需要勇气与毅力，就是在别人不理解的时候坚持！很多人反对的时候坚持！身处逆境的时候坚持！绝望的时候坚持！孤独无助的时候坚持！实在坚持不住的时候，再咬牙坚持一会儿！有一天，终将成就自己都不敢相信的奇迹！

第三节　容

我们都对孩子有很高的期望，希望孩子成绩优异，希望孩子当“三好学生”，希望孩子考名牌大学，希望孩子懂得感恩，要求各种各样。虽然孩子很努力，由于自身能力和外界因素的影响，其表现总有达不到我们预期的时候，例如：

在幼儿园与小朋友打架；

三年级第二学期考试成绩低于 90 分；

我们无论说什么，孩子都不听，你说东他（她）说西；

孩子对满桌子的饭菜，不仅不说感谢，还挑三拣四；

初中生谈恋爱影响学习；

高中生学习没有计划，第一次模拟考试的成绩比预期低60多分……

针对这些情况，我们应该如何用宽广的胸怀接纳孩子？宽容又意味着什么呢？

一、什么是宽容

宽容就是心胸宽广、大度、有气量。

有一幅表述弥勒佛的对联："开口便笑，笑天下可笑之人；大肚能容，容天下难容之事。"美国著名的实业家洛克菲勒先生说过：能忍人所不能忍之忤，才能为人所不能为之事。这些都是对宽容的最好诠释。

图1-8是四川雅安一景，从图中石像侧面的造型我们可以感受到一种宽容的意味。

图1-8　四川雅安一景

我刚进大学时，宿舍共有 6 个床位，只有 5 名同学，后来又安置了一位企业管理培训班的进修生，她年长几岁，社会阅历多，待人接物、为人处世与年轻人不完全相同。有一天，同宿舍 6 人聊天，聊到家中兄弟姐妹，哪个更聪明、学习更好一点时，我说我们家老大、老三、老五、老七学习成绩更好一些……

我的话音还没落，她带着非常轻蔑的语气说："你们家算什么呀！"她鲁莽地打断了我，其他 4 人全都安静下来，诧异地看着我、看着她。当时我心里咯噔一下，有些沉重，表面也有些不高兴。为了不破坏当时的谈话气氛，我没有争辩，没有发生任何冲突与争吵。因为我不愿意计较别人是如何对待我的，别人怎么对待我那是别人的事情，关键是我自己如何对待自己、对待别人。我低头不语，沉思片刻，选择了宽容，笑一笑从容地面对她们，使谈话继续下去。2015 年纪念大学毕业 30 周年，我撰写了《我和我的室友们》，其中一个女同学在电话中用半真半假、有些调侃的语气说："嗨，就你？当年那写作水平，没想到你也会写回忆录？"我非常开心地说："哈哈，有什么高见？提几条修改意见呗。"回忆这些，我不仅没有懊恼，心中反而充满了喜悦。

宽容就是力量。美国一位脱口秀节目主持人针对希拉里写的自传《鲜活的历史》做了辛辣的讽刺性评价："她的书不可能卖得好，我敢打赌，如果超过 100 万册，我把鞋子吃下去。"上天往往喜欢捉弄把话说绝的人，希拉里的自传很畅销，没过几个星期就卖了 100 多万册，主持人该品尝鞋子的味道了。没错，他的确吃了鞋子。但是，鞋子的质地不同寻常，主持人吃下的是总统夫人特意为他定做的鞋子形状的蛋糕，味道棒极了，因为它里面加了一种特殊的调料——宽容。应对主持人的嘲讽，希拉里并没有给他以猛烈的回击，而是用一种幽默宽容的方式巧妙地化解了这场可能引发的矛盾冲突。希拉里因宽容而更加让人敬佩，鞋子蛋糕因宽容而更加美味可口。

用宽容之心，对待成长中有时会犯错的孩子，就不会出现孩子不听话无法沟通的情况了。

二、为什么要宽容

首先，心宽者无界。清朝康熙年间，桐城人张英官至文华殿大学士兼礼部尚书，邻家的主人与他同朝供职，也是桐城另一大户。他们家自作主张把院墙向外扩建了三尺，张家也向外扩建了三尺，两家因此纠纷不断。张家于是写信求助张英，张英收到家信，坦然一笑，挥笔写了一封回信，并附诗一首：一纸书来只为墙，让他三尺又何妨？长城万里今犹在，不见当年秦始皇。家人接到回信后率先让出三尺宅基地，邻居家见状也把院墙后移三尺。六尺巷的故事流传至今，象征着一种气度和胸襟，退一步海阔天空，敬人者，人恒敬之。

其次，不同角色赋予的责任。我认为一个人只有两种角色，社会角色与家庭角色。社会角色是可变的，一位教师只有走进课堂，给学生上课，或者有学生请教的时候，才呈现教师的角色；坐在办公室里，与其他教师相处时是同事；在学校花名册里只是一名员工；在校长或年级组长面前是一名下属；购物时是一位顾客，乘坐公共交通工具时是一名乘客，自己开车时是一位司机……社会角色也是可替换的，不论承担什么职务，从事什么职业，做什么工作，不论官职大小，薪水高低，在单位里多么的不可或缺，总有一天将不在位、不在岗，被他人替代，主动也罢，被动也罢。用一位退休校长的话说就是“我不知道什么时候当校长，但我知道在不出现意外的情况下什么时候不当校长。所以在岗的时候，宽容并善待每一个人。”社会角色的多维度决定了人与人之间只有相互宽容才能和谐相处，只有相互谅解才能实现多赢。

家庭角色有其特殊性，是唯一的，终生的，无法替代的。从血缘上讲，唯一的爸爸、唯一的妈妈，唯一的儿子、唯一的女儿，唯一的丈夫、唯一的妻子。诚如上面那位校长所言，作为妈妈，自女儿出生的那一刻开始，她的母亲角色永远不会改变，与她的年龄、职业、职位、薪水没有任何关系。

只要有角色存在就有分工，家长的角色就像处长、部长一样多了几分权力。但我们只行使家长的权力是万万行不通的。孩子年龄虽小，也是独立的人，是一个正在长大、有想法、有需求、能力时时在提升、有时又会犯错的人。作为家长，理应包容孩子（见图 1-9），而不是简单、粗暴地命令与控制孩子。

图 1-9　理解并宽容犯了错误的孩子

有一位官至局级职位的爸爸，对待儿子就像对待下属一样，要求儿子事事必须听他的，吓得儿子见到他就像老鼠见到猫一样，缩手缩脚。只要爸爸在家，儿子总是表现得规规矩矩，做作业、弹钢琴；爸爸不在家时，儿子就比较放肆，不到万不得已，不做作业，不练琴。只要听说爸爸回来了，儿子会以最快的速度假装坐在书桌前。其结果呢，儿子玩也玩得不尽兴，做作业又心不在焉，没有速度没有效率，爸爸还挺纳闷不知道原因何在呢。

三、如何做到宽容

第一，要无条件地自我接纳。每个人都是独一无二的，各有特质，有优点也有缺点。我出生于农村，上高中时才见到火车，与大学同学相比没有特长、没有见识、没有胆量。然而，有了农村生活的磨炼，我更能吃苦，更有耐力，有毅力不服输，包容不计较，因为自我接纳而变得心平气和，从而找到持续努力的方向。如果不接纳自己的弱点，内心就会产生很大的怨气和矛盾，不仅自己不痛快，也会给家人和周围的人带来痛苦和烦恼。美国心理学家亚伯拉罕·马斯洛在需求层次理论中提到要想在一个不完善的、充满矛盾与冲突的自我层面，建立一个令自己满意的、趋于完善的自我，必须经过自我认识、自我接纳、自我改变三个环节。自我认识就是对自我的各个层面都有一个较为客观的了解与评判。只有认识自我，才能够丢掉许多防卫机制和虚伪的掩饰。只有自我接纳才会让自己和家人更幸福。

第二，要有条件地接纳他人。所谓条件就是有原则、态度温和地坚守底线。宽容不代表纵容。我来自农村，先生来自城市，婚前我们就约定两人可以吵架、闹矛盾、有不同见解，但对我家人一定要尊重，不能有任何蔑视的语言与行为，否则我决不让步。如果不习惯我家的一些风俗习惯，或对某人的做法不理解，可以与我单独平静地沟通，然后再由我与家人沟通。对于这一点，我们两人处理得很好。

相处久了，沟通多了，在孩子教育方面，我和先生能彼此包容、相互谅解、相互接纳，共同努力营造一个有阳光、有空气、有水、适宜孩子生长的家庭环境。为此，我非常感激先生的付出。

有一次我女儿被一个女孩邀请去她家中做客，打开房门，女儿惊呆了，房间里到处都是乱扔的鞋子、袜子，地上厚厚的积灰、水槽里堆满用过的碗筷。原来这个同学的父母离婚后，各自成立了家庭，有自己的生活，谁也不愿意让女儿与他们一起生活，于是父亲出钱单独租了一套小公寓让她住。女儿非常难过地告诉我们："太意外了，怎么会有这样的爸爸妈妈？"她深有感触地说："我们家虽然不富裕，但很温馨。"这是孩子对我们最高的褒奖。

对于孩子来说，妈妈固然重要，但爸爸也是完全不同的一种存在。李嘉诚说过："一个人事业上再大的成功，也弥补不了教育子女失败的缺憾！”美国前总统奥巴马曾在一份声明中说：“身为两个女儿的父亲，我知道父亲是任何一个男人最重要的工作之一。”对奥巴马而言，做父亲丝毫不亚于做总统。有一位爸爸问孩子：“你觉得好爸爸应该是什么样子的？”孩子奶声奶气地说：“放下手机，抱抱我。”那一刻，这位爸爸泪流不止。

宽容是一种胸怀！宽容释放的不是别人，而是自己的心。幸福从接纳开始，接纳是一种力量。

第四节　情

一、情怀

1. 什么是情怀

情怀就是把梦想当作一生的追求不断努力，且具有“择一事，终一生”近乎痴的执着精神，代表一种高尚的胸怀、高雅的情趣，一种超越小我的感觉。南非首任黑人总统纳尔逊·罗利赫拉赫拉·曼德拉曾在监狱度过 27 年，以宽恕和超人的毅力，在出狱的当天发表演说：今天，无论是黑人还是白人，大多数南非人都认识到种族隔离制度已经走到尽头，我们必须果敢地采取我们自己的群众运动来确保国家的和平与安全。从此，他引领南非走向民族和解，走向和平。

印度国父莫罕达斯·甘地是提倡非暴力不合作运动的现代政治学说创始人。他的奋斗目标就是带领国家迈向独立，脱离英国的殖民统治。他的“非暴力”思想，影响了全世界的民族主义者以及争取和平变革的国际运动。图 1-10 是伦敦街头的圣雄甘地塑像。

图 1-10　伦敦街头的圣雄甘地塑像

还有极富人类情怀的伟大的剧作家莎士比亚，他一生创作了数十部震古烁今、影响深远的戏剧，这些不朽的作品无一不体现了他对人类的关怀、对真善美的追求。莎士比亚故居如图 1-11 所示。

不仅伟大的人物有情怀，普通人也同样有情怀。美国人丁大卫 1998 年来到中国西部的兰州，在西北民族学院（今西北民族大学）当教师时，主动找学校，每月只要 900 元薪水。有人说他像雷锋，他竟然说雷锋挺平常的，他自己也只是一个凭良心做事的人，每个人都能做得到！

2015 年 12 月 8 日，西班牙北部坎塔布里亚自治区举办了圣芭芭拉自行车越野赛。在离终点线只有 300 米时，排在第三位的伊斯梅尔·埃斯特班的自行车突然爆胎了。为了完成比赛，他把自行车扛在肩上跑向终点。紧跟其后的奥古斯汀 · 纳瓦罗本可以不费吹灰之力超过埃斯特班，夺得第三名，但令全场所有人都意想不到的是，纳瓦罗没有超过埃斯特班，而是跟在他后面慢慢骑行，任由埃斯特班在他前面跑完了余下的赛程。当埃斯特班要将铜牌让给纳瓦罗时，后者拒绝了，他说整个赛程埃斯特班都在前头，如果在终点线前以这种方式超过他，是不道德的。纳瓦罗还说，如果不是自行车两次出问题，埃斯特班也许能拿到冠军，他愿意把到手的铜牌让给我，他确实了不起。

这些普通人的高尚情怀同样触动人们的灵魂。

图 1-11　位于英国斯特拉特福镇的莎士比亚故居

2. 为什么要有情怀

情怀能让人的一生有价值有高度。耶鲁大学 2010 年毕业生秦玥飞，湖南省衡山县福田铺乡白云村村主任，黑土麦田公益 (Serve for China) 组织联合发起人，2013 年 8 月获选湖南“最美村官”，2017 年 2 月当选为感动中国 2016 年度人物。秦玥飞认为他做出这种选择是很自然的事情，因为一百多年前，耶鲁大学就有一批身怀家国情怀的中国留学生，如工程师詹天佑、经济学家马寅初等，他们毕业之后选择回国，用所学帮助国家发展，帮助老百姓改善生活。

理解秦玥飞的行为也不难。曾于 1993—2013 年任耶鲁大学校长的理查德 · 莱文教授说，如果耶鲁的学生在大学毕业后拥有某种专业知识和技能，这将是耶鲁教育最大的失败！教育不应单纯地教知识和技能而是要让人有能力胜任任何学科和职业。专业知识和技能是学生们根据自己的意愿，在大学毕业后才需要去学习和掌握的东西，那不是耶鲁大学教育的任务。

为此，我也能理解女儿选择做一名中学老师的决定。毕竟她在耶鲁接受了四年大学教育，而那正是在莱文校长任期内。她虽然只是一名普通的女生，但是她有自己独特的要素，有持续学习的能力，还有要实现人生价值的强烈愿望，这种愿望就是终身从事教育事业。她不止一次地告诉我："妈妈，我喜欢当老师，喜欢我的学生。"她下决心回国，除了热爱这片土地，就是想把国外的教育理念带到中国。她赶上了好时代，她的前途在中国，她的事业发展在中国。前一段时间翻看过去的资料，我在老师的评语中发现女儿三年级时曾引用过范仲淹"先天下之忧而忧，后天下之乐而乐"的名句。当时只有 10 岁的女儿也许并不能完全理解范仲淹这段话的含义，但她无疑有了"放飞梦想"的追求。

我是一名普普通通的母亲，经常给女儿说"燕雀安知鸿鹄之志哉"(出自《史记·陈涉世家》)。有这样的追求，加上持续的努力，即便只是一棵不知名的小草，照样能为大自然增加一抹新绿。(图 1-12)

3. 如何做到有情怀

方法之一：鼓励孩子多做服务他人的工作，包括志愿者、担任学生干部等。我女儿在幼儿园期间，老师就分配给她很多任务，负责看管小朋友吃饭、睡觉、做游戏、维持课堂秩序等。据幼儿园老师说，能够帮助他人，在小朋友眼里是一件特别值得自豪的事情。

担任班长一职就是当老师不在教室时帮助老师监管一下，以便有问题及时向老师汇报。一个只有六七岁的孩子作为传声筒，如实汇报班里大大小小的事情实属正常，也是可以理解的，但做这样的班长就失去做班长的意义了。为此在女儿被指定为班长后，我们郑重其事地告诉她：无论遇到什么事，包括同学们遵守纪律的情况、值日生打扫卫生的情况、早操和课间操的出勤情况、同学之间发生争执甚至打架的情况、完成作业和抄袭的情况，都要学会自己解决，不要动不动就去找老师，尤其不能在老师那里说同学的坏话。她告诉我们“记住了”。有时放学回来，她会主动告诉我们“哪位同学骂人了，她没有告诉老师，而是直接告诉这个同学，爱骂人就没有好朋友了”。她基本上能够独立处理同学之间发生的争吵、不交作业等诸多小事情，这也是她威信较高的原因。班长要在出板报、准备文艺节目、参加运动会等活动中想在同学前面、做在同学前面，不能指手画脚，要做出表率，以身作则；还有，在学习上不能掉队，假如成绩不过硬，就没有办法说服其他同学了。女儿没有辜负老师的期望，第一学期胜任了班长职务，受到同学们的喜爱，以后每次竞选都是高票当选。

图 1-12　美国马萨诸塞州阿默斯特学院校园里的一株蒲公英

女儿从小学、初中、高中到大学，年年做班干部、学生会干部，包括班长、副大队长、大队长、学生会副主席、学生会主席等，几乎听不到她议论同学和老师。有时故我们意问她，某某表现得怎么样啊？某某老师的课讲得怎么样啊？女儿总是这样回答我们“挺不错的”或者“进步挺大的”。

方法之二：引导孩子大胆做梦。

现实中不缺乏有梦想的孩子，如图 1-13 所示；但缺乏允许孩子做梦的家长和让梦想成真的家庭环境。经常有家长说孩子的梦想要么不着边际，要么纯属无稽之谈。

图 1-13　一个喜欢幻想的孩子

湖南一位家庭条件不错的高中生告诉妈妈，他想学习西餐拼盘，成为一名杰出的厨师，结果全家反对。

我们对于自己做不到的事情，就理所当然地认为孩子做不到。我们不敢做的梦，也不允许孩子去放飞梦想。

任何一个人的成长都是从梦想开始的。年龄一天一天增长，知识、技能从少到多，一点一点地不断累积，做的都是平凡的琐事，突变就是刹那间的事情，谁知道未来是什么样呢？只有那些为自己的梦想而不懈地努力的孩子，未来的路才会越走越宽。

方法之三：鼓励孩子走出去。

俗话说："读万卷书，不如行万里路；行万里路，不如阅人无数；阅人无数，不如名师指路；名师指路，不如自己去悟。"我们做家长的，主要的工作就是鼓励孩子敢于走出去开阔眼界。

女儿 8 岁时，我就让她独自随团参加青岛夏令营的活动，外面的世界更精彩。女儿上大学前，我们每年都带她出去旅游。当年的交通不像现在这么方便，因此旅游主要以大城市为主。上大学后，我们支持她到北美洲、欧洲、非洲、亚洲、南美洲的多个国家和地区游学、实习、走访。

如果有条件，就应该尽量鼓励孩子走出去，了解各地的风土人情和历史地理；接触不同的人，遇到不同的事，解决不同的问题，这样才能积累见识，丰富阅历。

不要让孩子做一个只会死读书、读死书的书呆子。（图 1-14）

方法之四：关爱生命。

关爱生命是人的一种情怀。我们在女儿小时候就鼓励她参加慈善捐助活动。我们家保存了一张中国青少年发展基金会（简称青基会）开具的收据。当时我们从电视上得知青基会正在发起"希望工程"，号召大家"献出一片爱心，救助农村失学儿童"。具体做法是：一个家庭捐献 300 元钱，就可以供一个农村孩子完成小学 5 年的学业，就是"1（家）＋ 1（个孩子）助学活动"。当时，我们刚给女儿攒够了 300 元钱，包括刚刚过去的农历新年期间收到的压岁钱，准备给女儿购买一辆自行车。看到"希望工程"发出的号召，了解到偏远农村地区的女孩子在"重男轻女"观念和家庭贫困的双重压力下，很难完成小学阶段的学习，改变命运的机会可谓少之又少，我们就跟女儿商量，先把这 300 元钱捐献出来，资助 1 名农村女孩子完成小学阶段的学习，等到年底，再攒钱给她买自行车。女儿很痛快地接受了我们的提议，同意捐出这笔钱，特别委托爸爸帮助她寄出去。我们真的被孩子的爱心感动了。

图 1-14　只会学习的书呆子

女儿长大后，我们鼓励她参加各种社团活动。女儿大学期间到美国残疾儿童救助站、墨西哥湾飓风灾区、波多黎各难民救济中心和乌干达黑人社区担任志愿者。我家里还有很多张女儿喂鸟的照片，喂鸟本身不足为奇，但我们知道孩子的心地是善良的，不仅愿意与人做朋友，而且愿意与小动物交朋友。从女儿很小的时候开始，我们就注意陪孩子到公园或广场上喂鱼、喂鸽子、喂猴子，让孩子喜欢动物、关爱动物。图 1-15 就是女儿在北京动物园喂食天鹅的镜头。

方法之五：低调做人。

低调做人也是一种情怀。2005 年 12 月，女儿收到了耶鲁大学的早申录取通知书和带有耶鲁标志的蓝色三角旗；2006 年 4 月，又收到了哈佛大学的录取通知书。女儿表现得很冷静，这让我们很欣慰。她说在家里怎么骄傲都可以，可以和爸爸妈妈分享自己的喜悦，讨论怎样处理接下来的问题；在和同学交往时，千万不能自以为是，尤其不能让别人觉得你比别人高明。因为她知道，这些成绩和荣誉并不能代

表一切，更不能代表永远，被名校录取只能说她暂时拥有了很好的舞台，同时又会面对更优秀的一群人，挑战更多，困难更大。《我们这样把孩子送进耶鲁大学》最后一章《清零也重新开始》就是写给女儿的。

图 1-15　女儿在北京动物园喂食天鹅

二、共情

1. 何谓共情

吃喝拉撒睡，柴米油盐茶。日常生活中，我们总会遇到孩子一些合理的或不合理的要求，如：

天热了，孩子想吃冰棒；

别的同学都穿耐克球鞋，孩子也想要一双；

想换一种更漂亮的笔记本；

小朋友抢玩具被老师批评了；

考试成绩不理想，很难过……

解决这些问题都少不了共情。共情就是一种同理心，就是感受当事人的内心世界，好像是我自己的内心世界一样；当事人的喜怒哀乐就好像是我自己的喜怒哀乐一样；能够用当事人的眼睛看他的世界，就好像他自己看他的世界一样。这是人本主义心理治疗学派的开创者卡尔·罗杰斯提出的。

有个小女孩特别宠爱自己家里的小猫，结果有一天小猫受伤了，小女孩非常伤心，妈妈在爱的意境中平静地体会孩子的情绪，与孩子感同身受，很好地理解了孩子的心情。（图 1-16）

图 1-16　妈妈安慰女儿

2. 为什么要共情

共情能确保双方有效深入地沟通。女儿接近 7 岁才上小学，一年级结束后，班主任希望她跳级直升三年级，可女儿不想跳级。我们认真地问她："跳级能与高一年级的孩子一起上学，还有幼儿园的好朋友，多好啊，为什么不跳级？"她的意思大致有两点：如果跳级，暑假的时间都要用来看书，而且是看二年级的新课本，暑假不能出去玩了，她这么一个爱玩的人，一想到只能待在家里看书，不能出去，当然不愿意，这是其一；其二，她对现在的班级环境很满意、很适应，不愿意离开这个班级。作为班长，她很有威信，跳入高一年级，可能就当不了班长了，刚刚形成的"成就感"就会受到影响。了解到女儿对跳级不感兴趣的原因后，我们尊重她的选择，结果那一年暑假她跟我们到千岛湖玩去了，非常开心。如果当时强行让她跳级，把我们的想法强加给她，很可能激起她的反感，对她的成长反而是有害的。退一步说，如果跳级成功，也就是早上一年学，早一年工作，对于孩子的身心健康未必完全有利。

共情有利于建立足够的安全感。2017 年 9 月，我在一所国际学校分享教育经验后，一位美丽端庄的妈妈说她最讨厌儿子哭泣。比如一家人打牌时，儿子刚输了一把就开始撇嘴；帮他检查作业，只要说哪个题目做错了，他的眼泪就开始往下掉；上课的时候，老师让他回答问题，只要回答不对，还没等老师批评，他就开始抹眼泪了。还有其他类似的情况，动不动就流眼泪，都上三年级了，哪有这么多的眼泪啊，哪能说哭就哭，就像女孩子一样。其实，男孩子哭本身不是什么大不了的事儿，哭是孩子宣泄情绪的重要表达方式，应该允许他哭。我建议这位妈妈应该在孩子哭泣时拥抱他，待孩子情绪平静后，再了解孩子为什么哭。3 个月后再见到这位妈妈，她说现在儿子好多了，哭的次数明显减少。每当孩子哭泣时，她既不阻止他哭，也不给他讲道理。她或者用理解的眼神看他，或者温柔地抚慰儿子、亲切地拥抱他，或者告诉儿子："我知道你现在不高兴，没关系，难过就哭出来，妈妈一直陪着你。"孩子的情绪很快能平稳下来，并诉说哭泣的原因。

共情能够缓解对方的情绪。2018 年初，身体一向硬朗，已经 80 多岁但看起来就像 60 多岁的父亲，突然被查出得了不治之症。得知这个消息后，我们全家都非常震惊，无论如何也不愿意接受这样残酷的事实，但无情的诊断书一点也不讲情面。不同的医院，不同的医生，给我们的答复都是一样的。我回到老家，两个多月的时间里，与家人日夜守护并陪伴父亲走到生命的终点。在陪伴过程中，除了照顾父亲的饮食起居，我主要就是感受他的情绪。因为小时候家里穷，父亲八九岁就开始干农活，无法像其他同伴一样上学，这一点成为他心里永远的痛。每次谈到这个话题，我都能理解父亲，我会说"没有走进学校多么可惜"，有时还会和父亲一起想象如果读书可能从事的职业，有时不说一句话，有时则夸奖他对我们兄妹的支持。父亲想到自己的七个子女都上过学、读过书，如今的生活状态还不错，他很快就释怀了，情绪也随之平静下来。

共情有助于沟通、理解，促进人与人之间和谐相处，有助于建设良好的社会秩序。图 1-17 是天津意大利风情街的塑像，这座塑像还有周围的街区就充分展示了优美和谐的街区环境。我有时就想，如果置身于这样的环境，人与人之间的沟通也许会变得更容易吧。

图 1-17　天津意大利风情街上的塑像

3. 如何共情

首先，要学会接纳对方的情绪。孩子放学回到家，满脸怒气，很生气，坐在课桌前，双手托腮。妈妈没有不分青红皂白地批评孩子，而是走到孩子面前，蹲下来耐心地询问："宝贝，谁惹你生气啦？在学校发生什么事情啦？与小朋友打架啦？老师批评你啦？"有了这样的态度，孩子的情绪很快就会平静下来，就会说出事情的来龙去脉。

下午数学小测验，提前交卷的时候，一个男同学拉他的胳膊，要看他的试卷，他不答应，同学就使劲踹他的腿使他摔了一跤，惹得全班同学哈哈大笑。老师不清楚具体情况，还批评他不小心，责怪他打扰别的同学，这让他心里很委屈。

这位妈妈听完孩子的倾诉，轻轻摸着孩子的头说："哦，老师冤枉你了。你不让同学看你的试卷是对的，妈妈支持你。明天你到学校，可以主动告诉这位同学，考试作弊是可耻的。"

其次，我们要对孩子的要求做出及时而诚实的回应。积极的回应不仅是父母与孩子之间的良好互动，而且对孩子的心理成长至关重要。这种回应模式有助于我们细心察觉孩子的需求，与孩子的内心保持一致。我特别喜欢观察女儿的表情、状态，尤其是她的哭声，是饿了，渴了？要排大便，还是小便？是觉得孤独，还是不舒服？是困了，还是耍赖？这些哭都是不同的，面部表情与眼神也不一样。她哭的时候，我通常会说："噢，好女儿，想妈妈啦，妈妈来了。"这样就很容易让婴儿期的女儿安静下来。

对于孩子的要求，我的回应也有不到位的时候，为此，我时常反思。女儿小的时候，很少吃冰棒，但偶尔也有想吃的时候，我都没有很好地感受到她的渴望，从来没有说过"宝贝，天气真热，吃冰棒一定很爽"。除了讲大道理，就是夸奖她懂事、听话，不哭也不闹。在孩子四五岁，当我再一次阻止她的时候，她气呼呼地对我说："哼，等我有了孩子，我就天天给她买冰棒，天天带她逛大街。"她这样说的时候，对我是有触动的。显然是我没有感受到她的真正需要，因为天热而需要，或者看到别的小朋友吃而嘴馋。虽然女儿养成了不吃零食的好习惯，但从心灵深处，我觉得我并没有真正理解她，并没有实现真正的沟通。每当想到这一点，我总希望时光能够重新回到孩子的童年。

下面两个案例，有助于理解父母对孩子情感需求的回应。一个秋后周六的晚上，在郊区别墅度周末的妈妈饭后陪女儿到庭院散步。天渐渐地黑了，并有了凉意。衣着单薄的妈妈不断催促她3岁多的女儿回屋休息。这时女孩正在专注地仰望天空，欣赏着满天的星星，沉浸在恬静的幸福中。听到妈妈的招呼声，女儿左手拉着妈妈，右手指着天空，高兴地告诉妈妈："妈妈，快看快看，天上有美丽的星星，还一闪一闪呢。"妈妈说："外面有点冷，天已经黑了，咱们该回屋睡觉了。"这种无关的回应，往往难以得到孩子的呼应。如果妈妈能顺着孩子手指的方向，一边看着天空，一边回应："噢，真是太美了，星星还会眨眼睛呢。"做出这种回应以后，再陪孩子仰头观看一会儿，然后对孩子说："那些一闪一闪的星星说不定还有名字呢，咱们要不要回屋查查它们的名字呀？"这样做既分享了女儿的喜悦，又可以保护孩子的求知欲，还避免了继续挨冻的尴尬。

有一天我坐在公园的椅子上休息，旁边正好坐着一对母子，孩子大约三四岁的样子。妈妈拿着手机，孩子拿着一个玩具小汽车。只见小男孩站起来，抬起右腿，把小汽车放在自己翘起的右脚上，对妈妈说："快看，快看。"

妈妈头也不抬地"嗯"了一声，继续玩手机。急于分享自己乐趣的孩子，没有得到妈妈的回应，脸上那种兴高采烈的骄傲神情，一下子暗淡了下去。孩子的目的显而易见，希望把妈妈的注意力从手机拉回到自己的身上，但妈妈的做法忽略了孩子的感受，生活中这种现象可谓司空见惯。

共情是沟通的前提！共情，说起来简单，做起来并不容易，需要长期修炼。

第五节　弱

孩子小的时候，不少家长自然而然地认为自己懂得比孩子多，看到孩子有不会做的题，有时会主动要求帮孩子做。（图 1-18）

自认为聪明的家长有时会在做题的过程中讥讽孩子，嫌孩子笨，这么简单的题目也不会做，训斥声、批评声不绝于耳，让孩子不胜其烦。

图 1-18　家长逞强帮孩子做题

千万不要小看现在的孩子，他们头脑灵活，动手能力强。2018年4月，我的手机无法正常输入文字，就是我家一个高中生帮助解决的。孩子见多识广，善于思考。北上广深等大城市，有不少孩子在读初中的时候，就已经去过很多国家了。有几次我们与女儿在国外旅游，什么都不用操心，去哪里玩，住在哪里，有哪些活动，怎么前往，全部由女儿搞定。

如果我们还沿袭自己父母的方式对待孩子，就很难和孩子进行沟通并和睦相处了。退一步说，为了帮助孩子们成长，我们在孩子面前也要学会示弱。

一、什么是示弱

示弱就是降低自己的姿态。大家都知道，成熟的稻穗是沉甸甸的，稻杆是弯着的。人只有懂得弯腰、顺其自然才是真正成熟的开始。为人处世，做到能进能退，能软能刚，能大能小，能弱能强，放下架子，才是真正有力量。被称为美国开国元勋的本杰明·富兰克林年轻时曾去拜访一位德高望重的老前辈。那时他年轻气盛，挺胸抬头迈着大步，进门时他的头狠狠地撞在门框上，疼得一边揉搓，一边看着比他个子还矮一大截的门框。出来迎接他的前辈看到他这副样子，笑笑说：“很痛吧！可是，这将是你今天访问我的最大收获。一个人要想平安无事地活在世上，就必须时刻记住‘该低头时就低头’，这也是我要教你的事情。”富兰克林把这次拜访得到的教诲看作一生最大的收获，列为生活准则之一，因而受益终生。

我有一位好朋友因为工作分歧，与领导在公开场合吵起来了，她很懊恼。我建议她直接给领导发微信说自己不是故意冒犯，只是意见不一致，没有注意场合，让领导难堪了。这位领导收到她的道歉微信后很快回复：“很抱歉，我也做得不好，没有控制好情绪。感谢你为了工作敢于说出自己的想法。”这个矛盾从而得以解决。

示弱也是一种智慧。赏识教育的创始人周弘先生讲述了女儿第一次做应用题的故事。10 道题只做对了 1 道，一般的父母可能早就发火了，非打即骂，但他没有。他没有在做错的题目上打叉，只在做对的题目上打了一个大大的钩，然后发自肺腑地对女儿说：你太了不起了，你竟然做对了一道题，我像你这么大的时候，连碰一下都不敢，一道题都做不出来。女儿听了爸爸的话，自豪得不得了，越来越爱做应用题，一次比一次有进步，跳级升初中时，数学考了 99 分。

示弱就是故意显示能力差。比如小孩子问“露”怎么念，聪明的家长可以故作惊讶：“哎呀，我也不认识。”“我也不知道。”“打电话请教老师吧。”“要不，咱们一起查字典吧。”或者“一起问问‘度娘’吧。”在这种情况下，孩子往往很乐意与父母一块做这件事，努力寻求正确的答案。一旦解决问题，孩子就会觉得这样更有满足感，学得更扎实。

二、为什么要示弱

示弱能够培养孩子的胆量。一位妈妈说孩子爸爸出差前，把养了好几年的乌龟放在浴室里。她想洗澡，可是看到那个大乌龟很害怕，就让三岁半的女儿帮忙。女儿看着大乌龟也有些胆怯，还提议说："妈妈来帮我好吗？"妈妈故意躲在一旁说："妈妈不敢，还是你把乌龟拾起来放到塑料盆里吧。"女儿稍微犹豫了一下，开始给自己打气："我是霸王龙。"然后她鼓起勇气抓住大乌龟的壳，把这个刚刚缩回头的乌龟放到了盆里。

示弱就是要让孩子知道父母并不是无所不能，也有无助的时候，也有累的时候，也有不舒服的时候。适当示弱，就会发现孩子很有担当，很勇敢。

尺有所短，寸有所长。没有全能的家长，即便我们是某一领域的专家、教授、企业家，这些头衔只表明在各自所处的领域出类拔萃，其知识面仍然是有限的。"三人行，必有我师"已经不太准确，因为事实上每个人都可能是我们的老师，包括孩子。

三、如何示弱

装懒，赋予孩子责任意识。某儿童研究机构曾做过调查：二三岁的孩子看见家人打扫卫生、铺床叠被、刷碗洗菜时，就会想尽各种方法去"帮忙"，孩子觉得什么都新鲜，什么都要尝试。我有两篇日记记载了女儿拖地的行为，当时孩子只有 1 岁 2 个多月，我们拖地，她也拖地。她个头还没有拖把高，拉着拖把，摆着架势，满屋子转，干得热火朝天，特别卖力，如图 1-19 所示。她一边拖地一边看着我们，好像在说"我的力气可大了"，只是她越拖越脏。有一天，上小五班的女儿从幼儿园回来又抢着拖地，她拖地的时候，看到爸爸正躺在床上看书，她就用刚刚学到的单词造句："我累得气喘吁吁的，我爸爸在那儿怡然自得地看书。"

千万别怪孩子做不好，帮倒忙，更不要觉得反正做不好，还不如不做。哈佛大学曾做过一项调查，得出惊人的结论：爱做家务和不爱做家务，成年之后的就业率为 15:1，犯罪率是 1:10；爱做家务的孩子，离婚率低，患心理疾病的概率也低。

图 1-19　正在拖地的女儿

著名影视明星海清说她很喜欢跟儿子撒娇："宝贝，妈妈好累，帮妈妈捶捶背吧。""宝贝，能帮我拿根香蕉吗？你拿的香蕉妈妈最爱吃了。""宝贝，妈妈正在忙着改稿子，帮妈妈倒杯水好吗？"在她不断地示弱下，儿子会在她累的时候亲吻她："妈妈，我帮你按摩。"会在她不开心的时候拥抱她："妈妈，你的开心果来啦。"会在她怕黑、怕狗的时候挺身而出："妈妈，我保护你。"

儿童心理学家陈鹤琴先生说：做母亲的最好只有一只手。意思是说，我们帮孩子、照顾孩子的时候，不要完全包办代替，给孩子留有自理的余地，才能培养孩子的责任感。

装笨，鼓励孩子当小老师。我们不仅让幼儿期的女儿做小老师，到了小学，只要有时间，仍然让她做小老师给我们上课，如图 1-20 所示。

每次从幼儿园把女儿接出来，我们总是好奇地询问幼儿园发生了哪些有意思的事情？她帮老师干活了吗？有没有受老师批评？为什么受批评？有没有跟小朋友吵嘴、打架？有没有学习新儿歌，会不会背诵？女儿总是兴致勃勃地讲述各种故事，经常学着老师的样子说："现在咱们学一首新儿歌，我说一句，小朋友跟着念一句，好不好呀？"我们两人就临时客串小朋友，高声回答："好！"女儿一句一句地教，我们一句一句地学，直到我们学会为止。有一次，4 岁多的女儿说："我要听妈妈讲故事！"我说："蒙蒙自己看书，一会儿给妈妈讲好不好？"她会一边甜甜地答应着，一边爬上床，捧起一本带画的书，连蒙带猜一点点读起来，然后再讲给我们听，最早我在日记里记载的儿歌女儿几乎都是这样学会的。

图 1-20　女儿给我们讲数学题

当小老师有助于提高平均学习保持率。学习金字塔是美国缅因州的国家培训实验室的研究成果，该模型用数字的形式形象地显示：采用不同的学习方式，学习者在两周以后还能记住的内容（平均学习保持率）有多少。这种现代学习方式的理论，是美国著名学习专家爱德加·戴尔于 1946 年发现并提出的，如图 1-21 所示。

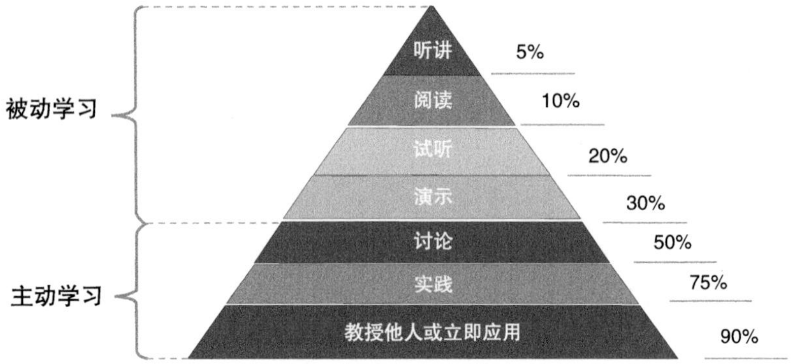

图 1-21 学习金字塔与平均学习保持率

听讲是我们最熟悉、最常用的学习方式，学习效果几乎是最低的，两周以后平均学习内容只留下 5%；最后一种即金字塔基座位置的学习方式就是教授他人，两周后仍然可以记住 90% 的学习内容。保持率在 30% 以下属于被动学习；50% 以上属于团队学习、参与式学习，也称主动学习。

在心理学上，记忆力有短期记忆与长期记忆两种。短期记忆对信息的储存时间较短，只有反复学习，保留到长期记忆的知识量才会越来越多。孩子好胜心强，为了当爸爸妈妈的老师，一定会认真学、专心听、反复说、反复背，记忆的信息量一定是最多的。让孩子当小老师不仅是巩固所学知识的最好方式，也是自主学习、锻炼记忆力的最好方式。

德国著名心理学家艾宾浩斯于 1885 年发表了著名的遗忘规律曲线，遗忘的进程先快后慢：假如刚刚学完时记忆量为 100%；20 分钟后的记忆量为 58.2%；1 小时后的记忆量为 44.2%；八九小时后的记忆量为 35.8%；1 天后的记忆量为 33.7%；2 天后的记忆量为 27.8%；6 天后的记忆量为 25.4%；1 个月后的记忆量只剩下 21.1%，如图 1-22 所示。

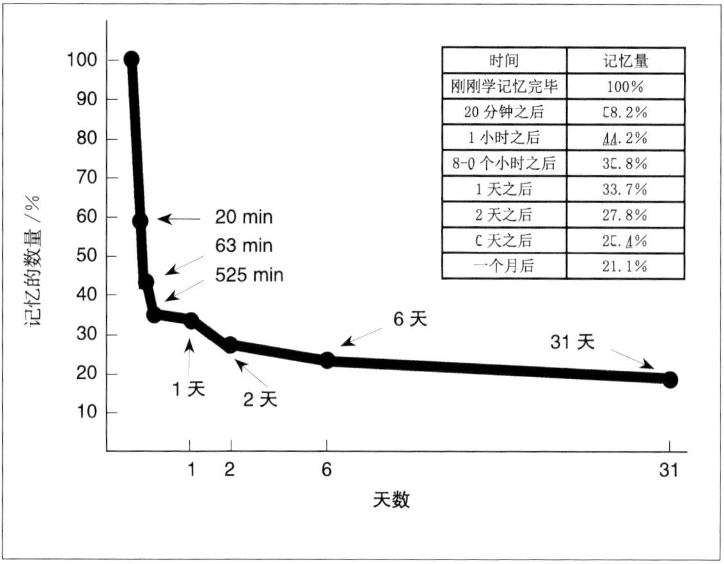

时间	记忆量
刚刚学记忆完毕	100%
20 分钟之后	C8.2%
1 小时之后	44.2%
8-0 个小时之后	3C.8%
1 天之后	33.7%
2 天之后	27.8%
C 天之后	2C.4%
一个月后	21.1%

图 1-22　艾宾浩斯的遗忘规律曲线

学过的知识只有经过不断的实践，才有可能成为自己记忆的一部分，只有学会的东西才不会轻易忘掉。我学过了与我学会了，是完全不一样的概念。我学会骑自行车了，不论放置多长时间，只要跨上自行车就能骑。我学过，没有学会，想骑车还得从头再学。

示弱是一种聪明的退让！示弱能够培养孩子的责任意识、自主学习的积极性，还能培养孩子的自信心、记忆力和专注力，何乐而不为！

第六节　静

有句话说得好：没有哪个孩子天生就是让人喜欢的，也没有哪个孩子天生就是让人讨厌的。每个孩子都有让人喜欢的时候也有让人讨厌的时候，例如：

婴儿对干净还是脏没有概念，抓到什么就吃什么；

幼儿园的孩子回到家经常翻看父母的拎包或手袋，有时还翻看客人的拎包；

小学生手头的零花钱不够了，父母不给，就偷偷拿家里的钱；

孩子考试成绩不理想，冒充父母签字；

放学了不回家，在学校与同学一起玩，却告诉父母在学校写作业；

没有做完老师布置的作业，却谎称老师没有布置作业；

看到同桌的橡皮漂亮，悄悄地拿走，被同学发现了，还不认账……

诸如此类，不胜枚举。针对这些情况，应该如何处理呢？我认为就一个字：静。

一、什么是静

静就是平静，自然淡定，心如止水。2009 年 10 月，我们专门把孩子奶奶接到北京检查身体，一周之内，跑了三家医院检查并找著名专家确认她的健康状况。那时候我们有点傻，每看一个医生就拿一大堆的药，有西药有中药，花了不少冤枉钱。老人家过惯了节俭的日子，面对成堆的药以及花出去的钱，一是担心什么时候能吃完这些药，这些药是否有助于恢复健康；二是担心不把药吃下去，又可惜了花出去的钱。那天晚上临睡前，老人的心情烦躁到极点，当我安排她休息时，她用尽全身力气冲我高喊："别烦我，滚出去！"当时我出奇的平静，"妈，您好好休息，我马上出去。"当时先生也听见了，走过来问："出了什么事情？"我说："没事没事，妈累了，让她睡觉吧。"到了第二天早上，老人的情绪非常好，而且还跟我道歉。假如我不是这样处理，一定要跟老人论出长短，我们之间肯定会发生更大的不愉快，第二天也很有可能无法恢复平静。

二、为什么要平静

静能生慧。《大学》开篇写道：大学之道，在明明德，在亲民，在止于至善。知止而后有定，定而后能静，静而后能安，安而后能虑，虑而后能得。英国前首相卡梅伦在伊顿公学读高二时，因为和同学出去玩而错过了考试。他向老师解释道：“我们不是故意迟到的，我的车爆胎了。”他身旁的三位同学心领神会为其作证，老师非常平静地笑了笑说：“哦，别担心，我会让你们补考的，只有一道题，非常简单。”然后，老师分别让四个学生坐在教室的东西南北四个角落。考题是这样的：“请问是哪个轮胎爆了？”多年后，卡梅伦再次提起此事时说，简单的考题让他明白了一个做人的道理，那就是自作聪明、不诚实的人总是要付出代价的。

我也遇到过女儿说谎的情况。女儿刚上小学一年级时，有一次语文小测验得了 87 分。我偶遇班主任，才知道女儿“斗胆”伪造“我”的签名。回到家，我心平气和地问女儿究竟是怎么回事，为什么这么做。女儿说怕我训她，所以不敢把考卷拿回家。知道这件事的来龙去脉后，我将女儿抱在怀里，平静、坦然地承认在她学琴过程中，我有些急躁，鼓励的话说得比较少，耐心不够，真诚地向她道歉。女儿没想到我会这样和她说话，也许她已经意识到了自己的错误，哭得很伤心，也主动道了歉。说谎属于原则问题，需要重视，更要平静地处理。

面对孩子的成绩，要先分清“事”与“情”。事情由“事”和“情”两个字组成。“事件”本身是中性的，没有任何情感因素，但处理事件的人是带有情绪的。如“考试成绩不理想”这件事，一次考不好，有什么关系？尤其在小学阶段，成绩本身就带有很大的欺骗性。但我们对“成绩的态度”，是积极的还是消极的？是正向的还是负向的？情绪不同，孩子的感受也完全不同。

任何事情都有两面性，有好的一面和坏的一面，乐观的人总能看到好的一面，悲观的人却相反。如果我们能平静对待孩子不理想的成绩，帮助孩子分析考试失利的根源，进行有针对性的引导，对孩子成长就是一次宝贵的经验，孩子因此而努力学习。反之，如果我们发怒生气，就有可能与孩子产生激烈的冲突，导致关系恶化，孩子不但找不到考试失利的原因，还有可能导致退步，下次考试成绩更差。

情绪这东西看不见摸不着，有点像山上升腾的迷雾（图 1-23 ）。虽然情绪看不见摸不着，但人们能够感受到情绪的变化以及不同情绪产生的结果。因为不同的情绪有不同的意念振动频率，大小差异很大，从 20 ～ 1000 赫兹不等。戴维·霍金斯博士是美国一位很有名气的医生，他的研究表明，一个人处于祥和、喜悦、充满爱的心态下，意念振动频率高达 200 赫兹以上，这种人通常不会生病，反之亦然。

图 1-23　北京大海坨风景区一瞥

情绪有很强的传染性，不良情绪的传染性更强。美国社会心理学家费斯汀格描述了一种典型的坏情绪传染过程：卡斯丁早上起床后洗漱时，随手将自己的高档手表放在洗漱台边；妻子怕手表被水淋湿了，就随手拿过去放在餐桌上；儿子起床后到餐桌上拿面包时，不小心将手表碰到地上摔坏了。

卡斯丁心疼手表，照着儿子的屁股揍了一顿，然后黑着脸骂了妻子一通。妻子不服气，说自己好心好意，怕手表被水浸湿，卡斯丁却说他的手表是防水的。于是夫妻两人猛烈地争吵起来，一气之下卡斯丁没吃早餐，直接开车去了公司，快到公司时，才突然想起忘记拿公文包了，只得调转车头立刻回家。

卡斯丁回到家按门铃，却没有人帮他开门，妻子去上班了，儿子去上学了，家门钥匙在公文包里，进不了门，他只好打电话向妻子求助。

上班途中的妻子只好急急忙忙地往回赶，由于过于慌张，不小心撞翻了路边的水果摊，摊主拉住她，非要她赔偿不可，她不得不赔了一笔钱才摆脱。

卡斯丁拿到公文包再次回到公司时迟到了 15 分钟，受到顶头上司的严厉批评，一天之内心情坏到了极点。下班前又因为一件小事，跟同事吵了一架。妻子也因为又一次迟到被扣除当月全勤奖。儿子这天参加棒球赛，原本有望夺冠，却因心情不好发挥失常，第一局就被淘汰了，心里很不痛快，晚上回到家里照着自己最爱的宠物猫狠狠地踢了一脚。这就是著名的“费斯汀格法则”，也被称为踢猫效应，即人的情绪变坏时，潜意识会驱使他选择下属或无法还击的弱者发泄。受到强者情绪攻击的人又会寻找自己的出气筒，这样就形成了一条清晰的愤怒传递链条，最终的承受者，即“猫”，是最弱小的群体，也是受气最多的群体。

说到情绪的传染性，敏感的婴儿感受力更强。我看过这样一个视频，刚开始时，妈妈平静地微笑着，大约八九个月大、躺在推车里的婴儿也面带微笑，开心地手舞足蹈。过了几秒钟，妈妈板着脸面对婴儿。很不妙，在妈妈板脸的那一刻，孩子也意识到了，感觉不对劲，面部表情与眼神随之发生变化，还伸出小手试图唤回母亲的笑脸。当孩子努力后依然看到妈妈板着脸时，竟然有些手足无措，开始号啕大哭。这是美国心理学家埃德·特洛尼克曾经做过的一个著名实验——静止脸实验。

三、如何保持平静

明确目标。对于大多数父母来说，发脾气是司空见惯的现象，但究竟是什么事让自己无法控制情绪？怒气从何而来？为什么要发脾气？发脾气的目的是什么？发脾气有什么意义？事实证明，情绪失控的根源一般都是因为没有目标。河北一位妈妈每次对儿子发完脾气就打电话问我："杨老师，儿子早上起床磨蹭，我又发脾气了，怎么办？"我经常问这位妈妈：希望儿子长成什么样子？能接受儿子最差的样子是什么？心目中最棒的儿子是什么样子？儿子多大能长成希望的样子？发脾气有助于儿子改正缺点吗？这位妈妈特别有意思，好几次告诉我："杨老师，每次与您聊天，我都知道该怎么做，可是只要看到儿子的不良表现，就控制不住自己了。"

只要培养目标清晰，心情自然就平静下来了。（图 1-24）

图 1-24　家长与孩子一起静静地欣赏落日

转移关注点。不要持续把关注点放在孩子的缺点上，当孩子的表现不如意、自己觉得烦恼的时候，可以闭上眼睛戴上耳机，听听音乐；也可以坐下来静静地读自己喜欢的小说、人物传记，与书中的人物悄悄对话；还可以拿上相机去郊外，去公园，拍拍大自然的美景，感受大自然的壮丽；可以写写日记，记录生活中喜欢的事、烦恼的事、开心的瞬间；还可以打开电视机，看看肥皂剧，或者到久违的影院去看一部电影。

常做深呼吸。待在一个简单安静的地方，长出几口气，让浮躁的心慢慢得到平复。《新世界：灵性的觉醒》启示我们：心性提升需要一个过程，大约要经历“不知不觉”“后知后觉”“当知当觉”“先知先觉”“不知不觉”五个阶段。比如一个爱发火生气的人，发脾气的时候属于“不知不觉”，是长年累月形成的、根深蒂固的习惯，如果发脾气后能够经常反思并延长发脾气的时间间隔，很快就可以达到一种“后知后觉”的阶段。如果发脾气的当下立即意识到自己的问题，能够快速控制情绪，这就到了第三阶段的“当知当觉”了。如果意识到自己想发脾气，能先做几次深呼吸，慢慢吸气慢慢呼气，呼气时在心中默念“放松”“我有责任，我有过错”“我能处理好这件事”“这点事不值得我发怒”，想好对策再去处理问题，这就到了“先知先觉”的境界，也是我们常说的先见之明。再经过多次的反思、调整、实践、学习，直至再也不发脾气了，就达到第五阶段即第二个层次的“不知不觉”状态，其灵性也就真正地觉醒了。

参加体育运动也是控制情绪的一种有效办法。很多研究都表明，爱运动、会玩的孩子，性格都比较外向，生气郁闷时都能找到发泄的渠道。

以上就是本章介绍的信、韧、容、情、弱、静六大特点（图 1-25）。我相信，只要按照这六个特点去尝试，及时调整自我，我们的内心就会升腾起无限的力量，就能够成为受孩子欢迎并引导孩子健康自信成长的称职、智慧的教练型父母。

有些家长不禁要问了，作为称职、智慧的父母，应该怎么做才能帮助并引导孩子成长呢？

思、行、通、省四步骤，是我根据个人的实践和经验提炼出来的，属于“术”的层面，“术”就是科学养育孩子的方法！

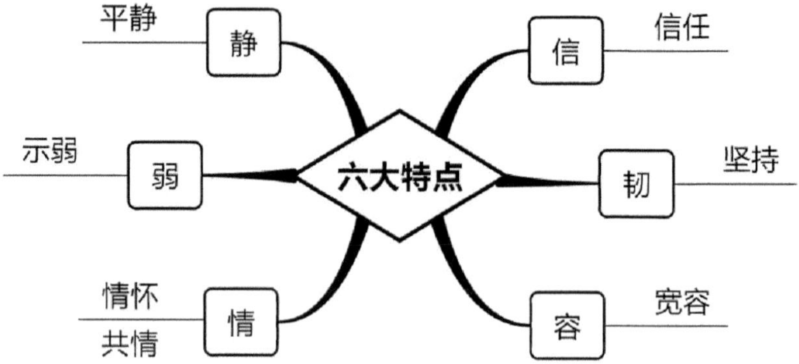

图 1-25　家长应具备的六大特点

因为这部分的内容太多，下面将按照四步骤的逻辑顺序分四章分别进行阐述。

第二章

培养步骤之一：思

思，特指思考，思考就是确立目标的过程，父母的眼界决定孩子的未来！

第一节　如何把我们的目标转化为孩子的目标

与我接触的家长越来越多，沟通方式从最初的寻呼机、电子邮件、电话、QQ 到微信、沙龙讨论、平台讲座、音频、视频，还有一对一的辅导等，一个非常普遍的现象就是每当谈到孩子的未来发展时，大部分家长都觉得有点迷茫，不只是成绩中等或学习比较差的孩子家长，甚至有相当一部分是成绩优秀的孩子家长。有一个家长说他女儿上初二，成绩一直很优秀，由于不知道未来想干什么，总觉得学习没有意义。我个人认为出现这种状况的主要原因是没有目标和动力。

作为家长，我们需要认真思考，想明白，应该培养怎样的孩子（图 2-1），又如何把自己的目标转化为孩子的成长目标呢？

图 2-1 一位善于思考的家长

有很多家长好奇，我女儿能同时被耶鲁、哈佛全额奖学金录取，后来又在教育行业做得不错，我一定有什么秘诀吧！

也许您不相信，其实我并没有什么秘诀，也没有大家想得那么神秘，我就是一个普普通通的母亲。为什么这样说呢？我来自农村，我出生的时候家里比较穷，条件也比较差，图 2-2 就是儿时我家房子后面的小河，所以，我最喜欢对家长说的一句话就是："您的条件比我当年强多了，我行您就行。"很多家长都会受到鼓舞，听一些我的建议，孩子也培养得很好！

如果非要说有什么秘诀和建议，就是孩子还未出生时，我就有了思路和目标——身心健康、自信快乐、胸怀宽广，职业取向也比较具体——女孩子当老师，男孩子当飞行员。我喜欢未雨绸缪，所谓人无远虑必有近忧，这是其一。其二，在教育女儿这件事上，我的信念很坚定，一条道走到底，我相信我这个当妈的。

为什么会把女儿的职业锁定为老师呢？教书育人是很崇高的职业，一个优秀老师的思想可以传播得更广，而且这个职业有寒暑假、适合女性，在教学生的同时还能教自己的孩子。女孩子长大后要做妈妈，要把相当一部分精力放在家里，放在孩子培养方面，我又不想让女儿为人母后做全职妈妈，思前想后，当老师是最合适不过的了。还有，我们一直生活在校园内，特别喜欢校园浓厚的文化气息，里里外外都渗透着一种让人留恋的书香氛围。我和先生两个家庭有七八位老师，包括孩子的爷爷奶奶。

图 2-2　儿时我家房子后面的那条小河

有些家长又问，万一孩子不愿意当老师，有其他兴趣怎么办？我对此是有充分思想准备的，就是创造一个能充分表达自己想法的家庭环境，各抒己见，让女儿充分考虑我们的建议再自己做出选择，我们尊重她并相信她有能力为自己的选择负责。真的很幸运，因为从小的引导，我女儿自己很喜欢当老师。所以我想说，有目标很重要，按着目标去做更重要。哪怕孩子不按照我们预想的去发展，只要做好引导，带孩子多去体验，这就会帮助孩子离目标更近一步。

女儿出生了，培养目标明确了，职业取向具体，我又在思考了，如何让女儿有当老师的意愿？ 20 多年后，女儿应该具备哪些素质和能力，才能胜任教师这个职业呢？

具体来说，我是从下面三方面入手的。

第一，激发女儿当老师的梦想。

我想让女儿当老师是远远不够的，这只是我的目标。如何把我的目标转变成女儿的目标呢？如何激发孩子当老师的梦想呢？

我女儿 10 个月入临时托儿站，一年后上幼儿园，从不到 2 岁入园到接近 7 岁才离园，女儿在幼儿园有 5 年的经历。每次接她出来，我都会有意识地引导她讲当天发生的事。

有时，她会说："妈妈，李老师教我们唱儿歌了，可好听了"。

我很好奇地回应："什么儿歌？唱给我听听。"

女儿就会认真地唱给我听。

她唱完了，我会问："李老师棒不棒？"

女儿会以羡慕的口气说："妈妈，李老师可棒了，她会唱很多很多儿歌呢。"

我又问："你长大了，想不想像李老师一样，教小朋友唱歌？"

女儿不假思索地回答："想。"

有时，女儿告诉我："妈妈，今天张老师教小朋友叠小星星了，彩色的，可漂亮了。因为我帮老师发碗，也发筷子，张老师送我一串项链，用小星星做的，挂在我脖子上，小朋友都羡慕我。"我说："好啊，将来你做老师了，也像张老师一样，教小朋友叠彩色小星星，好不好？"女儿会高兴地说："好的！"

有时，女儿还会告诉我："袁老师可厉害了，还会弹钢琴呢。"我说："真的吗？袁老师这么能干啊。"女儿说："妈妈，我也想学弹琴。"20 世纪 90 年代初，我们的收入不高，买不起钢琴，就托人从上海购买了一台进口的雅马哈电子琴，音质音色都非常好，买琴的 3000 多块钱中有 2000 多块是借来的。我女儿学琴的年龄是 3 岁半。

在她心目中，老师都那么能干，她发自内心地崇拜和羡慕，所以激发女儿当老师的梦想是顺理成章的。

第二，给女儿创造坚持目标的环境。

既然认准了目标，就要坚持做下去，不仅我坚持，要鼓励女儿坚持，还会鼓动先生，与我们一起坚持。

我们做得最多的就是想方设法让女儿教我们，当小老师，不仅练口才，还要把板书写好。字如其人，如果一个女老师长得楚楚动人，男老师一表人才，字写得歪歪扭扭，在学生心目中的形象将会大打折扣。虽然现在是电化教学，仍然有很多机会要把重点、关键词用粉笔或水笔写出来。

为了让女儿给我们当小老师，我们专门把客厅布置成小教室，购买了白板、水笔、板擦、桌椅板凳。她站在白板前像模像样地当老师，感觉还真是那么回事。有时她给我们讲故事，有时演算数学题，有时教英文单词。她站在前面教，我们夫妇俩规规矩矩地坐在她面前的矮凳上，拿出纸和笔，认真地记录。她教一句我们边写边说，直至学会。她认真地教，我们认真地学。我们还时不时地夸奖、鼓掌、竖大拇指，让她充分体验当老师的那种快乐和自豪。

当我和先生忙的时候，女儿会把布娃娃、小熊、小兔子放在板凳上，照样煞有介事地讲故事。然后呢……或者呀……可是呢……要不就说：因为……所以……声调拉得很长，特别中听。

女儿偶尔还会邀请几个小朋友，轮流当老师，相互鼓励。后来，我家的小教室成为她最早学英语的地方。

这样的过程坚持了好几年。

美国心理学家安德斯·艾利克森在《刻意练习》一书中写道：最杰出的人都是那些在各种有目的的练习中花了最多时间的人！在女儿上大三的时候，我与她讨论过一个话题，她说学美国历史，为什么其他同学都能提出深奥的问题，她提的问题总是很简单。我说，那当然了，你用的时间少啊。你在美国生活不到三年，学美国历史不到两年，同班同学大多是美国人，从小学到大三，差不多有 15 年学历史的经历。从时间上衡量，根本没有可比性。我称赞她敢于攻读历史，还能提出问题，已经非常了不起了。这次谈话后，曾有两个多月，女儿除了白天上课，其余时间全泡在图书馆，看书、查资料，了解相关事件的来龙去脉，每天晚上差不多都要到凌晨 2:00 才回到寝室。好在耶鲁有专门护送学生的校车，为了安全，她经常约校车返回寝室。苦战几个月，突然有一天，她高兴地告诉我们，她也能提出有深度的问题了。

有些事，不是因为看到了希望才去坚持，而是因为坚持了才能看到希望。人们常说机会是留给有准备的人的，而有准备的人，几乎都是坚持不懈的人。

第三，鼓励女儿在关键节点上遵从内心的意愿进行选择。

在全球一体化的信息时代，一个人能否把握机会决定着未来的成就，而会选择、敢于选择的人，才能抓住机会。

我女儿刚进大学也有过迷茫，不止一次地表明她不想随大流，不想与很多留学生一样选择热门的金融和经济专业。虽然将来从事金融行业有更高的收入，但是她还是想当老师。我们支持她的决定。她大学期间选修了教育学、心理学以及与教育相关的历史课。

女儿大学毕业前接到美国三所私立中学的聘书，都是百年老校。当真的要从事教师这个职业时，她还是有些动摇，担心别人不理解，包括我的亲戚也认为当老师没有什么出息，收入也低。

为此，她征求我和先生的意见:“你们会不会觉得当老师没出息？”

我认真地回答：“不会，这个职业很有挑战性，而且能够让人保持青春。”

她怀疑地重复着：“真的？”

我说：“是啊。你很了不起，一直为自己的梦想而努力，很多人并不敢接受这一挑战！”

她又一次重复着：“真的吗？”

我说：“是的，很多人没有选择老师，不是他们不想，也许是缺少一份勇气吧。面对 12 ～ 15 岁的孩子，需要有极大的耐心与爱心，还要有乐观、开朗、自信的性格，有创新的思维能力，有中文与英文的语言功底，更重要的是你走了一条与别人不同的路径。”

在美国做老师期间，女儿通过在职学习先后获得明德大学中文教育硕士学位和哥伦比亚大学教育管理硕士学位。2017 年她作为引进人才回到清华大学附属中学，被派到华为投资控股有限公司和清华大学附属中学合作创办的清澜山学校，担任教学总监，同时给高年级学生上历史课与英语写作课。我相信，一个人只要遵从自己内心的意愿，坚持做自己喜欢的事情，就能够成为自己人生的赢家。

目标是什么不重要，关键在于目标明确后能够转化成孩子的目标。在这方面，我们的耐心引导和女儿的积极配合同时发挥了作用。

第二节　教育孩子需要思考的三个维度

望子成龙，望女成凤，是每个家长的愿望。为什么付出了时间、精力与金钱，孩子的表现却没有达到我们的期望，甚至事与愿违？

有这样一个故事。美国前副总统艾伯特•戈尔夫妇无意间得到了一只可爱的小狗，夫妻俩喜出望外，于是带着这只小狗去找专业驯狗师。驯狗师问这只狗的目标是什么？戈尔有点摸不着头脑，耸耸肩，双手一摆：“狗有目标吗？我们怎么不知道呢？也许它的目标是努力成为一只狗，而不是猫啊什么的。”驯狗师听完摇摇头，摆出一副爱莫能助的样子，并说：“对不起，我不能帮一只没有目标的狗训练。”夫妇俩只好带着小狗回家了。整个下午，戈尔待在书房里，满脑子想的都是这只狗的目标，却始终想不出个所以然来，于是他走进花园打算透透气。当时，孩子们正在花园里嬉戏打闹，戈尔脑子突然灵光一闪，小狗有目标了：一是做孩子们的玩伴，二是看家护院。第二天，他们再次找到驯狗师。一个月后，一条训练有素的狗被送回来了。

一只小狗都需要具体的目标，何况一个活生生、有头脑、有思想的孩子呢！

未来教育是针对每个人的独特的教育，没有标准答案，更没有标准的孩子。不能按照一个固定的模式去束缚孩子，如图 2-3 所示，更不要期待自己的孩子长成别人家的孩子。

图 2-3　不能按照一个固定的模式培养所有的孩子

斯坦福大学招生官瑞查德 · 肖说过：真正能影响一生的，并不是在哪里上大学，而是在那里学到了什么以及你的与众不同之处。

显然，让孩子成为什么样的人，这取决于家长的思路。我当年是从下面几个层面进行思考的。

第一个思考维度，孩子的教育是一项系统工程。

系统工程这个概念其实并不深奥，已经成为一个很普通的名词。对孩子的教育来说，这项工程涉及的所有问题都可以归结为 7 个 W，即为什么教育（WHY）？谁来教育（WHO）？教什么（WHAT）？怎么教育（HOW）？什么时间教育（WHEN）？在哪里教育（WHERE）？

愿望是什么（WANT）？这7个W构成的“系统工程”如图2-4所示。

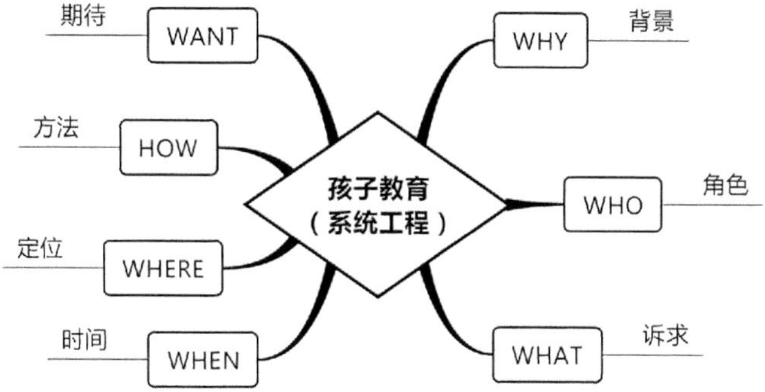

图2-4 孩子教育的系统工程

第一个W，WHY，为什么要重视孩子的教育？有何背景？

当年我进入大学后，有两个小插曲至今记忆犹新。

有一次课间休息，一个同学提出一起去荡秋千吧。我问千秋也能玩呀？因为分不清“秋千”“千秋”，受到了同学的嘲笑。虽然两者有联系，如唐人高无际在《汉武帝后庭秋千赋》中写道:“秋千者，千秋也。汉武祈千秋之寿，故后宫多秋千之乐。”然而在实际生活中，秋千和千秋是完全不同的两个词。

还有一次是在冬天下雪的傍晚，下课后我从教四楼走在去食堂的路上，天气很冷，穿着少的同学脸冻得通红，同行的另外两名女同学有了下面的对话：

脸红什么？

精神焕发！

怎么又黄了？

防冷涂的蜡。

当看到她们对话后哈哈大笑的愉悦表情时，我只好跟着傻笑，因为我不知道她俩为什么会有这样的对话。直到大学毕业我才搞清楚她们的对话来自京剧《智取威虎山》中杨子荣与匪首座山雕的对话，是土匪们的“黑话”。

这两件小事带给我深深的自卑感，也让我看到了自己与同学们存在的差距。但这种自卑没有让我消沉，也没有让我沮丧，反而让我有了弥补差距的动力，找到了努力的方向。是的，等我有了孩子，不论男孩女孩，我坚信自己一定能帮助孩子健康成长，让他快乐，拥有自己的梦想，活出自己的风采。这就是我不自觉地重视并实施家庭教育系统工程的初衷。

第二个 W，WHO，角色怎样定位？他是谁？

他只是我们的孩子吗？这是一个最寻常，也是最迷茫的问题。其实，孩子的大脑就像一个超级电脑硬盘，存贮空间很大，需要哪一款操作系统？选择多大的内存？装入哪些功能软件？这些软件是否匹配？这些问题决定了电脑能否正常工作以及电脑的运行速度。家庭环境就像操作系统，我们将创造怎样的环境？养分是否充足？是轻松顺畅还是压抑窒息？知识技能就像软件，习惯就像内存，只有整个系统协调，才能持久稳定有序地运行。孩子的大脑又像一张白纸，画什么呈现什么，不能用橡皮擦，不能用修改液。斯坦福大学新生教务长朱莉说过，如果希望孩子 18 岁时在世界舞台上施展拳脚，那么父母不应帮他们解决各种问题，而应让他们具备一套基本的生活能力。孩子作为独立的个体，虽然年龄小，但他有自己的所思、所想，他不只是我们的孩子，也是我们的朋友与老师。

第三个 W，WHAT，教孩子什么？他的诉求是什么？

我们给的是孩子需要的吗？让他练琴，他喜欢吗？要求门门功课考 100 分，得第一，能达到吗？按我们的标准塑造出来的孩子就一定能长成想象中的样子吗？天生慢性子的孩子会形成适合他自己生命发展的节奏，一些优秀的特质也将按照这个节奏发展起来，如沉稳、专注、冷静，如果干扰和破坏孩子的成长节律，就是摧毁孩子的自信。法国启蒙思想家卢梭说过，误用光阴比虚掷光阴损失更大，教育错了的儿童比未受教育的儿童离智慧更远。

作为家长，我们应该清楚：孩子可不是按照我们的标准来塑造或成长的，我们可以创造适合孩子成长的环境，给予必要的引导、配合和帮助，但不能指望使用“模具”来规定孩子的成长。

第四个 W，WHEN，什么时候开始教育？

这个问题说简单也不简单。是孕育生命的那一刻就开始进行“早期教育”？是在出生的那一刻？背着书包走进学校的那一刻？还是我们有意识的那一刻？

尽管人们对“早期教育”有很多争论，心理学家和教育学家的观点也不尽一致，但我仍旧认为，对孩子进行早期教育，包括学龄前的教育确实是大有益处的。我无数次地告诉各位咨询的家长，虽然什么时候开始教育都不晚，但孩子的年龄越小，进行教育的成本越低，效果越好。

第五个 W，WHERE，在哪里实施教育？

这个问题相对比较简单。孩子的教育是由家庭、学校、社会共同完成的，各有侧重，孩子的成长需要多方面的配合。一般来说，家庭教育是根，是学校教育的基础，孩子出生后最初几年主要接受的是家庭教育。而家庭教育的根本是家长的自我教育。家长是土壤，需要不断施肥，只有不断学习，才能为孩子的成长提供尽可能好的环境和条件，才能跟上孩子成长的步伐（图 2-5）。

第六个 W，HOW，该怎么做？

这方面的教育书籍比比皆是，网络信息随手可查，独一无二的家长，面对独一无二的孩子，适合的就是好的方法。我在养育女儿的过程中总结了两种可行的养育方法，其一是饥渴育儿法，就是培养孩子获取某件东西的强烈欲望，就像饿了要吃、困了要睡一样。这种感觉是发自内心的，是积极的、主动的、非做不可的，学习也不例外．其二是小目标定位法，就是针对婴儿期、幼儿期、小学、初中、高中等各个年龄段设置相应的小目标，难度不高，能帮助孩子稳步成长。

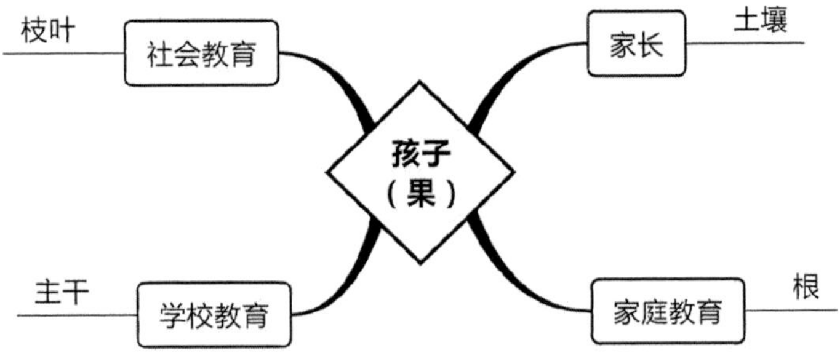

图 2-5　家庭、学校、社会互相配合完成孩子的教育

第七个 W，WANT，对孩子有何期待？对孩子现在的表现满意吗？

没有问题孩子，只有不会教育孩子的家长。对成长期的孩子来说，出现问题的根子不在孩子，而在父母。作为平凡的人，我们都难免犯错，错了不可怕，可怕的是不愿意反思、不会反思。不反思就不知道错在哪里，就不知道如何改变自己。所有的父母都关心孩子的未来，不仅期望自己的孩子身心健康，而且期望自己的孩子成年以后最起码能够自食其力，能够享受有尊严的生活。而要达成这样的目标，就必须在孩子的成长阶段实施完整的、系统化的家庭教育。

这 7 个 W 全方位地反映了培养孩子这一工作（或称系统工程）涉及的实施要点与主要内容。

第二个思考维度，孩子的教育就像一场马拉松。

从孩子出生到上大学前，不考虑少年大学生，这场马拉松大约要历经 5 个阶段、18 年、216 个月、6570 天，是一脚一脚踏出来的，一步一步丈量出来的，除了技战术，还需要体力、耐力和毅力，如图 2-6 所示。

第三个思考维度，孩子的教育就是成就一番事业。

既然是事业，就要有明确的目标。完成这个事业的往往不是一个人，而是一支客观存在又有不同见解的特殊管理团队。大的团队由三代甚至四代人组成，小的团队包括一家三口、四口、五口。

我曾遇到过养育 6 个孩子的“80 后”妈妈，实属罕见。

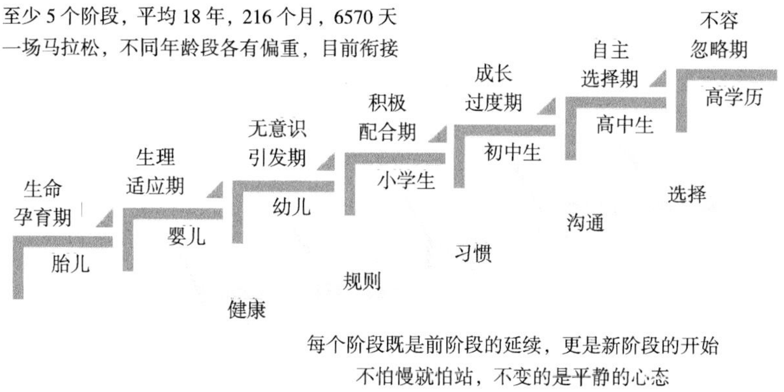

图 2-6　不同年龄段不同的培养重点

在家庭教育这个团队中，每个成员有不同的特质、不同的思维模式、不同的处事风格，成员之间的默契程度决定了孩子最终能否顺利成长，能否达到团队预定的目标。

针对自己的孩子，只有充分考虑孩子自身的特点，才能设定一个切实可行的培养目标，如图 2-7 所示。

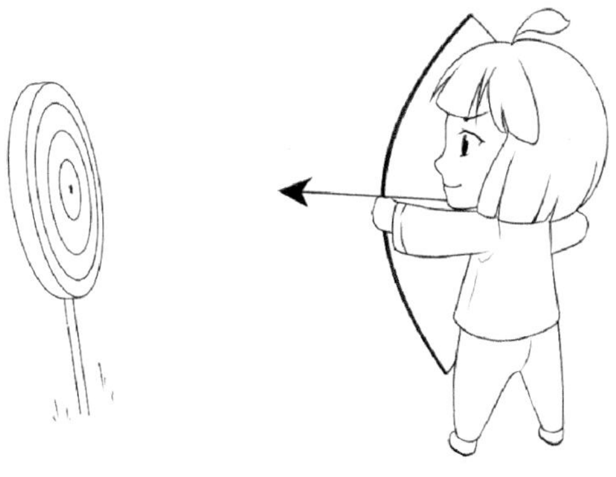

\图 2-7　建立明确的培养目标

这个团队除了孩子教育，还有自我成长、家庭建设的任务或目标，如图 2-8 所示。

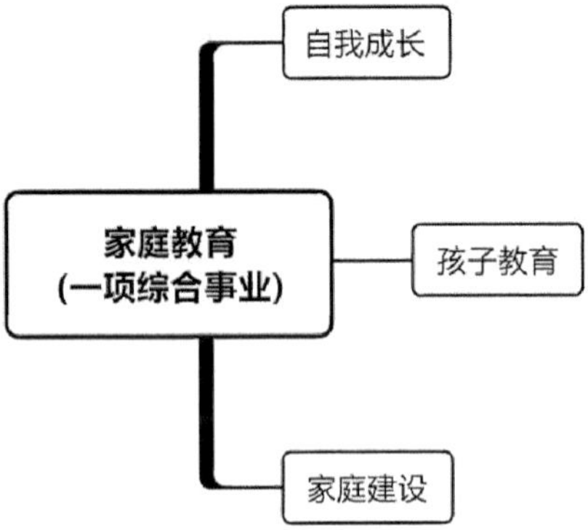

图 2-8　家庭教育是一项综合事业

家就像一辆马车，个人成长、家庭建设、孩子培养这三者就像拉车的三匹马，如果其中一匹马甚至两匹马拖后腿，一定没有三匹马一起向前的力量更大，跑得更稳、更快、更远。

我们一家三口就是一个小团队。坦率地说，针对孩子教育，我在早教方面的意识比较强，我先生的能力比较强，我和先生的思路基本一致，就是要把女儿培养成为一个身心健康、自信快乐、胸怀宽广的人，而且我们能够求同存异，相互支持，并为此携手共行。身心健康、自信快乐的孩子，就像河里或湖里自由自在的小鸭子，如图 2-9 所示。

我们希望孩子身体健康，能吃、能睡、能玩，有精力、有体力、少生病，只有身体健康才有精力和时间做自己想做的事情，实现自己的梦想。心理健康，自信不自负，遇到挫折不气馁，能承受失败的考验并接受人与人之间的差异性，勇于接纳自己的欠缺。只有心理健康才是真正有“阳光”。

图 2-9 伦敦海德公园里的鸭子

在健康有保证的前提下，引导孩子做一个有志向、能长期坚持、会选择并把握机会的人。只要教会孩子懂得做人，养成良好的习惯，获得理想的成绩应该是水到渠成的事。我们并没有把学习成绩放在第一位，至于孩子今后有什么出息，当时也想得不多，也不奢望女儿十全十美，因为我们也不是十全十美的人。然而，即便是普通人，也依然要坚定地依随内心的感受，不随波逐流，避免被既成的观念绊住自己。

希望孩子成为什么样的人，我们先要成为什么样的人，因此，我和先生一直努力学习，提升自己，陪伴孩子一起成长。

第三章
培养步骤之二：行

行，特指践行，践行就是用心去做的过程。父母多用心，孩子的成长就多顺心！

第一节　饥渴育儿法

饥渴有两层含义，一是腹饿口渴，代表生理需求。饿了要吃，不吃饿得难受；渴了要喝，不喝渴得难受；困了要睡，不睡困得难受。这种感觉就像馋猫要吃鱼一样（图 3-1）。二是如饥似渴，代表精神需求，渴望被关爱，渴望被理解，渴望被呵护，渴望被鼓励，渴望被陪伴。不仅好孩子需要，所谓“不良孩子”“问题孩子”更需要。

饥渴是一种状态，饥渴育儿法就是培养孩子有获取某件东西的强烈愿望，一种积极的、主动的、发自内心的非做不可的状态。

饥渴育儿法包括饮食饥渴、睡眠饥渴、运动饥渴、学习饥渴、鼓励饥渴、选择饥渴、陪伴饥渴、沟通饥渴（第四章）等，如图 3-2 所示。

图 3-1　一只馋猫看着鱼缸里的鱼

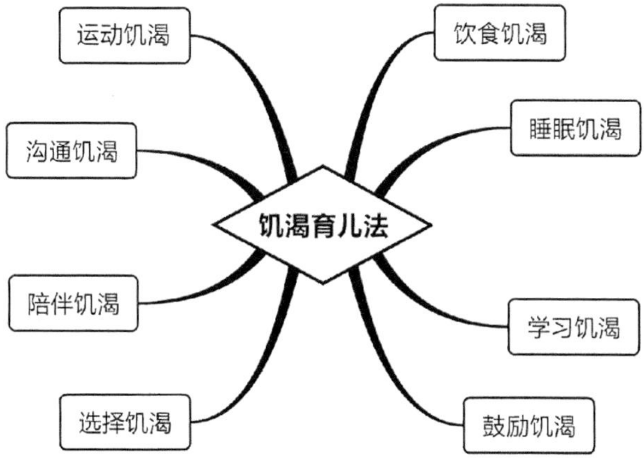

图 3-2　饥渴育儿法的适用范围

一、饮食饥渴

有一次女儿与我分享与大学同学聚餐的感受。她说："妈妈，今天聚会，女同学有的喜欢吃虾，有的喜欢吃鱼，有的喜欢吃排骨，有的喜欢牛羊肉……我竟然不知道最喜欢吃哪道菜？为什么这些菜我都喜欢？"

我故作轻松地说："真的？好啊，太好了，太有口福了。每个人点的菜都是你喜欢的，比任何人都会享受，是不是？"

女儿又说："没有特别喜欢吃的菜，就得不到男生的关注。"

我笑了，女儿也笑了。

每次想到这段对话，我都特别骄傲，骄傲的是我在女儿吃的方面是下了功夫的，她几乎没有忌口，也从不挑食，绝对是容易满足的女孩子。饮食饥渴法的秘诀见图 3-3。

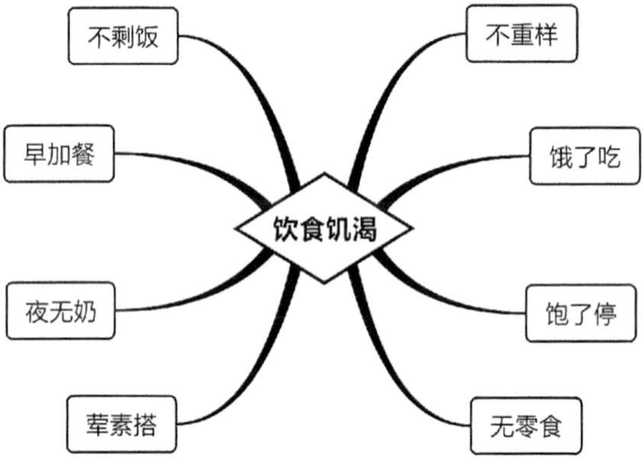

图 3-3　饮食饥渴法的秘诀

1. 不重样

很多人都有这样的体验，无论是在五星级酒店还是在普通的小餐馆，第一次看到色形精美的菜品都能引起比较强烈的食欲，每道菜都想吃。图 3-4 给出了普通的大餐场景，看上去菜品确实比较丰盛。

图 3-4　普通的大餐场景

在家里也是一样的，第一次吃糖醋排骨，味道好极了。如果三天不换样，就很容易倒胃口。有位家长说孩子爱吃红烧鱼，就天天做，顿顿做，几天之后孩子就开始抱怨怎么又是红烧鱼呀！

虽然我家没有山珍海味，也难保色香味形俱全，但天天换新菜，鸡鸭鱼肉轮流上桌。即便都是猪肉，做法也不同，煮、烧、炒、炖，变着花样变着味道做。看了有食欲做，尝了有味道，吃了有胃口。2017 年，一位听了讲座的河南妈妈深受启发，与孩子合作开发了 8 种面条，既培养了手艺，又吃得很开心。

2. 饿了吃

在学校餐厅经常能听到“一点也不饿，哪个菜都不想吃”的抱怨。与老母亲打电话聊到吃，老人家说:“年轻时想吃买不起，出力多，流汗多，肚子里没油水，很快就饿了，吃什么都香。现在不同了，家里可吃的东西太多了，点心、水果、干果、糖果，竟然找不到饿的感觉了。看着吃不完坏掉的、倒掉的食物真心疼啊。”

很多人都知道“珍珠翡翠白玉汤”的故事。相传朱元璋少时家贫，经常外出讨饭。有一次，朱元璋一连三日没讨到吃的，又累又饿，昏倒在街上。一位路过的好心婆婆就将家里仅有的一块豆腐、一小把菠菜、一碗剩粥混在一起煮给他吃。朱元璋从来没吃过这么香的饭，想知道是什么饭。老婆婆苦中求乐，开玩笑起了一个很好听的名字"珍珠翡翠白玉汤"。朱元璋当上皇帝后，有一天他生病了，什么都不想吃，突然想起了"珍珠翡翠白玉汤"，当即下令给御厨，可就是做不出那种味道。这是因为他尝尽了天下美味，没有饥饿感了。

所以，为了让孩子在饭前饿肚子，我们的做法就是多运动多消耗，上一餐不能吃太饱，两餐之间多饮水，或吃少量的水果，不吃零食。有一个饿着肚子的孩子，还担心我们的厨艺没人欣赏吗？

3. 饱了停

我们的做法是见"饱"就收，只要孩子摇头、闭嘴、躲闪，吃饱了，马上停止喂食，一口都不多吃。我曾见过别的孩子吃饱后家长在后面追着喂食物的行为，还不断重复"再吃一口，再吃一口"。有些家长总认为吃得多才健康，看到胖嘟嘟的孩子很开心，岂不知，吃太多的蛋制品、肉制品，消化不了，造成积食、发烧、呕吐，吃得太多，还有可能影响健康。

为了防止吃饭过量又不剩饭，我们总是用小号盘子小号碗，盛少量的饭菜。女儿吃完饭菜、喝完汤，非常高兴，很有成就感地说："我吃完了！"

我俩故作惊讶："真能干，饱了吗？"

"饱了。"

"去玩吧。"

女儿上大学后，从她发来的照片看到耶鲁的孩子们每顿饭（自助餐）都取得比较多，根本吃不完，只能倒掉。我们就专门写了一封倡议信，转给相关部门，建议推行"吃多少取多少"方案，后来真的被学校采用了，减少了不必要的浪费。

Fri, 17 Nov 2006 09:58:12 -0500 <meng.li@yale.edu>

Dear Meng Li,

Thank you for translating your parents' letter. I certainly agree with you and your parents that too much food is wasted in our dining halls. I will suggest to the Sustainability Office and to the Dining Services Office that we look for a way to promote a "take only what you will eat" policy.

With best wishes,

Peter Salovey <peter.salovey@yale.edu>

4. 无零食

孩子的胃容量小，很少一点点食物就能装满。胃满了，自然没有空间装其他食物了。

现在，各种小点心味道鲜美，形状诱人，很有诱惑力。如何管住孩子的嘴？我们的经验是，首先保证孩子玩累玩饿回到家能吃上饭，至少洗手洗脸后就能坐到餐桌前享受美食。不能等待的时间太长，因为饿是很难受的，对一个无法用语言表达饿的感觉的孩子是很难说服他长时间忍住的，孩子会因为饿闹脾气，或玩得太累睡着了。再说，重新做饭比较麻烦，热了再吃的饭菜口感又比较差，又不忍心让孩子吃剩饭，所以最好的做法就是让孩子及时吃到可口的饭菜。其次，要提前准备。比如，今天要把明天的食谱，或者昨天把今天的食谱，设计并准备出来，尤其是肉食，烹饪需要的时间长。女儿小时候，一般由我负责做饭，先生带女儿在外面玩。如果我出差，先生也会提前做准备。再次，尽量让孩子看不到零食，不接触零食。如果父母爱吃零食，也要努力克制，减少在孩子面前吃零食的次数。

5. 荤素搭

我们在孩子开始吃辅食的时候就注重荤素搭配了，即把肉剁成泥、把菜剁成末，与面条或米饭一起煮，或包小水饺或馄饨碾碎了再喂给孩子。一两岁时让她站在倒扣过来的方凳里，防止跑来跑去，按一口主食、一口青菜、一口荤菜（肉、禽或鱼）的顺序喂饭。尽管女儿当时还不会说话或只能说简单的句子，但她能听懂我们的话，也比较容易接受事先跟她商定的规矩。有时候，先生喜欢逗孩子，喂完青菜、主食后，接着喂青菜，女儿就会摇头闭嘴，用小手指着荤菜。如果喂完主食、荤菜，接着喂主食，小家伙就会摇头摆手，用手指着青菜。在喂完主食、青菜、荤菜后，接着喂荤菜，小家伙会张开嘴，好像一切都正常似的。尝试了多次，只要多吃主食或青菜，都会有意见。如果多吃荤菜，就会不露声色，也不提意见。显然，孩子爱吃荤菜，而且胃口很好。我很反对先生这种逗乐的方式，容易破坏规矩。由于我们之间常交流，先生知道利害关系后，就不再逗孩子了。

6. 夜无奶

有很多人早上不吃饭，原因是晚上吃得太多太饱太好，夜间活动少，消化不了这么多营养物质。我们几乎不让孩子临睡前吃东西，晚饭也不让孩子吃太多。10 个多月大的女儿，被迫送到托儿站，特别能哭，不仅哭的时间长，而且哭声特别响亮，一个多月哭声都没有间断。托儿站的奶奶说，没有见过这么能哭、会哭的孩子，一定是恋奶了，必须断奶。我本来奶水就不多，总想着夜里喂奶补补也省事，不要半夜三更起床了。冬天还没有开始供暖的时候，半夜起床煮奶可不是一件轻松的事。但托儿站的奶奶很严厉："不断奶就不要送来了，这孩子没法带！"那时没有全职妈妈这一说，也没想过辞职，必须上班。两边的老人和亲戚都没有时间帮我们，没办法，只能下决心断奶。怎么对付夜里哭闹的婴儿呢？我想了一个小妙招，就是临睡前不给孩子喝奶，只让女儿喝水，夜里哭闹的时候再喝水。孩子不爱喝白开水，就在奶嘴上沾点白糖，只要舌头能尝到甜味，就会咕嘟咕嘟喝不少。第一次尝试，竟然很有效；如法炮制，屡试不爽。当然也有偶然几次真的太饿了，就喂几口开水浸泡的饼干。一两个月后，女儿只需睡前喝几口水，几乎一夜不醒，一觉睡到早上 6 点甚至 7 点，感觉特别轻松。

虽然有的妈妈说不在临睡前给孩子喂牛奶有些狠心，但现在回过头看这件事，也不后悔。女儿长大后听了这个故事跟我们开玩笑，说我们虐待儿童。但我们发现，孩子夜间不吃，早上就特别饿，吃得又香又多。我经常与家长聊这方面的话题，有的说孩子早上不吃东西，晚上临睡前一定要喝奶，喝奶有助于长个子。我女儿的身高 1.72 米，超过奶奶爷爷、姥姥姥爷、妈妈爸爸、姨姨舅舅，叔叔姑姑，高挑又健康，还不近视。

7. 早加餐

我的奶水不足，女儿出生后 20 多天就开始尝试吃辅食了。我的做法就是将米汁和蛋黄粉调制成流食，小家伙很喜欢喝。蛋黄粉是这样制作的，长时间蒸鸡蛋，然后把壳和蛋白去掉就行了。蒸鸡蛋的时间越长，蛋白里边的蛋黄越容易碾成粉，还有特别的香味。米汁是用优质大米熬出来的。按比例把蛋黄粉搅拌分散在米汁里，稀稠合适。刚开始加八分之一的蛋黄粉，观察孩子的消化情况，尤其是大便，如果持续一周没有问题，就把蛋黄增加到四分之一，继续观察一周，再增加到二分之一，慢慢加量，不能着急。

有不少家长给婴儿吃煮鸡蛋的蛋黄，水一开就捞出来，或者水开七八分钟捞出的煮鸡蛋蛋黄往往比较软或有结块。把这样的蛋黄放在米汁里，都分散不开。这样的蛋黄容易噎着孩子，而且蛋黄有腥味，孩子不爱吃。2017 年 5 月，我在淄博一个小区散步，看到年轻的妈妈直接给婴儿喂煮鸡蛋的蛋黄，孩子摇头摆手不愿意吃，整得满脸满身都是蛋黄块。我在徐州、东莞、北京都遇到过这种情况，有的家长按照我分享的方法蒸鸡蛋，孩子爱吃。

我们不仅要想办法让孩子想吃、爱吃、会吃，还要有规矩，不剩饭、不浪费、不看电视、不玩手机、不追着喂，还要注意不在餐桌上批评孩子，这样就很容易养成孩子对饮食的渴望，享受全家一起吃饭的乐趣。

二、睡眠饥渴

时常听一些家长诉苦，到了深夜 12 点孩子还不肯睡觉，半夜三更的非要玩，真累啊。还有的孩子睡得黑白颠倒，让家长苦不堪言。

对我来说，睡眠与饮食一样，都是头等大事，只吃不睡肯定不行。我为什么格外重视睡眠？这与我高中阶段吃过睡眠不足的大亏有关系。我所在的高一（1）班是恢复高考后第一批入校的重点班，也是棠张中学被确立为铜山县重点中学后全县招收的三个重点班之一，学校的重视程度可想而知。高二那一年的班主任特别有责任心，对我们比对他的子女还亲，并坚信时间就是效率，就是分数，就是大学。虽然学校规定晚上 10 点熄灯就可以回宿舍休息，但我们不行，电灯熄灭了，负责任的班主任就给每张课桌配备一个电石灯。他看着我们，不到凌晨谁也不能走，偶尔有个别男同学偷偷溜回宿舍，又会被老师拽回教室。每天早上 5 点，班主任准时喊我们起床，不起床的也要从被窝里拉起来。5 点 30 分必须到操场跑步，400 米跑道跑 5 圈后回教室上早自习。7 点早餐，8 点上第一节课。

我记得很清楚，很多时候，刚开始上课，老师的第一行板书还没写完，有不少同学就趴在课桌上了，连续缺觉，太困了。本该好好利用的上课时间就这样溜走了，该掌握的知识点就这样轻易错过了。其他任课老师有意见，没用；必须晚睡，必须早起，一日之计在于晨，无须商量。当时的生活条件比较艰苦，每天的主食都是各自从家里带过去的玉米粉、大米，食堂代为加工。常吃的菜有萝卜、白菜、粉丝、豆腐，常喝萝卜汤或白菜汤，油和荤菜根本谈不上，更谈不上营养全面、均衡了。

因为长期睡眠不足，我的身体虚弱，不知道何时染上了病毒性感冒，只记得三天两头不停地反复流鼻涕，好了两天又感冒了，持续了很久。因为条件所限，也没有在意，任由感冒持续地反复发作。1980 年我第一次参加高考，分数过了重点线，在规定的时间高高兴兴去体验，结果让全家惊呆了：每分钟期前收缩（早搏）26 次，严重心律不齐，体检不合格。因为这病，第二年差点与大学无缘，而造成身体不好的原因之一与高二时睡眠不足有关。有了这样的教训，所以我就特别重视孩子的睡眠。

那么，在婴幼儿期，我是如何让孩子准点上床睡觉的呢？

方法一，讲故事创造有吸引力的睡眠环境。女儿出生 10 天后回到家，为了不让她睡得黑白颠倒，每天上午 8:30 左右我忙完家务，如果女儿还没有睡醒，就利用各种办法让她醒来，除了吃喝拉撒就是逗她玩，与她随意地聊着。下午 4:00 左右再把她逗醒，继续逗她玩。我发现为了睡觉而睡觉，孩子有时不配合。女儿半岁以后，每天给她讲故事，主要讲婴儿画报、幼儿画报、儿童画报、看图说话等低幼读物上的故事。2000 年暑假，我从《哈佛女孩刘亦婷》一书得知作者是按照卡尔·威特的教育方法培养孩子的，孩子出生 15 天家长就开始读书讲故事，我很庆幸，我们的读书讲故事是从 6 个月开始的，不算晚。

半岁的女儿虽然听不懂故事，也不能交流，但她不哭也不闹，只要她不排斥，我们就坚持做。半岁多孩子能坐起来了，我就握着她的小手指着图文并茂的画面给她讲故事，她会咿咿呀呀说着谁也听不懂的语言，直到故事结束仍言犹未尽。等到孩子会说话了，在我们读书的时候她就能够跟读接龙了。有些故事百听不厌，她喜欢的故事，一个晚上要重复讲好几遍。重复的好处是增强记忆力，如大家耳熟能详的两首诗，李白的《静夜思》和李绅的《悯农》，我们每读一句，她都能说出最后一个字。数数也是一样，从 1 到 10，我们说 1，她接着说 2，我们说 3、4，她接着说 5，配合默契又快乐。

有时我们故意读得与原来的句子不一样，她每次都要指出来并认真地纠正读错的字、词、句子。偶尔也会出现一个故事还没读完，我们早已困得睁不开眼睛的现象。有一次我读着读着就睡着了，一岁多的女儿词汇量有限，竟然扒着我的眼睛说别关上别关上啊。先生站在旁边笑得合不拢嘴。面对这么可爱的孩子，先生接过我手里的幼儿画报，继续读了下去。

方法二，选择有益、有趣的故事。讲故事是帮助孩子睡觉的一种好方式，但故事内容更重要，不要挑选让孩子感到恐怖的鬼怪故事。

要挑选那些欢乐的、有趣的、温馨的故事，如郑渊洁童话舒克和贝塔历险记、皮皮鲁总动员、鲁西西传，还有安徒生童话丑小鸭、卖火柴的小女孩、海的女儿、美人鱼的故事、皇帝的新装，格林童话青蛙王子、灰姑娘、白雪公主和七个小矮人；成语故事曹冲称象、孔融让梨、凿壁偷光、盲人摸象、司马光砸缸，以及其他外国故事如乌鸦和狐狸等，有时也会选择朗朗上口的唐诗。

三只蝴蝶是我女儿幼儿期最喜欢的童话故事，几乎成为那个时期每晚的必读故事，不读完这个故事不睡觉。花园里有三只美丽的蝴蝶，一只红蝴蝶，一只黄蝴蝶，还有一只白蝴蝶。它们天天在花园里一块儿跳舞，游戏，非常快乐。有一天，它们正在草地上玩耍，突然下起了大雨。它们一同飞到红花那里，齐声向红花请求说："红花姐姐，红花姐姐，大雨把我们的翅膀淋湿了，大雨把我们淋得发冷了，让我们到你的叶子下避避雨吧！"红花说："我的家太小，红蝴蝶的颜色像我，请进来！黄蝴蝶，白蝴蝶，别进来！"三只蝴蝶齐声说："我们三个好朋友，相亲相爱不分手，要来一起来，要走一起走。"雨下得更大了，三只蝴蝶又飞到黄花那里，飞到白花那里，它们的回答都是一样的，最后也没有找着避雨的地方，但三只蝴蝶谁也不愿意分开，只能在大雨里飞来飞去，真着急啊！这时候，太阳公公从云缝里看见了，很感动，连忙把天空中的乌云赶走，把雨叫停了。天晴了，太阳把三只蝴蝶的翅膀晒干了，三只蝴蝶迎着太阳，又一块儿在花园里快乐地跳舞、游戏。其中"三个好朋友，相亲相爱不分手，要来一起来，要走一起走"就是我们的"家歌"。女儿也给我们分配了角色，爸爸是白蝴蝶，妈妈是黄蝴蝶，她自己是红蝴蝶。

这个故事不知讲了多少遍，背了多少遍。从她不会说话时读给她听，会说话不识字时陪她一起指读，识字后自己指读，可见女儿对这个故事的喜爱。当她 4 岁多声称已经认字不需要陪读的时候，我们也是用这个故事考查的。当她用右手食指一个字一个字毫无差错地读出来，又随便让她指认一些字词后，我们相信她真的识字了。在她上学前，我们用《新华字典》测算识字量，2000 字左右吧。

我们家里的“讲故事”生活基本持续到女儿认字为止，在此之后，“讲故事”就被女儿自己的独立阅读替代了。

方法三，讲故事建立规则。在女儿 2 岁半时，我的育儿日记记录：孩子精力过剩，晚上不睡觉爱看书，特别喜欢娃娃画报，让我们给她讲故事，一遍又一遍，一个又一个，不厌其烦。

女儿 3 岁半时，我的育儿日记记录：每天临睡前讲故事，能累死人，有时非要把一本小人书或者两本小人书讲完不可。

几乎所有的孩子都对故事感兴趣，甚至可以说，孩子的童年就应该是在讲故事、听故事的过程中度过的。通过故事，孩子开始认识周围的人、事、物，开始学习说话、组词、造句，开始懂得应该做什么、不应该做什么，明白各种道理。

本来孩子爱听故事是好事，然而当讲故事成为习惯，有时她要求讲 N 个故事，或者重复 N 遍讲同一个故事的时候，或者我们工作一天累了，有些工作需要加班处理没有空闲，或忙完家务时间太晚，遇到这些情况的时候，就不能完全满足她的要求了。再说，讲故事只是一种过渡，按时入睡才是真正的目的。于是，我们利用讲故事给女儿建立了必要的规则。有一天晚上，躺在床上的女儿说：“妈妈，今天要讲 5 个故事。”

我说：“太晚了，明天妈妈还要早起上班呢，就讲 2 个故事吧？”

女儿反对：“不行不行，太少了，讲 4 个吧？”

我让一步：“那就讲 3 个吧？”

女儿也让一步：“好，今天就讲 3 个故事。”成交，双方都高兴，讲完 3 个故事，女儿心满意足地闭上了眼睛，我再去忙别的事情。

经过不太长的一段时间，只要说该上床睡觉了，女儿会很高兴地配合，脱鞋、脱袜、脱衣服，洗脸洗脚刷牙。当她能用语言清楚地表达后，只要说该上床睡觉，女儿就会说要听故事了。有时刚吃过晚饭，女儿想听故事了，会主动提出上床睡觉。

曾有一位进行项目合作的年轻女教授向我咨询怎么哄 3 岁的女儿睡觉，因为她觉得挺费劲，每天差不多拍打一小时，女儿才能入睡。她接受我的建议，临睡前给孩子读书讲故事，女儿入睡的问题迎刃而解。她的女儿现在上高中，成绩名列前茅。

一位高考语文 148 分的同学说：从小我妈妈就爱给我讲故事，我对阅读的喜欢也是从那时开始的。

睡前讲故事成为我们与女儿之间的“必修课”，她听完故事后，会心满意足地进入梦乡，有爸爸妈妈陪伴，睡觉真的很幸福。图 3-5 是包头市文化路子夜前的景象，路上行人稀少。这个时间，无数的你我他，还有我们的孩子正在温柔的梦乡里徜徉呢。

图 3-5　包头市文化路的夜景

说到读书，我给大家讲一个小故事：女儿 2 岁左右的一天，她坐在马桶上喊我给她拿书。当时我看着先生笑了，因为他就喜欢坐在马桶上看书。

然而，无论女儿多么爱读书，我仍然强调睡觉比读书更重要。在女儿初三的一篇作文《我的读书习惯》中有这样的描述：临睡前看书已成了每天的必修课，经常爱不释手地读到很晚才肯睡觉，可见古人说的读书“废寝忘食”毫无夸大之嫌。每每这时，妈妈又说了：“快睡吧，身体好了，以后什么书读不了。”我便仔仔细细地夹上书签，轻轻放在枕边，然后睡下。夜里与书相伴，也就不觉得寂寞了。

三、运动饥渴

体育锻炼也是确保身体健康的重要因素，就像饮食与睡眠一样。

我认识这样一位妈妈，从早上 6:00 喊儿子起床到晚上 11:00 催睡觉，除了穿衣、吃饭、洗漱，去学校占用时间外，剩下差不多十几个小时除了学习、做作业，就是参加各种辅导班，从来不支持孩子参加体育运动，反而以锻炼浪费时间、影响学习为由百般阻止。结果呢，孩子因受不了这样的管制，初三辍学了。

孩子天生就爱玩，爱玩的孩子也喜欢爱玩的父母。我女儿初三时，曾写过一篇作文，题目是《我喜欢家长这样教育我》。她这样描述爸爸：他是一个快乐的“小顽童”，跟他打交道的人都会喜欢他这一点。记忆最深的一次是爸爸带我和他的朋友打羽毛球。虽说场地有限，可爸爸没费多少劲就和两个素不相识的大学生达成协议，和他们比赛双打。爸爸穿一身运动服，在场上和两个年轻后生过招，可来劲啦，他光前后左右移位跳跃还觉得不过瘾，嘴里总是兴奋地喊个不停：“加油，哥们儿”“扣死它啊”“好球好球”，声音无拘无束，使我们这边成了全场瞩目的焦点。那场球，爸爸和朋友以 15:2 赢了。后来，大家大汗淋漓地坐在场边休息时，爸爸突然消失了。没过一会儿，只见他拎了一大兜黄澄澄的橘子犒劳这些运动员。爸爸得意地问那两个大学生：“怎么样，小伙子，要不，咱们歇会儿再比一盘？”正因为爸爸可爱的性格，我和爸爸的关系更像朋友。

在这篇作文里，女儿是这样描述我的：我上了中学，学习紧张了许多，然而，每天不论多么忙，妈妈总是拉着我出去或打球或散步或跑步。起初，我视它为强迫，每次出去都是极不情愿地拖拖拉拉。及至后来尝到了它的诸多好处——譬如总能从流感风暴中幸免于难，就逐渐学会享受它了。妈妈特别推崇这样一条关于健康至上的哲理，健康是1，财富、名誉、地位都是0，没有1在前面，后面有再多的0也是白搭。

女儿还说："我喜欢父母这样教育我，他们没有搬出什么条条框框、什么规则、什么主义来限制我，干涉我，或给我灌输一堆大道理，而是通过以身作则，他们自觉或不自觉地为我树立了榜样。我耳濡目染之后，就领悟到了他们最想教给我的东西，我真喜欢和爸爸妈妈这样在一起。"所以多带孩子参加体育运动，不仅身体健康，还能建立良好的亲子关系，深受孩子的欢迎。

1. 参加运动真的会影响学习吗

不！

我强调8－1大于8，就是说，7小时学习，1小时锻炼，比8小时学习更高效，锻炼能让人思维更活跃。

大家也许不知道，清华大学体育闻名全国，"无体育不清华"成为一种独特的校园文化。学制由5年变4年，缩短许多课程的学时，但体育必修课却从3年变为4年；每天下午4点到6点雷打不动是锻炼时间，或者参加阳光长跑，或者参加规定的运动项目。女生1500米、男生3000米长跑是体育必测项目。2017年，清华大学出台新规定，拿不到游泳合格证不能毕业。只有强健的体魄作基础才能把所学知识、技能长久地发挥出来，才能为祖国健康工作50年，这是蒋南翔校长1957年11月29日在全校体育工作干部会上提出来的，这句脍炙人口的口号从此成为清华人的奋斗目标。

2019年高校自主招生体质测试已成"标配"，如清华大学测试项目有身高、体重、肺活量、坐位体前屈、立定跳远、台阶运动等。其他高校有引体向上、仰卧起坐、50米跑等。

体育成绩不过关，上不了好大学，这已经是不争的事实。

这里举几个体育锻炼促进学习的真实案例。

第一位是我的大学同学。她平时并不爱动，但她体型好，大二期间有幸入选校体操队，每周集训 4 次。我特别注意到她参加体能培训那一年，总成绩排名全系第一，超过我的成绩，让我对体育促进学习有了初步认识。

第二位是 2018 年徐州地区的高考状元阿恒。他最喜欢的运动就是踢足球，进入大学后，入选系足球队，每天都运动，锻炼学习两不误。

第三位是一名高三学生，参加足球比赛，高考超常发挥的故事。

2017 年 9 月，我受邀到广西参加学术会议，报告结束后与会议组织单位的负责人聊天。我告诉他我开始做家庭教育了，他特别感兴趣，当即邀请我晚上一起喝茶，同行的还有两位年轻的企业家。我们一边喝茶一边聊各自带孩子的困惑。

他说他儿子的成绩处在一本、二本的交界点上，努力一把应该能考上一本，如果不努力只能考二本了。他又说他儿子是一个足球迷，月底要代表学校参加校际比赛，让他很烦恼。为了阻止儿子参赛，他私下找班主任说情，不让他儿子参赛。儿子也很倔，作为足球队长在关键时刻要为学校的荣誉而战，早已说服班主任，非参赛不可。

父子就这么僵持着。

我问：您希望儿子快乐吗？

他说：当然希望。

我问：您儿子快乐吗？

他说：不快乐。可是这个节骨眼还踢球，没有时间学习怎么考大学？

我问：不快乐，学习效果会好吗？

他说：不会。

我问：学习时间长，一定效果好吗？

他说：不一定。

我问：坐在教室，就等于学习吗？

他说：不一定。

我问：您想过踢球不仅不影响学习，还能提高学习效率吗？

他说：没有。

我问：如果您儿子只是人坐在教室里，样子像学习，但却想着比赛，这是您想要的状态吗？

他说：不是。您的意思是允许我儿子参赛？

我反问：您说呢？

他说：我明白了，我要支持儿子踢球。

我说：是呀，不仅要大力支持。您还应该去现场做啦啦队员。

我还讲了美国男子职业篮球联赛（NBA）球星乔丹的父母鼓励他打球的案例。于是他开始支持儿子踢球，鼓励孩子该玩的时候就放开地玩，该学习的时候就专心地学。没有沟通障碍了，父子俩都特别高兴。

结果怎么样呢？他儿子 2018 年高考成绩是 559 分，当地本科线 513 分。他说根本想不到儿子的高考成绩能超出预期那么多，后来他儿子被上海一所高校金融专业录取了。

第四位是我女儿，高中期间女子 800 米三连冠，敲开常春藤大学校门。女儿从小就很要强，中小学 200 米跑、400 米跑、800 米跑最好成绩是二三名，特别想拿第一，每次都跑得十分卖力。虽然每次参赛前我们都告诉她跑步有技巧，要热身，要平均分配体力，不能一味追求领跑，但是她听不进去，坚持“只有领跑才能拿冠军”。她每次参加比赛都非常注重领跑，前半程总是拼尽全力，跑到一半就肌肉紧张、气喘吁吁了，后半程只能看着后来者超越，自己还挺着急的。

到清华附中以后，女儿参加了初三年级女子 800 米中长跑比赛，仅仅得了第 5 名。我们觉得她个子那么高，腿那么长，跑这个名次似乎有些可惜。于是，在她参加高一年级女子 800 米比赛前，我们再次与女儿探讨跑步技巧问题。基于小学阶段与初中阶段的挫折体验，以及想赢的愿望，我们这一次的讨论非常认真，包括站位、起跑、领跑、跟随跑、热身、甩臂、内外圈跑、逐渐加速、超越等多个方面。我们没有经过专业训练，只能照葫芦画瓢地讲解平均分配体力并控制比赛节奏的要领，那就是：跑第一圈时不要刻意领跑，不要倾尽全力，要控制节奏，紧跟领跑者即可，要注意及时调整呼吸和步伐，开始阶段主要是热身，保证自己不掉队；进入第二圈后再逐渐加速，最后 200 米进入弯道后，再用尽全力冲刺。

我们还陪着她计时练习了几次，她感觉效果不错，信心明显增强。

高一第一学期的秋季运动会，她先参加女子 800 米比赛。枪声响起，她先跟着跑，直到身体发热、肌腱打开；第二圈开始提速，进入第一集团，在最后 100 米冲刺阶段，只见女儿甩开胳膊，步伐越来越快，整体感觉越来越舒展，连续超越前面几名同学，最终轻松地冲过终点，获得了冠军。赛后她还特意写下这样一句话："2003 年附中田径运动会，我夺得了高一女子 800 m 第一名"（图 3-6）。渴望了 9 年，等待了 9 年，第一次获得这个项目的冠军，女儿当时的心情是可以想象的。

女儿还参加了红旗接力赛。每个班 5 名女生和 5 名男生参赛，她所在的班以超出一圈的绝对优势取胜（图 3-6）。女儿所在的 8 班是清华附中高一年级两个龙班之一，学习好的孩子体育也好，证明了体育确实能促进学习。

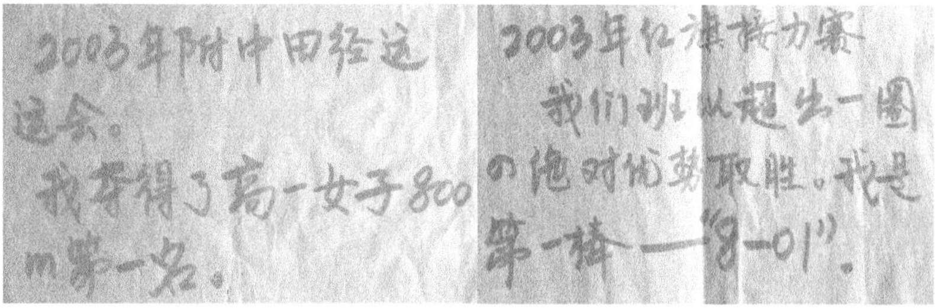

图 3-6　女儿记录的 800 米个人冠军和红旗接力赛冠军

有了第一年实战的经验，女儿在高二、高三参加女子 800 米比赛时，自信心大增，以同样的技巧，更加轻松的心情，连续获得冠军。800 米三连冠，奖项不大，意义重大。这对于申请哈佛大学、耶鲁大学也是浓重的一笔。

这四个案例都验证了参加体育运动有助于提高学习成绩。

2. 当孩子内心困惑遇事纠结时，我们应该怎么做

每个人都有困惑的时候，何况成长中的孩子。

如何帮助孩子答疑解惑呢，我认为全家一起散步是解决心理困惑的有效方式之一。

我和先生大学毕业后，都在高校工作，生活比较有规律，散步是我们最常见的活动方式。散步的场所有校园内的环山路、操场，周围的田野。无论春夏秋冬，只要三人都在家，晚饭后都会出去溜达一圈。散步的作用可大了，一是放松身心，工作学习一天了，累了需要调整；二是有助于消化，饭后百步走，能活九十九；三是一种陪伴方式，陪伴孩子成长。女儿还小的时候，走着走着，她有时会要求抱抱，我们会说："好，抱你一会儿，然后就自己下来走，抓住我们的手，好不好？"在没有路灯的地方，孩子的需求更多，也许是因为她害怕黑暗吧。大部分情况下，当孩子感觉安全有保障时，要求我们抱她的时候就比较少。

年龄稍大一些，每当我们一起散步，女儿总是位于中间。她的左手拉着我的右手，右手拉着爸爸的左手，一蹦一跳的。有时她会故意蹲下来，于是三人一起笑着喊"1，2，3"，我们两人同时用力把她提起来，边走边把她往前方送出去两三米远，就这样连续地蹦跳着，直到我们累了为止。女儿的个头也在一蹦一跳间慢慢长高了，先超过我，再超过她爸爸，从波谷成长为波峰。不知不觉，中间位置就变成我的专属了，有时左边是女儿右边是先生，有时左边是先生右边是女儿。

一家人手拉手散步，边走边聊，无话不谈。女儿在小学、初中、高中阶段遇到的困惑几乎都是在散步过程中化解的。

每个孩子都喜欢由爸爸妈妈陪着，一手牵着爸爸，一手牵着妈妈，一路走一路跳。那种快乐是发自内心的，无忧无虑，没有任何负担，没有任何压力。这个散步习惯一直保持到现在，只要有时间，我们仍然会牵着手一起散步。通过交流，我们之间的感情更加深厚。

运动还能激发孩子不服输的心态。我女儿还有苦练一暑假，提升乒乓球技，让男生刮目相看的故事呢。

有一天，已经上五年级的女儿说同班男生都不屑于与女生打乒乓球，因为女生的水平实在“太臭了”。

女儿爱运动，又是班长，怎么能不战自败呢？男同学的“奚落”激发了她的斗志，于是下决心一定要找机会跟男生“过招”，免得被他们轻视。

我们非常理解她的感受，主动帮她找教练。我们有一位乒乓球技很不错的好朋友是学校乒乓球赛的冠军得主，他很痛快地表示“愿意收徒”。

还没放暑假，训练就开始了。只要我们在学校，女儿就一天不落地苦练，每天晚上练 3 小时以上，系统性训练了两个多月。

9 月开学后，女儿在班里组织了一场乒乓球擂台赛，虽然最终输给了水平最高的一名男同学，但男同学再也没有小看过她。

有了乒乓球的基础，女儿后来打网球的动作也是有模有样的。

所以，体育运动不仅不影响学习，还能培养挑战自我的勇气，让性格更开朗，心态更阳光。

3．想让孩子增长见识，一起走出去

当年，我们带孩子出去郊游的一个最主要的“项目”就是爬山，特别是校内的东、西两个山头（文山、昌山），还有校外的泰山（徐州人称之为“小泰山”）与云龙山。云龙山中段面向云龙湖方向，有一块巨大的石头，上面镌刻着两个大字“虫二”（图 3-7），“虫”是虫字上方加一撇，即繁体字風去掉外面的几，“二”是月亮的月字去掉外边的壳。“虫二”就是“风月无边”的意思，登高望远，站在高山之巅，可以饱览风景优美的湖光山色。“风月无边”也意味着人应该具备开阔的胸怀。我们的同学、同事很少有人知道云龙山上有这么一块奇妙的石头和“虫二”两个字。

每次爬山还可以选择不同的线路，这使得爬山非但不枯燥，还容易让孩子喜欢。女儿6岁半时，幼儿园大一班比赛爬山，地点是西山头，女儿得了第一名。为此，她还特别强调她开始是在后面的，后来越爬越快，超过了所有的小朋友。她高兴地非要我把这件事记在日记里。

图3-7 女儿指着“虫二”

我们还有一个“保留项目”就是陪孩子骑自行车漫游。女儿6岁就学会骑自行车了，学会以后女儿高兴地说：“以后出去玩，我就不用你们驮我了。”

每到周末，只要天气许可，我们很喜欢各自骑着一辆自行车，有时到附近的村庄闻听鸡鸣狗叫，领略田野平畴的空旷和泥土的芳香，有时前往20多公里以外的外婆家，有时游览市内景点。2002年到北京后，我们还与同事一家，特意骑车从清华出发到卢沟桥参观抗战纪念馆，一天之内骑车往返，毫无倦意。骑车出游，这项低成本的考察活动，尽管累一些，收获是巨大的。玩中学，学中玩，好玩有趣。

玩本身就是一种运动。2018年8月，一位家长与我聊孩子要不要玩儿的话题，我强调，一定要允许孩子玩儿，玩儿是必需的，但玩儿是有层次的。有周游天下的玩儿，有窝在家里的玩儿；有人玩是为了学习，了解地理与历史，了解风土人情，这是有趣的玩儿；有的人所谓的玩儿只是八卦别人的家长里短，这是消耗生命的玩，那就太无聊了。所以，玩什么？怎么玩？玩多长时间？把选择的权利交给孩子，有助于培养孩子的规则意识、自主能力与责任感。

4．运动还能让天生爱动的孩子安静下来

有一部分刚上小学的孩子，最常见的一种表现就是坐不住，以男孩子居多，很让家长操心。这类孩子天生好动，难以长时间集中注意力，小动作不断，严重的还被贴上多动症或者注意力障碍症的标签。我也不止一次听家长说给孩子服用过治疗多动症的药物。有一位小男孩说他特别讨厌爸爸妈妈还有老师说他有多动症。据我所知，治疗所谓多动症的最好方式，不是看医生，不是吃药，而是带孩子去运动，让孩子去蹦、去跑、去跳。

运动的最大好处就是大脑中产生的化学物质可以帮助孩子改进学习。比如多巴胺能够让人心情愉悦、思维活跃；血清素能够改善情绪，让人心态平稳、增强记忆；去甲肾上腺素能够提升专注力等。美国伊利诺伊州帕维尔中央高中的零点体育课以及其他很多事实都证明了体育不仅不影响学习，还能增长智慧。据了解一周只需运动 3 到 5 次，每次 30 到 45 分钟，就能极大地提升记忆力和专注力。

由此可见，运动能够让学生静下来专心学习，是有科学依据的。

5．从小到大，运动方式丰富多彩

我先生是清华五年制本科毕业生，有两大爱好，一是读书，二是运动：游泳、足球、网球，喜欢收看中央电视台体育频道的节目。

我大学时参加过 110 米栏、800 米、跳高、跳远、铅球五项全能运动，每次参加校运动会，也能获得小名次。我上学期间几乎每天早上都要参加晨练。

我怀孕 7 个多月，还坐夜行火车硬席，从徐州到西安参加会议。

女儿快出生前，因为比预产期晚，我就爬到学校山顶上去跑圈。

运动带来的直接好处是，在孩子出生时，我没有疼痛感，只有隐约的腰酸，好多妈妈羡慕我呢。

女儿刚出生时，我并不清楚如何更科学更有规律地帮助她运动，但我知道轻柔适度的抚摸或抚触，适量的床上运动，一定是有百利而无一害的。新生儿抚触也叫新生儿触摸，是当下流行的一种科学育婴新方法，通过触摸皮肤和肌体，可以促进血液循环，刺激婴儿感觉器官的发育，强化生理和神经系统的反应，增强柔韧性与运动协调能力，增加对外界刺激的抵抗力，提高免疫力等。这种触摸还能增进母子感情，让婴儿体验安全感，促进心理健康成长。孩子出生后，只要我有空闲就不断地活动她的四肢，一边与孩子说话，一边把她的头部、双臂、双手、双腿、双脚、前胸、后背全部触摸一遍，包括拉伸胳膊，捋开紧攥的小手，抻拉双腿，让身体拉伸，提起两腿倒立，翻身，还有洗澡。

那时我们住在一间靠阳面的集体宿舍里，10 月份的徐州气候舒适，从上午到下午床上都洒满阳光，孩子沐浴在温暖的阳光下，情绪稳定，安静，表情愉悦，感觉很舒服。

刚出生的婴儿往往是双拳紧握，几乎不松手。为了锻炼她的抓握能力，训练手指灵活度，我经常让她练习抓握我们的手指，或粗细合适的轻质玩具，或有响声的玩具，将手指或玩具放在她的掌心，并在掌心轻轻地揉动，反复练习，帮孩子把紧握的小手掰开。孩子有个习惯，抓什么吃什么，要确保玩具干净、轻便、安全、没有棱角或有一定的弹性。在孩子半岁以后，我们让孩子抓着吃橘子瓣、梨条、苹果条、香蕉块。吃饭时也会把勺子、摔不碎的碗放在她面前，让她尝试用勺子盛饭吃。快到 1 岁的时候，她小手的抓握力就比较大了，有时需要用力才能掰开她的小手。婴儿从双拳紧握到抓取物品，再到后来可以捏住很小的物体，这是手部灵活性及手指精细活动的体现。在抓握能力及手指灵活度得到良好训练的同时，手指动作越来越精细，动手能力越来越强。婴儿越早掌握抓取物品的能力，抓取越精准，脑部发育越好，智力也随之得到提高。

在孩子还不会翻身的时候，我就提前让她练翻身。3 个月时女儿因翻身掉下床，把我吓了一大跳。在她不会爬行的时候，故意拎起她的双腿，锻炼她的臂力。刚刚学会爬行时，就在她前面不远处放一件她喜欢的玩具引导她向前爬，快够着玩具时再把玩具往前方挪得更远一些，女儿就笑得咯咯的，爬得愈发起劲，直到够到玩具为止。对孩子来说，爬行既是锻炼又是游戏。爬行距离与时间都要有一定的限制，若孩子太累没有兴趣了，锻炼与游戏的目的就达不到了。开始是在床上爬，在地板上爬，后来就到外面的草地上爬（图 3-8）。

图 3-8　女儿在草地上爬行

比起在家里玩，女儿更喜欢到户外玩。在她只有 3 个月大、脖子刚刚能够直立起来的时候，有时还在哭闹，一抱她出门，哭声立刻就会减弱。户外活动时，让她光着脚，像假小子。就这样，女儿 9 个月就会走路了。

刚学会走路时，只要吃饱饭，女儿就摇摇晃晃地走到房门口，手扶着门，然后回过头来望着我们，那意思就是说“我要出去玩”。会说完整一句话以后，她只要吃饱饭，就要求我们陪她“出去溜达溜达”。我们生活的校园三面都是田野，出校门就是农田，夏天是稻田，冬天是麦田。我们有时放下饭碗就出去，有时洗漱完毕才出去。

在幼儿期，女儿最喜欢的室内、室外游戏就是捉迷藏。每次藏起来前，我们都事先约定“蒙上眼睛”“不准说话”“不准笑”，要悄悄地藏起来。女儿虽然答应，但完全沉浸在“藏起来”这一特定游戏中。她藏好后，我们就故意说：“你在哪里呀？”“妈妈好笨，怎么找不到你呢？”有时还会说：“我看见你了，快出来吧。”孩子早就把所谓规则、要求忘一边了，非常快乐、非常开心地喊“妈妈（爸爸），我在这里”。我们还要假装问“在哪里？在哪里？”她早就笑出声，然后跑出来，特别兴奋，还有几分得意地说：“我在这里呢，你们怎么找不到我呢？”

幼时的女儿特别喜欢荡秋千，每天放学都要玩。站在秋千板上，双手抓住两边的悬索，弯腰屈腿使劲蹬，威风凛凛的。一岁多的一天，她非要独自荡秋千，无论如何不让我帮扶，也不愿意坐在秋千凳上，身披大红披风（形容为昭君出塞服），双手还没有抓稳，就荡起来了。刚把秋千板往前推了一点，她突然头朝下栽下来了，摔得挺惨的，满脸满嘴的血。女儿大哭，把我吓得够呛，抱起女儿就往家跑。现在想来应该是我过于紧张的情绪感染到孩子，反而把她吓着了。但她第二天照样玩，一点也不害怕。每当孩子玩耍时有什么闪失，我们有的只是心疼，很少责备她。女儿小时候，我陪她荡秋千；她长大了，陪我荡秋千（图 3-9）。

晚上临睡前，我们经常帮女儿在床上做俯卧撑、仰卧起坐，小家伙都练得特别开心。

3 岁多的那年暑假，我们给她报了为期两周的儿童游泳初级班。培训结束后，别的孩子基本都能抱着泡沫塑料板，两条小腿一蹬一夹，游得有模有样。我女儿抱着泡沫板同样不停地蹬水，可是身子依旧停在原处。教练见到我们，也显得有些不好意思，因为我女儿的“进步”实在有限。第二天，我亲自陪她下水，看到哪个同事就让哪个同事教一会儿。一个暑期，她就基本掌握了蛙泳技术，现在一口气游 1500 米没问题。我这个旱鸭子也学会了憋气、换气、划水、夹水、蹬水，现在也能游 20 多米呢。

图 3-9　在耶鲁校园女儿陪我荡秋千

女儿还不到 3 岁，我们就带她参加单位组织的家庭接力赛“75 米传球跑”项目，当时她是年龄最小的参赛选手。为了能让她正常参赛，我们事先带她熟悉场地与比赛规则，哪里是起点哪里是交接点，从起点跑到交接点必须把球传给我。演练时，爸爸跑完第一棒，把球传给女儿，她接球后跑完第二棒 25 米，再把球传给我，玩得很开心。比赛前又强调一遍规则，她也答应得很好。但正式比赛时，她跑得很投入，到交接点后，不愿意把球给我。我只得从她怀里把球拿过来，她瞬间哇得大哭起来，一边哭一边喊“我的球，我的球”。惹得大伙儿不看比赛，眼光全集中在她身上了，都开心地大笑着。她太专心于比赛了，沉浸在抱球跑的快乐中，早已把规则抛到脑后了。我从终点折回来从先生怀里抱过女儿，不停地夸她勇敢、能干，一会儿小家伙就破涕为笑了。我们还经常陪幼儿期的女儿踩影子、跑步、溜旱冰、滑冰、跳绳、爬山等。

长大后，骑马，滑雪，只要有机会，什么项目我们都鼓励她去尝试。每一次到姥姥家，她都像男孩一样爱骑姥爷专用的三轮车，车上坐的全是表哥表弟。

如图 3-10 所示，适合孩子的运动方式多种多样。有的需要专业场所，如打球、踢球、游泳、骑车、爬山、单双杠、滑冰、滑雪、跆拳道等；有的不需要，异常天气无法出门就在家里玩，如顶气球、扔沙包、举哑铃、跳绳、踢毽子、散步、原地踏步、做眼保健操等。只要想运动，就能找到合适的运动方式。

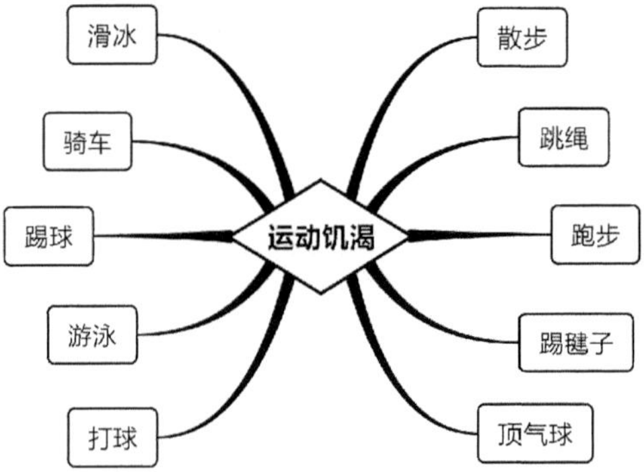

图 3-10　体育运动的方式多种多样

有的家长可能会说，我们每天上班，哪有时间陪孩子锻炼呢？如果做不到全家一起出动，可以分工。周末或放假，我更喜欢让先生带女儿出去玩，我留在家里做家务。爸爸胆子大，爬山，骑车，郊游，很多妈妈不方便带孩子去的地方，爸爸都可以带孩子去，而且小孩子跟着爸爸底气更足。

当运动成为习惯后，渴望运动就成了自然。我女儿小时候说过“如果出去玩，不要和我商量”；参加工作后，也说过“每到周末，总想着锻炼”。

总之，运动让人更健康、开朗、自信、乐观、积极、阳光，给人奔放、酣畅淋漓的感觉。运动不仅不影响学习，还能缓解压力，提高抗挫能力！

在运动中还可以学习地理、历史、风土人情，学书本上学不到的知识，寓教于乐，这是一种在动的过程中养心的学习方式，更专注高效。

其实，运动是一种平衡的艺术：玩与学结合，动与静结合，劳与逸结合，身与心结合。

所以，为了让孩子身体好，心情好，成绩好，至少应培养 1 ～ 2 项体育爱好，孩子会终身受益。

四、学习饥渴

每个家长都关注成绩，都渴望孩子专心听课、不偏科、考高分，但有的家长关注过了头，不考虑孩子的内心感受。有一位爸爸得知儿子高考落榜后很愤怒地说：“你考不上大学，怎么不去跳楼啊？死了算了，别在这里给我丢人现眼。”孩子如果真没了，后悔也晚了。这样的悲剧每年都在上演，周围轻生的个案也时不时发生，这些孩子让人心疼，这些家长让人怜惜。

分数的高低是学习状态的呈现，成绩当然很重要，只要是在校学生就无法回避成绩，我们关心学习成绩也是天经地义的。适当的关注是合理的，但过分关注就适得其反了。

下面是我最近接触的三位母亲的做法。

第一位母亲，女儿三年级，成绩在年级排名前 5，妈妈仍然觉得不够好，经常给女儿买大量额外的复习资料，孩子不胜其烦。

第二位母亲，儿子上初一，在全年级接近 500 名学生中排名 400 名上下，她连做梦都想着儿子能考上重点中学，可是孩子的成绩不太好，于是妈妈每天就坐在儿子身边盯着他学习，儿子被盯得心里发毛，一点儿学习兴趣都没有了，上课不专心，也不懂得提问。

第三位母亲，总抱怨儿子只知道玩不知道学习。这位 12 岁的男孩说："我怎么不爱学习，老师布置的作业都做完了。"孩子说："我妈妈只认识分数。"三年级的时候，有一次数学测验考了97分，全班第一，他回到家异常兴奋地报喜。而妈妈却一盆冰水从头浇到脚："有什么了不起，还差3分才100分呢。"孩子很沮丧，气得两天没理妈妈。小男孩说他从此对数学的兴趣大打折扣，辅导班没少上，成绩就是不见长。我问孩子妈妈："3分有那么重要吗？"她说："3分也是分啊。"我又问孩子妈妈："你最关心什么？"她说："就是成绩呗，学生不就是看成绩嘛！"儿子喜欢下围棋，她偏不让他学，却报了两个数学补习班。

事实证明，学习能力远比学习成绩重要。大家可能听说过下面这个故事。有一年，一名江苏籍高三理科毕业生参加高考，所有科目加起来总分200，后来也没有参加复读，决定放弃上大学这条路，外出去打工。他们班上有一名学霸，当年考680分，被上海一所985大学的材料专业录取。9年后，拿到博士学位的那名学霸被某上市公司聘为项目经理，月薪过万，而聘用单位的总经理就是当年高考200分的那个学生。

这个例子虽是个案，但也说明，任何一次考试都不足以决定人的一生。

相对于分数，我们更注重孩子的自主学习能力与学习习惯，因为学习能力与学习习惯能带来好成绩。那么，怎样培养学习能力与学习习惯呢？

基于对学习的理解，我总结了学习九要素，实践证明这种方法很适合小学低年级的学生。因为孩子刚入学，还未建立固定的行为模式，接受能力强，也听话。一旦形成习惯，能轻而易举得高分。

学习九要素模型如图3-11所示。

1. 课前早预习

预习一般是指在老师讲课前，先初步了解新课内容的过程。通过预习，知道下节课的重点、难点，找出要提的问题。我当过学生，体验过预习带来的好处。孩子刚上一年级，我是这样引导的。

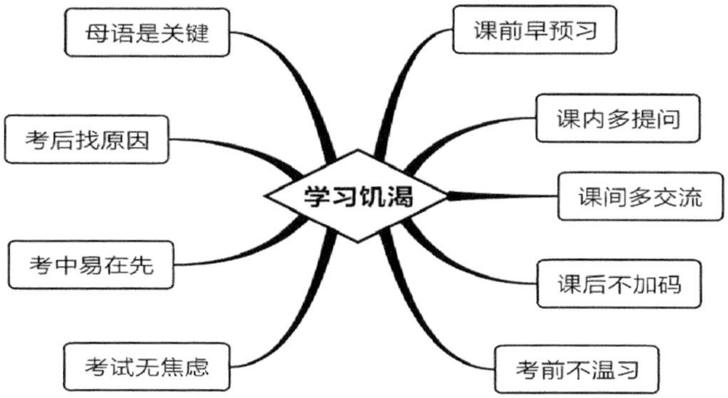

图 3-11　学习九要素模型

“闺女，明天上什么课？”

“两节语文课、两节数学课。”

“语文课的内容是什么？”

“我还不知道呢。”

“要不，咱们先看看课本吧。”

“好的。”

“数学课的内容是什么？”

“我也看看课本吧。”

我的体会是，只要态度平和，小孩子都是愿意接受父母的建议的。

教育家叶圣陶曾说过：在精读指导前，得先令学生预习。每天花10～15分钟用于课前预习，浏览一遍，心中有数就行了，不要求学会，自然没有压力。坚持一个学期，尝到了甜头，就会主动预习。这样，总是带着问题，怀着一份好奇心，以渴望的状态走进课堂，必然会专心地听。

2. 课内多提问

英国管理大师雷格·瑞文斯提出学习的真谛就是学知识与提问题。

我当过学生，做过老师，清楚上课的程序，讲新知识点之前一般先有几分钟的提问，温习上节课的重要知识点，通过问答了解学生的掌握程度，然后才进入授课环节，下课前再留几分钟提问题、布置作业。

我特别鼓励女儿大胆举手回答老师的提问，请教自己不懂的问题。不管是回答问题还是提问都能加深理解与记忆。自己问的是经过认真思考的，而别人问的是别人思考的，即使是同一个问题，自己问与听别人问，掌握程度与理解程度都有很大的差异。同一个问题自己站起来回答与听同学们回答也是不一样的，自己提问解决自己的困惑，听别人提问启发自己没有想到的问题。

女儿小时候性格内向，比较害羞，还怕老师不喜欢她提出问题。我告诉她，老师都喜欢勤学好问的孩子，从而打消了她的顾虑，她举手的次数越来越多，学习变得更主动了。

回答与提问的次数越多，对知识点的掌握越牢固，提问题的水平也随之提高。到了高年级，她基本在第四、五个问题后再举手，用她自己的话说“前面的题太简单了，我举手，老师也不会让我回答的，我要等到后面再举手，我要压轴。”

不得不说，爱提问的学生都有一个非常好的习惯，就是课前早预习。

3. 课间多交流

关于课间交流，我与女儿也有过对话。

“蒙蒙，你们班谁的数学最好？”

“小龙。”

“是吗？说说看，怎么好法。”

“有好几次上课，老师提问，我还没想出来，他都解出来了。”

“你很佩服他？”

“嗯。”

“那你下课后，多问问他，行不行？”

“行。”

课间交流不仅能学到更多的解题思路与技巧，更是一次巩固课堂知识的机会。通过这种交流，彼此之间还可以建立很好的关系。

我女儿应该很享受这种短暂的交流过程。她曾告诉我们：“我是班长，课间 10 分钟，我要多和同学交流，与同学保持良好的关系，多关心同学。下一次选举，大家才会继续投我的票。”我们还说女儿小小年纪，想得还挺周到。

课间交流类似于学习小组，有的数学学得好，有的英语学得好，有的语文学得好。相互分享经验，每个同学都能全方位地成长，同时把自己的经验分享给其他同学。这既是一种美德，也是复习巩固知识、增强记忆力的方法。

4. 课后不加码

小学阶段内容简单，而且每个知识点，老师都要重复讲很多遍，即便对于中等学生，也早已烂熟于心了，完全没有必要在课外学课本上的知识，我们也从来没买过“日日练”“天天学”等教辅资料。

小学期间作业少，我女儿差不多每天都能在放学前做完。作业是孩子该做的，做完作业再去做她想做的事，既高效又有规律。可能现在的小学生不比过去，做老师布置的作业就会占用大量的时间，如果还要做家长提供的类似的、课堂上被重复很多遍的内容，孩子很容易产生疲倦或厌烦的情绪，还会影响上课的效果及学习积极性。

其实，与其做这些重复性的作业或练习，还不如带孩子做家务、打球、跑步、读书、散步、练琴呢。这些课外活动反而有助于提高学习效率。

课后补习好处不多，坏处不少，这当然是针对我自己的孩子而言的。至今看来，我仍然认为自己当年的做法有可取之处。

5. 考前不复习

让孩子以平常心面对考试，轻松拿高分，这也是我的大胆之处。一年级第一学期期中考试前，我主动找班主任了解女儿的学习状态，灵活的？轻松的？努力的？认真的？死学的？老师很坚定地告诉我：

“她学得很稳，课程进度是按中下学生水平安排的，恨不得讲 100 遍。”后面这句话，虽然有些夸张，但弦外之音是我女儿处于中上水平。于是我下决心不陪她复习，也不让她复习。小学阶段，几乎没有因为考试影响课外活动的日程安排，该干什么干什么。到了高年级，复习就是她自己的事情了。对此，女儿还有意见呢：“别人的爸爸妈妈都陪孩子复习，你们都不管我。”我们说：“噢，老师说你学得挺好的，都会了，不需要复习。”有几位热衷于帮孩子复习功课的家长很苦恼，孩子养成了依赖症，反正有父母帮着复习，课内不专心听讲，学习效果大打折扣。

6. 考试无焦虑

需要特别提到的就是考前无焦虑。有这样一个公式，就是 P = p － i，第一个 P 是 performace，指外在表现即平时表现；第二个 p 是 potential，表示潜能；i 是 interference，表示干扰。这个公式用文字表述就是：

平时的表现 = 个人潜力 − 情绪干扰

也就是说，我们逼得越紧，孩子压力越大，受到的干扰越多，心情越无法放松，越不放松越无法集中精力专心听老师讲课。大家可以想一下，上课不专心，老师讲到的重点掌握不了，成绩肯定好不了。

如果把平时的表现换成考试成绩，个人潜力换成对课堂知识的掌握程度，上面的公式就是：

考试成绩 = 对课堂知识的掌握程度 − 情绪干扰

如果考试时情绪非常紧张，就无法集中精力思考题目。精力不集中，考试时间分配就不合理，简单的题目做得不够仔细，难题又做不出来，分数肯定高不了。

有个别家长，因为过于追求分数，孩子考不好就要被打或被骂，使得孩子为此患上了考试综合征，只要走进考场就心里恐慌，越恐慌分数越低，分数越低父母的惩罚越严厉，惩罚越严厉分数越低。如果孩子带着情绪进考场，因负面情绪的干扰，原来 100% 的潜力只发挥了 70% ～ 80%，100 分的卷面成绩只能考 70 ～ 80 分，久而久之，就会形成恶性循环，这肯定不是我们愿意看到的，也不是孩子想要的。如果孩子轻松愉快地走进考场，即便只掌握 80% 的学习内容，因无负面情绪干扰，可以 100% 甚至 120% 的发挥，100 分的卷子至少可以拿到 80 分，甚至是满分。

有的家长说，我家孩子其实很聪明，可每到重要考试就发挥失常。也有的家长说，我家孩子智力一般，我从来不过分要求，孩子不担心考试，每次大考成绩都不错。我亲戚的孩子阿恒 2018 年参加高考，因父母对他没有过高期望，他超水平发挥，总分比平时甚至比一模、二模成绩还高出三四十分，成为当地的理科高考状元，如愿进入清华大学攻读自己钟爱的法律专业。

这个简单的公式告诉我们，同样程度的孩子，一个自信，一个焦虑，成绩相差几十分不足为奇。

很多的学习障碍，并非来自学习本身，而是情绪。孩子是感性且情绪化的，这是生理规律决定的。不要认为情绪不重要，更不要视而不见。我们先平复自己的情绪，再引导孩子正确对待学习和考试成绩，才是关键。

7. 考中易先行

小学、中学、大学、读研、考博、工作、晋升等诸多考试，试题构成都是有规律的。通常基础知识占 75% ～ 80%，主要来自课本或教学大纲；中等难度的题目占 10% ～ 15%，这部分有一定的灵活性，只要基础牢固，通过举一反三可以解答；富有挑战性的高难度题目最多占 5% ～ 10%，这部分题目既是为了考查学生求解难题的能力，也是为了拉开分数。就算难题做不出来，但只要解出基础知识题和中等难度的题目，成绩仍可达到 90 ～ 95 分（百分制）。

考试前我会和女儿说，做题时要先易后难，合理分配时间，一分钟都不要浪费。因为，考试的时间通常比较短，都是限时的，45 分钟、1 小时，2 小时，考题多时间短，容不得多思考。拿到试卷，写上名字与班级后，先快速浏览一遍试卷，大致做到心里有数，然后开始做第一轮简单稳拿分的试题。一眼看上去不会的，即便是第一道选择题、填空题不会做，也不要耽误时间，立即做下一道题，不停留不思考。直到用最快的速度、最短的时间把该做的题目做了，把该拿的分数拿到手。第二轮做那些需要稍加思考的试题，这类题型有一定的灵活性，只要基础知识牢靠，就能举一反三，这类试题的分数也力争拿到手。然后检查一遍，按照试卷难度的设置，已经有把握得 90 ～ 95 分了。即便有些孩子拿不到这么高的分，至少会做的题目不会因为时间分配不合理而丢分。若最后还有剩余的时间，再努力地冲一把，做难题，做出来 100 分，做不出来也不懊恼。实在做不出来的题，有答题卡的不要空着，也许还能蒙对几题呢，这样就不会影响自己该得的分数，这种技巧屡试不爽。当然，掌握考试技巧固然重要，但对基础知识的掌握才是核心，夯实基础才能快速做出会做的题，这是获得高分的重要策略之一。

说到难题，有一次女儿用差不多 3 个小时解一道数学题，又累又恼。善用逆向思维的阿龙确实是天才，作为国际奥林匹克物理竞赛的金牌得主，他能够从答案往前推，不足两分钟就把一道看起来无从下手的难题解出来了，而且过程简单，思路清晰。如果不是亲眼所见，我是不会相信的。基于对女儿的了解，我从来不鼓励她抠难题，还不如省出时间夯实基础，阅读名著，或去操场打球跑步呢。对于非做不可的典型题目，鼓励她多请教老师和同学。道理说明白了，孩子就没有压力了，不会因为一道难题解不出来而懊悔了。有一位数学老师很赞同我的观点：“一个人，一年 365 天，甚至一生，不吃不喝，全部时间用来做初中的数学难题都做不完。”即便那些竞赛型的学生，也不完全是解难题培养出来的。

我不鼓励孩子上奥数班，小学二年级时，女儿说老师动员所有同学参加奥数班，可她听了两次课后就不喜欢了。女儿问我可不可以不上奥数班，我让她自己做决定，后来就再也没上奥数班了。当然，如果孩子对某一学科特别有兴趣，喜欢抠难题，又有成就感，我不主张家长去阻止。孩子的智商与兴趣是有差异的，不要一概而论。

8. 考后找原因

不管是孩子，还是我们家长，我相信没有谁不希望提高学习成绩的。假如成绩总是上不来，那就要好好分析影响考试成绩的因素了。

我们都知道试卷是一把尺子，测量学生对知识的掌握程度；考试是一种手段，可以将学习中存在的知识漏洞暴露出来。很多同学都会使用错题本，目的是让错过的题不会再错。

但是，考不好仅仅是做错题这么简单吗？为什么会错？粗心大意？基础不牢？努力程度不够？难度太大？题量太多？还是心情不好？状态不佳？其实，看起来同样是没考好，背后可能有不同的原因，所以也要有不同的解决办法。只有找到真正的原因，才能找到相应的方法，提升成绩。

有一个小男孩平时比较粗心，父母从来不批评，却能找准机会让孩子去感受粗心带来的结果。最近这个孩子就闹了一场小风波。发了试卷，他才发现自己没带铅笔盒。他胆小，不敢跟监考老师说，情急之下，居然大哭起来，最后也没能好好考试，成绩可想而知。

回家后，妈妈先安慰儿子，然后跟他说："考试结果不重要，但是你这个丢三落四的坏习惯，终于吃亏了吧？！

儿子边哭边认真地点头："妈妈，这个坏习惯我一定改！"

我特别欣赏这位妈妈的智慧，任何道理也不如亲身体验印象深刻。

我女儿三年级第二学期期末考试，数学 87 分，语文 91 分。她很受打击，没有评上双优生，也没有评上三好学生，情绪很低落。

她非常在乎我们的态度与评价，几次提到这次期末考试，我们都很认真地告诉她：

“没关系，卷子上的题目都会做了吗？”

“都总结过了，也知道怎么做了，都会了！”

“类似的题型也掌握了吗？”

“没问题，都掌握了。”

“真能干，只要会做就行了。”

“有的题目交完试卷就会了。”

我当学生时也有过这种感觉，在考场上做不出来的题目，出了考场就有了思路。我说：“就是呀，考试时间短，试题太多，根本来不及思考。”

成绩不好，正是可以帮助孩子分析原因的最佳机会。经过分析才知道她为什么数学只考 87 分语文只考 91 分，就是玩得太多，学习时间太少了。

女儿高中毕业前，我们这样的对话还有过几次。我从来没有因为女儿考试成绩不理想让她背上思想包袱，也从来不批评。成绩不好，孩子的感受已经很不爽了，批评打骂无异于雪上加霜。

9. 母语是关键

我们的母语就是汉语，这就要求把语文学习的重要性放在特别突出的位置上。

语文作为工具科目，教育部基础教育司原司长王文湛教授曾经算过一笔账：九年义务教育一共 9522 节课，从小学一年级到高三毕业一共 13000 节课，中小学共 20 门课，语文是第一大科，占总课时的 21% 以上。从 2017 年开始，教育部规定，提高学生课外阅读水平，既注重阅读“量”的积累，又注重“质”的提升。同时规定了小学生必读名著，包括《十万个为什么》《中国古代寓言故事》《安徒生童话选集》《格林童话全集》《伊索寓言》等；初中必读名著包括《西游记》《水浒》《朝花夕拾》《骆驼祥子》《鲁滨孙漂流记》等；高中生必读名著包括《论语通译》《三国演义》《红楼梦》《呐喊》《老人与海》等。这些必读书目都有可能成为考试内容。假如中考语文试卷上有这么一道题，请问《朝花夕拾》的作者是谁？其中的散文与作者的成长经历有什么关联？有的学生也许把书买回家了，只是没有时间读，或者没有兴趣读等。只要没有读过，不管什么理由，一定答不上来，答不上来就不能得分。这说明语文为王的时代已经到来，不读名著行不通，不积累词汇行不通，不背诵优美的句子与段落行不通，不会写作行不通，轻视语文行不通。如果语文不行，或者说母语不行，别的科目也是很难学好的。有位教育家说过：让孩子变聪明的方法，不是补课，不是增加作业，而是阅读，阅读，再阅读。

语文的重要性体现在它是学好其他各门学科最基本的钥匙，因为语文水平代表学生的阅读能力、理解能力、分析能力、思辨能力、写作能力，学好语文才有可能学好其他课程。语言对人的影响是潜移默化的，又是根深蒂固的，这种影响是终生的。只有学好语文，语言表达才能流畅，与他人的交流和沟通才能顺利，生活和工作才会达到最佳状态。

2017 年 10 月 25 日，我国部编语文教材的总主编温儒敏先生在北京大学举行的创意写作大赛启动仪式上甩下一句“耸人听闻”的话：“语文高考试卷要实现让 15% 的人做不完。”他还透露，高考命题方式正在进行很大的改革，词汇量越来越多，对阅读速度的要求越来越高，以前语文试卷大概 7000 字，现在是 9000 字，据说将来还有可能增加到 1 万字。题量也增加了，不是题目的数量，是学生必做题的体量，2017 年比 2016 年增加了 5% ～ 8%。如果学生没有一定的阅读速度，只是浏览试题就差不多占用一到一个半小时，更别说还要思考，还要留出时间写作文。高考的阅读面也在悄悄变化，哲学、历史、科技，什么类型的内容都会包括。对考试卷面的阅读要求远远高出平时语文教学水平，所以语文综合素质的提升，仅仅阅读课本是不够的，是无法拿高分的，还要阅读老师指定的书目以及自己感兴趣的书。挤出时间阅读是学生必须做到的，功夫在诗外。

高考改革不只是语文，其他的科目都将考验学生的阅读水平，以前的题面阅读量只有2000多字，未来的题面阅读量也许会增加到5000多字甚至更多。阅读速度慢、语文水平欠佳，做题速度、理解水平等都会受到影响，如果连审题、卷子都看不完，怎么谈得上做完做好得高分呢。

我是理工科出身，搞自然科学研究必须阅读古今中外的学术专著和各种期刊，以及其他文献，要求有较强的理解能力与接受能力，还要有较强的提炼加工能力。比如申请省部级或国家级的各类科技项目或课题时，即便有很好的思路，有所谓的“idea”，如果语言基础差，不能清楚、恰当、流畅地表达自己的意图和整个逻辑关系，评审专家无法正确理解申请者的真实意图，就不会同意给予经费支持。除了课题申请，还要进行课题总结、发表论文，都需要逻辑关系清晰、语言简练、内容表达清楚。

科学具有严密的逻辑性，科学家需要有严密的逻辑推理能力。历史上曾有一些科学家因语言能力不足而吃亏的教训。据了解，英国著名科学家法拉第最伟大的贡献之一就是发现了电磁感应现象，提出了光电磁方面的基本理论，然而由于文字功底差，又没有数学的说明，很少引人注意。后来麦克斯韦用明白流畅的语言和数学公式阐述了这种现象后，这一理论才被世界所公认。法拉第吃亏就在于文字表达能力不足。许多科学家不仅有彪炳史册的科学贡献，而且还有很深的文学或艺术造诣，例如，物理学家爱因斯坦还是一位哲学家，具有高超的小提琴演奏水平；牛顿能写诗（会写诗的人，语言功底更好）；苏步青作为数学家也写得一手好诗；华罗庚做报告时语言风趣，深入浅出。

母语（第一语言）是生活、学习、工作、交友、演讲等一切活动的基础，是数学、物理、化学、历史、地理、生物等所有学科的基础，更是学习外语的基础，直接影响一个人的思维、沟通、交友、工作、生活等方方面面，如图3-12所示。

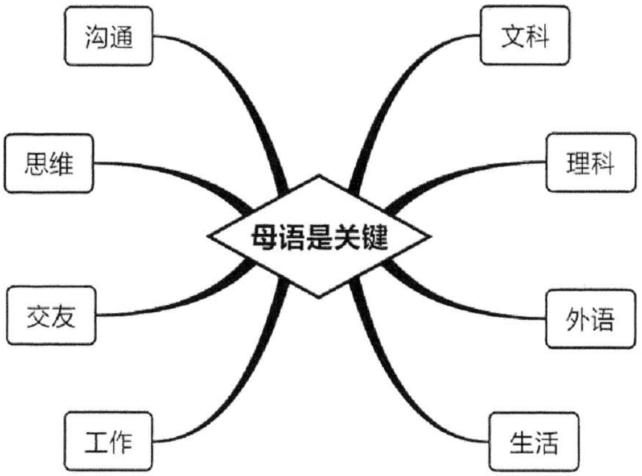

图 3-12　母语学习的关联性

重视语文是大势所趋，“得语文者得天下”，或者说“得母语者得天下”。提高母语水平的最好方式就是阅读，如果没有养成阅读的习惯，就等同于放弃所有学科，所以母语的重要性怎么说都不过分。

通过阅读打好母语基础，不仅有助于理解各门课的知识点，还有助于提升外语水平。因为人的思维习惯受第一语言的影响，一个学不好母语的孩子也很难学好外语，除非生下来就放在另一种语言环境中（这种语言又成了新的“母语”）。初学外语的人，几乎无一例外，总是习惯性地将外语先翻译成母语，用自己熟悉的单词标注，然后再慢慢理解、背诵，加深印象，然后形成永久性的记忆。写作文、写论文时，也是先用母语打腹稿或写草稿，然后再翻译成外语。我们写英文论文都是这样一个过程，有时翻译得不到位，还要请以英语为母语的专业人士帮助修改、润色，符合英语的表达习惯才有可能被评审专家认可，并最终得以发表。

所以说，学好外语的前提是扎实的中文基础，而扎实的中文基础又进一步促进了外语的学习，因为语言是互通的。图 3-13 是我女儿在耶鲁大学图书馆的留影。

图 3-13　女儿在耶鲁大学图书馆

掌握母语即语文的重要性不言而喻，但语文作为一门大科，相对来说提分又是比较慢的一科。虽然难，并不是没有办法，对于小学生来说，建议三种方法。

一是背诵课文，小学一、二年级的语文课文篇幅并不长，有的课文读一遍连一分钟都不到，建议孩子把每一篇课文都背诵下来。

二是用指读法大声朗读。指哪个字，读哪个字，正确地读出这个字的发音。全神贯注，高度集中注意力，不添字、不漏字、不换字、不回读。父母要提前熟悉阅读内容，不要在陪读过程停下来查某个生字的发音，以免打扰孩子破坏孩子的专注力，大声朗读有利于培养孩子的自信心和认真的习惯。

三是多读课外书。给小学低年级的孩子买课外书，要带着孩子到书店让他自己挑选，名著、经典、人物传记、科技，什么类型的书都行，每次只买一本，读完了再买。有些家长很大方，一下子买很多书堆在家里，孩子连翻一下的兴趣都没有，这就失去意义了。据了解日本教育家铃木镇一上小学的时候，升学竞争很激烈，很多家长都关心孩子的学习成绩。但铃木的父亲对他的成绩要求却不高，每门功课只要考60分就行了。

“60分怎么行？”儿子不解地问。

“60分怎么不行？”父亲反问道，“60分就代表及格了，及格了就表示合格。你想想，工厂的产品合格就出厂了。既然你已经合格了，就没有必要把全部的精力耗费在争夺名次上了。考第二名非要争第一名，考九十多分非要考一百分，一次一百分不够，还要次次一百分。求知才是人世间最大的快乐，如果成天想到的只是考试分数，那么，求知不就变成一种无尽的苦难了吗？”

铃木的父亲认为求学的最高目的是培养孩子的求知欲。铃木兴奋之余忍不住问爸爸：“这样学习太轻松了，空闲时间做什么呢？”

爸爸说：“永远记住爸爸的话，其他时间用来博览群书，把求知的欢乐还给自己。”父亲的话深深地印在铃木的脑海里，从此，他按照父亲的教导，在功课上花的时间不多，不追求考试成绩。而读过的课外书是全班同学的十几倍，从中体验到学习的愉悦。

为了激发孩子的阅读兴趣，要创造让孩子有书读的环境。我女儿9岁那一年的春节，大姨问她想要什么，她不好意思说，我告诉她大姨送书吧，书是最好的礼物。大姨送给她一套包装精美的《郑渊洁童话》，一直被女儿视若珍宝。家长还要营造爱读书的环境，在孩子低年级的时候，父母每天至少陪孩子读半小时，可以共读一本书，也可以读各自喜欢的书。

坚持陪读一两年，一旦识字量上去了，孩子的理解能力、分析能力也随之提升，轻而易举提高写作水平以及数学、英语、科学等科目的成绩。

在鼓励孩子博览群书的同时，也可有意识地引导孩子阅读名人传记。名人的成长经历对孩子的影响不容忽视，女儿曾读过一本《小学百科乐园（四年级）》，她了解到名人的成长都是有秘诀的，如“五到：鲁迅先生小时候读书很讲究学习方法和学习效率，为集中注意力，时常勉励自己读书时要心到、口到、眼到、手到、脑到。”“五心：著名科学家爱迪生总结了自己成功的要诀，就是开始工作有决心，碰到困难有信心，研究问题要专心，反复学习要耐心，向人学习要虚心，最终发明了电话、留声机等，成为举世闻名的发明大王。”“五多：科学幻想之父儒勒·凡尔纳为了写出更好的科学幻想小说，在平时收集资料时做到了多读、多想、多比、多用、多记。”女儿在日记的最后写道：“我要学习这些名人的做法，在他们的基础上也学会总结自己的学习经验。”

女儿上初三的时候，曾写过一篇与读书习惯有关的作文：儿时的日子，总会有几本画报置于枕边，心里渴望能读懂那一排排铅字。长大后，养成每日必读书的习惯，间隔一日不读书，便觉寂寞。

另外，女儿也夸奖我在她养成读书习惯方面的作用：每当我读到一篇好文章，或是写出一篇满意的作文时，我就满面春风地与妈妈分享。不论妈妈多么忙，她总是立即放下手头的工作，面带微笑地安静地听着。那笑容深深地印在我的心里，那笑容我永远也忘不了。

总之，只要按照上面几种方法引导孩子，很容易养成良好的阅读、学习习惯。低年级的小学生，年龄小，愿意采纳家长的建议。更重要的是，孩子由此尝到了阅读、学习带来的乐趣，收获了家长的肯定与鼓励、老师的表扬与赞美、同龄人的羡慕、周围人的尊重。体验到这些感受，孩子的学习热情与浓厚兴趣会得到进一步的强化。一旦养成习惯，到了高年级再也不用为孩子的学习操心了，只需在关键的时候该鼓励就鼓励，该沟通就沟通，该引导就引导，双方都很轻松。

养成学习习惯后，就像吃饭、睡觉、喝水一样，有学习的渴望，会主动地去学，不读书不学习同样感觉难受。女儿上三年级时，有一个周末我们着急出门办事，看到她有些磨蹭，我就说：如果 5 分钟后还不能出门，就罚你下周不许上学。她连忙说：“那可不行，那可不行。”然后，动作飞快地收拾东西，与我们一起准点离开了家。

在养成学习习惯的过程中，孩子的自主学习能力自然而然地培养起来。养成学习习惯，拥有自主学习能力，取得好成绩就是水到渠成的事。

五、鼓励饥渴

1. 好孩子是夸出来的

我们在生活中可以看到这样的现象：孩子的哪方面得到鼓励，哪方面就表现出色；相反，哪方面被批评得多，哪方面就明显偏弱，甚至受挫。我女儿在学琴方面受到的批评多（既有老师的批评，也有我的批评），她本来乐感和手感挺好，但找不到感觉，提不起精神，结果也没了兴趣，干脆不学了；而在学习方面，来自我们和老师的鼓励比较多，她自觉自愿地学习，成绩一直很好。

曾有一位妈妈说她五六岁的儿子学骑自行车时，她不断地鼓励，孩子只用一周的时间就学会了。而她在孩子学习方面一直评价不高，还打击孩子的积极性，结果孩子的成绩总是难以如愿。

有这样一个故事：一位妈妈正在厨房干活，听见孩子在后院蹦蹦跳跳玩耍，便对他喊道："你在干吗？"

孩子回答："我要跳到月球上去。"

听到孩子异想天开的话语，这位妈妈没有任何的批评，而是微笑着对孩子说："说得好！真是个聪明的孩子，但是不要忘记回来喔！"

这个孩子后来成了人类第一位登上月球的人，他就是阿姆斯特朗。

当阿姆斯特朗日后回忆起自己的成长经历时，深有感触地说："我所有的成就都源于母亲对我的鼓励和夸奖。"

从这个真实的故事来看，虽然只是一句不经意的赞美和肯定，但这往往会在孩子幼小的心灵中留下深刻的印象，并很有可能影响一生——这就是夸奖的力量。

没有天生的笨孩子，只是孩子有时不按我们的吩咐去做，或者孩子的做法与我们的做法不一样而已。我认识这样一位妈妈，女儿读小学一年级，每当女儿问她题目的时候，她都会极不耐烦地说："你怎么又问一遍？这么简单的题目都不会做，你真够笨的！”图 3-14 显示了母女对话的一个场景。

图 3-14　对孩子极不耐烦的家长

在这种情况下，我们并不一定真的是嫌孩子笨，可能是带着爱意的口头禅，也可能是故意在外人面前表现出的谦虚。然而一而再，再而三的负面暗示，也许孩子真的认为自己很“笨”，甚至变“笨”了。

还有一些父母指着孩子的额头说：“你系鞋带的动作真慢！”“你洗的手帕一点也不干净！”“你怎么这么笨！你太不争气了，我对你很失望！”想想看，这时候孩子会是什么感觉？沮丧、委屈、难过、失落、窘迫、愤怒、伤心……久而久之，孩子会越来越不相信自己，什么都做不好。

其实，孩子任何良好的表现都是夸奖出来的，我们千万不要吝啬夸奖的语言！夸奖孩子确实也没有那么难，体现在生活、学习、玩耍、交友等方方面面，只要有一双善于发现美的眼睛，细心观察，就能发现孩子身上的优点。但凡发现任何点滴的进步，尽量挖掘词汇，用心、真诚地赞美孩子，这样一来，孩子得到的鼓励越多，表现就越好，也就越渴望得到鼓励。这属于正相关的马太效应，好了更好，好上加好。

比如，你今天的鞋带系得比昨天又快又好（比较式夸奖，这也是一种成长型思维方式），真了不起！

你今天的手帕洗得特别干净，我真高兴！

你已经很努力了，这一次错了没关系，再试几次，一定会成功的！

孩子有什么感觉？兴奋、喜悦、愉快、开心、高兴。得到父母夸奖的孩子，自信心一点一点地恢复，脾气越来越随和，成绩越来越理想。

2. 多夸细节

孩子需要夸奖，但也不能将所有好的表现都归结为"你真聪明"，这是来自斯坦福大学卡罗尔·德韦克 Carol Dweck 教授的忠告。鼓励孩子不要让孩子感觉虚无缥缈，也不是漫不经心地随口一说，应该是自然而然的、由心而发的一种行为，不是刻意讨好，也不是为了表扬而表扬，而是确实觉得孩子某件事做得好值得夸奖。只要给予孩子具体而清晰、真诚而真实的表扬，赞美的内容越具象、越有针对性（图 3-15），孩子的内在力量越强大。

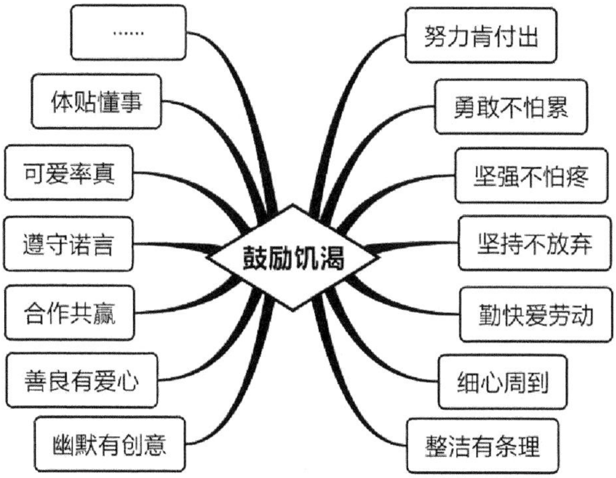

图 3-15　鼓励孩子越具体越好

（1）夸奖孩子的努力和付出

对于孩子的绘画作品，评判标准不应该是简单的像与不像，而应该看它是否体现了孩子的情趣和思想。正如毕加索所言：我能用很短的时间画得像一位大师，但我要用一生去学习画得像个孩子。

当孩子把一幅作品呈现出来时，应该先肯定他的努力、付出与尝试，倾听孩子对这幅画的描述，了解画面背后表达的意思。

图 3-16 是一只老虎，是女儿 4 岁多的习作。当她给我们看这幅画的时候，我们确实没看出这是什么动物，啥也不像。但我们表现出很惊讶的样子，孩子当然高兴。

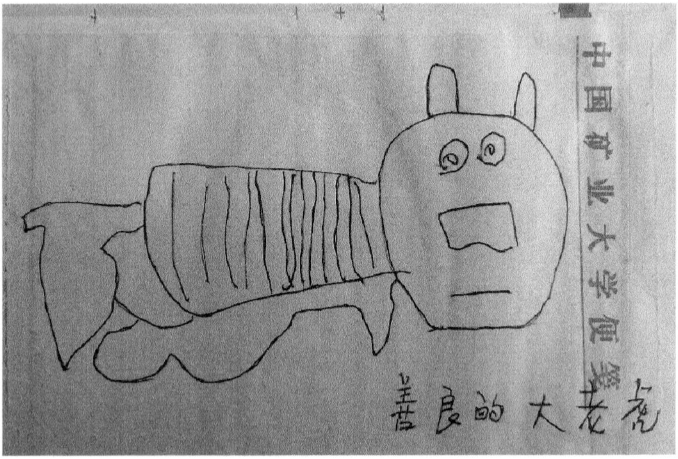

图 3-16　女儿的习作

“给妈妈讲讲这是什么呀？”

“这是一只大老虎。”

“噢，大老虎！一点都不凶。”

“这是一只善良的大老虎。”

“这只老虎就像爸爸（属虎），是一只善良的大老虎。”

孩子有一颗善良的心，画的老虎都善良，我特意把这段对话写下来，贴在我的日记本上。孩子为什么要画一只善良的大老虎呢？因为她曾在动物世界节目中看到老虎吃小羊的画面，她很心疼小羊，希望小羊不被凶恶的老虎吃掉，希望老虎是善良的。通过画作体验到孩子的天真本性，那幅画就活起来了，一只可爱的、有人情味的老虎出现在我们面前。

有一天，女儿非要让我去幼儿园中一班看她画的一张人物画，脑袋画得还可以，可惜胳膊长到脖子上了。如果不是日记上有记录，这么珍贵的时刻就忘掉了。幸亏我们当初保护了孩子的童心，这才有了后来的作品（图 3-17）。

图 3-17　女儿大学毕业时的习作

“幼儿园小班故事画册（下）”是女儿接近 4 岁时写的字，见图 3-18 左图，虽然歪七扭八的，但不知费了女儿多长时间才临摹出来的。

“你长大了，会写字了，太能干了。给我们念一遍吧。”

“幼儿园小班故事画册（下）”。

“为什么要写这些字？”“老师要求的，要制作画册的封面。”

“幼儿园要出画册了。”

在愉快的交流过程中，孩子十分得意。

图 3-18 中的两幅书法作品分别是女儿接近 4 岁和大学毕业后写的。

尊重孩子的兴趣，而不是指责她画得不像，写得不好，如果创作热情被熄灭了，熄灭后的热情再被点燃就不那么容易了，更没有后来的系列获奖作品问世了。

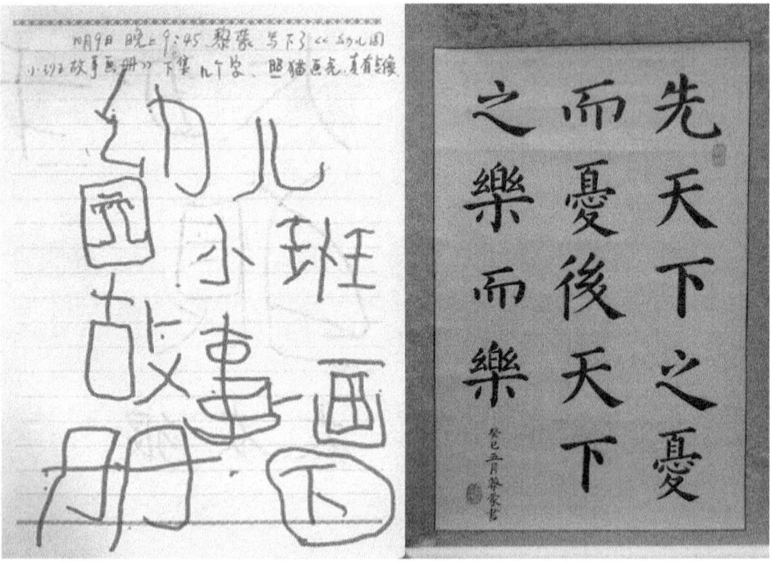

图 3-18　接近 4 岁与大学毕业后的书法作品

（2）夸奖孩子勇敢和不怕累

一般来说，会玩的孩子没有性格孤僻的。在女儿很小的时候，我们就鼓励她多多地玩，好好地玩，开心地玩。玩的意义不只是玩，还能强身健体，还能从玩中学到许多课本上没有的知识。

女儿 6 岁多的那一年春天，我不顾孩子爸爸的反对，每天下班后推着那辆 26 英寸“金狮”牌横梁自行车，开始教孩子学骑自行车。

孩子把右腿从横梁下伸过去，右脚踏在右蹬上，左脚踏在左蹬上，围着学校大操场，一圈又一圈地转，我跟在后面抓住车身后座，用力扶住车子。就这样，在鼓励声中，经过持续一个多月的训练，女儿学会骑自行车了。过了两年，还专门给她买了一辆 24 英寸的“金狮牌”粉红色斜梁坤车，每到周末就带着她沿着乡村小道骑车漫游。

女儿上小学前的那年暑假，我们一起去爬连云港的花果山，在不怕累的鼓励声中，上山下山整个行程女儿都没有让我们抱着或背着，都是自己走下来的。

（3）夸奖孩子坚强和不怕疼

有一天，女儿在幼儿园小五班不慎摔了一跤，眉骨处摔了个大口子，缝了 5 针。当我们得知消息赶到医院的时候，带班的老师已经领着孩子从医院回到了教室。

见到我们，两位带班老师赶紧赔礼道歉，称自己没有尽到责任，没有看护好孩子。看到小家伙左眼上方贴着一块方形的白纱布和胶条，正坐在自己的座位上和其他小朋友一块玩拼板玩具，紧张的心多少有些放下了。纱布盖住伤口，看不见女儿受伤的部位，问她疼不疼，她摇头告诉我们：“疼，但我没有哭。”我们直夸女儿太坚强了。

那天临近中午时分，老师先让我女儿所在的那个组的孩子去洗手。她跑得快，卫生间的瓷砖地板有些潮，脚下又穿着塑料泡沫底的凉鞋，进入卫生间的时候不慎滑倒，头磕在洗手池前边的台阶处，眉骨部位摔出一个口子，鲜血直流。

医生做了检查和清创处理后，决定采取缝合的办法。因为伤口在眉骨部位，不容易打麻药，医生就跟老师商量直接进行缝合。老师夸奖她：“你是我们班最勇敢的孩子，现在摔伤了，需要进行缝合，可能有点疼，要配合医生，不要哭，不要动，就坚持几分钟，能不能做到呀？”女儿立刻点点头。在随后进行的缝合过程中，小家伙硬是在老师和医生的鼓励下，没有哭出声，尽管眼泪一直在眼眶里打转，可是一直都紧紧地咬着牙，在场的老师和医生看了都挺感动的。

对于女儿这次不慎滑倒摔伤，我们一直都抱有一种愧疚感。假如我们没有给她穿塑料泡沫底的凉鞋，假如我们曾经关照她在教室里不要跑动、不要动作太猛，假如带班的老师能够事先提醒，告诉孩子们地板有点滑，那么，女儿就不至于摔倒，不至于受皮肉之苦。至于带班的老师，她们已经承认了自己的过失，已经力所能及地做了补救，态度又是那么诚恳，我们还能说什么呢！

（4）夸奖孩子的坚持和不放弃

我们喜欢带孩子玩体操器械，做下腰动作。下腰又称“下桥”，是发展柔韧性的一项身体练习，要求两腿分开站立，与肩同宽，两臂向上举起，挺髋，上体后仰直至头朝下、两手掌撑地，整个身体呈拱桥状，见图 3-19。即便有些动作是男孩子擅长的，也不是很容易学，但女儿愿意尝试，我们就鼓励她坚持，不要轻易放弃，直到学会为止。

图 3-19　女儿练习下腰动作

（5）夸奖孩子的勤快和爱劳动

著名教育家蒙台梭利说过：儿童对劳动从不厌倦，劳动使他们成长，让他们更具有活力。儿童从不要求减轻劳动量，喜欢独自完成某件事，甚至可以说“不劳动，儿童的活力就会走向衰竭”。孩子天生就是热爱劳动的。在日常生活中，有多少父母肯放手让孩子做家务，培养孩子做家务的意识呢？有机构做过调查，有58%的家长表示并没有意识到要主动引导孩子做家务，其中有一半的家长认为，小孩子做家务是在帮倒忙。

我家亲戚的小孩子，从小跟着爷爷奶奶生活，不论什么时候，孩子想帮忙干点什么，“小祖宗，还不够添乱呢。”奶奶通常一边说着一边把孩子快速推到一边去。不给孩子劳动和做家务的机会，不舍得让孩子受累，等孩子长大了，不会做，做不好，当然也就不想做了。得不到鼓励，也没有锻炼机会的孩子，一般自理能力和动手能力都比较差。女儿4岁多的时候，我的日记上有这样的记录：……女儿懂事、表现老成的地方还有很多。饭后收拾碗筷、扫地、拖地，她都愿意干，有时还抢着干。由于我们不停地鼓励，她爱劳动的热情与习惯就得到了较好的保护。

而现在有太多的父母在让孩子劳动这件事情上走偏了，要么是那种什么都不让孩子干，要么是那种强迫孩子必须干，使得孩子把劳动当成了一件苦差事。

让孩子参与劳动，不仅是一种高质量的生活陪伴，也是探索与学习的过程，绝不是给我们添乱。我们不应阻止，更不要粗暴地制止。让孩子分担一点家务活，能够使孩子提高自理能力，树立自我价值感与责任感，也让孩子更自信。

我认识一位女性，她从小跟祖父母一起生活。八九岁的时候，奶奶就让她学做家务，学做饭，给家庭支出记账。奶奶告诉她：“学会做饭，不只是为了帮助别人，而是能让自己生活得更舒服。”

做家务、做饭都是必不可少的，也是一个人安身立命的最基本的能力。当年漂洋过海的中国人为了能在美国、英国等国家安安稳稳地生活，都是从门槛最低、自己相对擅长的餐饮业入手，这样聚居发展，就逐渐形成了华人集中居住的地方，也称唐人街，如图3-20所示。

图 3-20　英国伦敦的唐人街

（6）夸奖孩子的细心和周到

女儿小时候特别爱看《天气预报》，经常提醒我们当天的天气情况。我在她 3 岁多的日记中写道：女儿有时比我们还关心新闻联播之后的天气预报，昨天一边看，一边问："爸爸，今晚有雨么？""有。"她立刻跑到厨房告诉我："妈妈，快搬车子去，今晚有雨。"又回来告诉爸爸："妈妈说她的车子已经搬进来了，你的车子搬进来没有？"爸爸说已经把自行车推到楼道里了，她这才放心。

女儿带到幼儿园去的东西，衣服或者是背包，她从来不忘记带回家。每每遇到这些具体的情况，我们就不失时机地夸她认真细心，考虑周全。

（7）夸奖孩子的整洁和有条理

从幼儿园开始，我们就不帮她收拾书包了，由于我们经常夸她有条理，有时还会很夸张地表达"你的书包越来越整洁了"，所以从幼儿园到小学，女儿从来没有出现让我们到学校为她送课本或作业本的情况。

女儿从小养成了爱劳动的习惯，自己的东西，自己的房间，自己的地盘，总是收拾得整整齐齐的，地板也拖得干干净净的。她知道付出劳动的艰辛，对自己的劳动成果更懂得爱惜。2003 年，我们在北京有了自己的住房，女儿也有了自己独立的空间：卧室 + 书房。有一天，我们下班回到家，看到她的房门上挂着一块告示牌“请把拖鞋放在门口，享受干净的地板带给您的舒适”（图 3-21）。图文并茂，既风趣又幽默，至今这个牌子还挂在那里，虽然水彩笔的颜色已经淡了，我们仍然舍不得摘下来。

图 3-21　女儿初三时设计的告示牌

（8）夸奖孩子的幽默和创意

孩子的创新意识是最需要保护的，也是培养成长型思维的关键。拥有成长型思维的人一般都有着开放虚心的态度。初一第一学期，女儿曾设计过一期班级板报，不论是插图、版面、内容，还是整体架构，看上去都很合理，而且还有新意，对后来其他同学的板报设计起到了示范和引领作用。

女儿上幼儿园大一班，相当于现在的学前班，有一天练习写“郡”字，我笑着说右边的偏旁“阝”太大了，女儿说“没关系，耳朵大聪明。”

我夸她真幽默。

我们过生日的时候，总能得到女儿意外的礼物，一幅画或一幅字，花钱少，意义大，还有保存价值。我先生 39 岁生日那一天，女儿制作了生日贺卡（图 3-22），上面用艺术字体写着“Happy Birthday to you“，有蜡烛，有漫画头像，还有一段搞笑的话：“虽说头秃了，牙龇了，眼也近视了，可今天是我大喜的日子，我要把一切烦恼都忘掉”。

这幅画非常有创意，把我们逗得哈哈大笑。这张珍贵的生日贺卡随我们来到北京，至今还压在客厅茶几的玻璃板下。

图 3-22　女儿送给爸爸的生日贺卡

（9）夸奖孩子有合作共赢的胸怀

当今社会，没有合作，仅仅靠个人单打独斗是干不成大事的。高一秋季学期，负责高中生科技创新工作的老师认为我女儿通过前期调研与文献分析，可以独自完成“草坪草与野生草利用价值的研究”项目。我女儿却决定找一名同学合作完成这个项目，她的理由是：一个人无论多能干，能做的事情都是有限的，两个人一起还能相互商量，取长补短，节省时间，通过合作自己的能力也会不断提高，如果获奖相当于两人获奖，一举多得。当时，我们认为女儿很大度，有合作精神，有沟通能力，而且这种精神特别宝贵。这真的要归功于多年做学生干部养成的思维习惯与处事风格。后来，她们合作的这个项目于 2005 年获得了北京市青少年科技创新大赛优秀项目一等奖，两名同学均因这个奖项获得了参加清华大学冬令营的机会，并享受到 30 分的高考加分奖励。

（10）夸奖孩子的重诺守信

信守诺言就是说过的话一定要兑现，答应的事一定要做到。我父亲年轻时在外省打工，为了打发日子，学会了抽烟。他其实并不喜欢抽烟，而是借助抽烟排解心中的苦闷、缓解对家人的思念。20 世纪 60 年代后期，父亲回到了徐州老家，虽然仍要外出打工，但能保证一周与家人团聚一次。没有了孤独感，抽烟也是一笔消费，又考虑到孩子多，还有我的爷爷奶奶需要赡养，为了节省开支，父亲在一夜之间就把烟戒了，母亲每次说起此事，都非常佩服父亲的毅力。

我们从来不反对孩子看电视，毕竟电视也是获取信息的重要渠道，很多节目制作质量非常高，画面优美，声情并茂，内容也不乏趣味性、知识性、启发性。电视节目有很多，我们尽量选择适合孩子的节目如《七巧板》《鞠萍姐姐讲故事》《聪明的一休》等，偶尔看成人的节目（如电视剧），但约定并限制时间，不论什么节目，每天只能看一集或不超过 1 小时。我们与孩子之间的约定是书面的还是口头的，形式并不重要，但要告诉孩子："我相信你，一定能按时关掉电视机。"还有，我们必须遵守规则，虽然我自己比较喜欢看言情剧，其中很多精彩的台词与对话非常值得借鉴与反思，但孩子在家的时候，我几乎不看电视。我有很好的自控力，也是为了给孩子做示范，这样一来，孩子也就没有不遵守的理由了。我们从来没有因为看电视与女儿费过口舌，她总是说到做到。

只要没有沉迷于电视，不上瘾，看电视也是有益处的。比如看《天气预报》节目，可以了解第二天的天气情况，为第二天的穿衣做好准备，还可以学到地理知识，了解各省的大致位置、省会的名称等。女儿在幼儿园小五班时，老师问乌鲁木齐在哪里，她走到地图前指出了乌鲁木齐的位置，还骄傲地告诉老师是《天气预报》节目告诉她的。

看电视还可以学习认字。女儿 3 岁多的时候，看到屏幕上“向雷锋同志学习”，就问我们“向和同有什么区别？”这说明她看电视很专心，注意认字。

看电视控制时间，让孩子明白什么叫重诺守信。我曾读过一个中国留学生在欧洲求职的故事。这个留学生各方面都很优秀，但求职时却处处受阻，他很生气，在经历了 9 次失败后，第 10 次，他怒气冲冲地冲到一个跨国公司人事部门质问人事经理：“难道跨国公司也搞种族歧视？那个韩国同学的学业成绩还没我优秀，却被你们录用了，难道因为我是中国人，不录用我吗？”人事经理认真地说：“我们对你的学业情况非常了解，确实需要像你一样优秀的人员派驻到亚太地区，你的背景和条件是我们求之不得的！”

这个学生反问：“那为什么不录用我？”

人事经理说：“通过背景调查，我们发现你在四年求学过程中，有过两次地铁逃票记录！”

年轻人惊奇地说：“就为这么点小事？”

人事经理说：“这不是小事，这是诚信问题！你不守规则，发现规则当中的漏洞后，还恶意使用规则。你有两次被发现没有买票，但我敢说，你肯定有更多的逃票经历！我们为了降低派出机构的成本，同时也是为了提高效率，尽量不设监督人员，如果你钻我们的管理漏洞，那是没办法防止的，我们是把员工的诚信放在第一位的。”

逃票真的是小事么？据了解，二三十年前的欧盟各国，地铁基本不设检票系统，就连偶尔的抽检也很少，乘客自助购票乘车，要是不买票乘车，被逮住的概率不会超过万分之三（比中彩票的概率还低）。一旦查到逃票就会记入个人信用档案，在欧洲逃票是与信誉、诚信挂钩的。人事经理最后对这个中国留学生说：“不只这个国家，可能在整个欧盟，谁也不敢冒险雇用你！”

一个高才生就因为两次逃票记录把自己的大好前程给毁了！在欧美工作的人都知道，面试通过后的背景调查就是信用调查，非常重要，调查不通过者，无法获得工作职位。后来，这位年轻人只得回到中国，白手起家，生意越做越大，他非常信奉的一条就是事事讲诚信，遵守承诺。

2017 年 8 月的一天，一位家长对我说她儿子不遵守承诺，已经答应要认真做作业，可作业仍然做得马马虎虎的，她很着急。我是这样回复的：必须明确，孩子是说大话敷衍您？还是对自己有承诺？孩子是否真正明白承诺的内涵？您对孩子作业马虎这件事的态度是什么样子？您允许孩子变得不再马马虎虎的期限是多久？不能把孩子说出来的话都笼统地认为是承诺。夸奖孩子遵守承诺对他以后的生活是非常重要的。

（11）夸奖孩子的可爱与率真

有一天女儿说她想爸爸都想哭了，问我爸爸去哪了，我说爸爸去武汉出差了。第二天一早醒来，女儿笑着说：“武汉的‘捂’，一，二，三，四，五，汉是出汗的‘汗’，一捂就出汗。”说罢，两人哈哈大笑。

我先生特别爱逗女儿玩，从 2 岁起一直到 6 岁多，故意让女儿挑他的毛病！

女儿 4 岁半，我在日记上记录了以下对话。

先生说：“你看，小朋友，六一还过得挺愉快，是吧？”

我说：“她什么时候不愉快过？”

先生问女儿：“你对爸爸满意吗？”

女儿说：“满意。”

先生：“那你看看，你对爸爸还有哪些地方不满意。”

女儿正在翻看《幼儿画报》，她头都不抬就说：“对你的嘴巴不满意，因为你呲牙咧嘴；对你的眼睛不满意，因为你是近视眼；对你的头不满意，因为你头上有一块秃秃。”

先生又问："你对妈妈哪点不满意？"

女儿说："没有哪点不满意。"

三个人一阵大笑。

每当这种时候，我们都会夸女儿太可爱了。

（12）夸奖孩子体贴又懂事

女儿不到 5 岁的一天傍晚，我们一家三口骑车到七里沟果园附近的三环路口欣赏雕塑。在回来的下坡路上，我不慎摔倒了，口鼻流血，需要直接去医院处理伤口。先生回家取钱，顺便把女儿放回家，反复叮嘱不能哭，困了就睡觉，估计半小时就能回来。挂号、清理、包扎、打针、拿药，竟然持续一个多小时。回到家，我们以为女儿睡着了，谁知打开房门，她一下子扑在爸爸怀里，伤心地抽动肩膀，一边哭一边说："你们说半小时回来的，怎么这么长时间？"她还告诉我们，她倒了一大碗白开水，已经凉了，正好让我们解渴，这让我们非常感动。我们蹲下来紧紧抱着她，夸她真懂事，但又有点后怕：女儿个头还不高，暖水瓶在高处，她需要站在凳子上才能把热水倒出来，万一烫着或摔下来怎么办？这件事也让我们反思，虽然不是我们故意拖延时间让孩子等了那么久，但让不到 5 岁的孩子一个人在家等这么长的时间，又是黑天，确实是我们的疏忽。

3. 夸奖也需要技巧

很多典型的夸奖案例都表明，鼓励和夸奖包含许多技巧。

爱迪生上小学二年级的时候，被学校除名了，再也不能像其他小朋友一样到学校去读书了。校方还交给他妈妈一张纸条，爱迪生对纸条上的内容特别好奇，非让妈妈念给他听不可。妈妈看着纸条是这样念的："您的孩子是个天才，这个学校对他来说太小了，没有好老师可以教他，请您自己教吧。"

在妈妈的鼓励与启发下，爱迪生成为全世界最有名的发明家和实业家，发明电灯经历了 2000 多次失败，但他不认为这是失败，而是 2000 多个必备的步骤。

后来，他无意间看到了校方的留言："他竟然不知道 2+2=4，一直问老师为什么，您的孩子有智力上的缺陷，我们不能让他继续留在学校就读。"

也就是说,他是被退学的,想到妈妈对他的鼓励,爱迪生感动地哭了。

下面这个故事是我在网上看到的，虽然不知道这位著名物理学家的真实姓名，但故事本身很有启发性，也很有借鉴意义。这个物理学家在初中刚开始学物理的时候，成绩很差，只考了 8 分。物理老师找他谈话，让他好好学物理。他说我不喜欢就是学不好。老师特别聪明，告诉这个学生，别的同学都是 60 分及格，你下次只要考 9 分就算及格。这个学生心想随便打个钩就能及格，很容易，于是就答应了，结果下次考试得了 28 分。虽然只有 28 分，老师还是没有理由在全班同学面前表扬他，因为这是不及格的分数。这个老师确实不是一般的智慧，她让全班同学把上次的考试成绩和这次的成绩做一个减法，上次考了 90，这次还是 90，分数差 0 分，上次考 95，这次考 93，分数差负 2 分，减到最后，分数差最大的是 20 分，就是这个物理学家。老师把所有同学两次考试的分数差写在黑板上，问了个问题："哪个同学进步最大？ "全班同学异口同声地说某某，这是一个铁的事实，因为只有他一个人进步了 20 分。这种鼓励方式不但不是侮辱，而且有很大的激励色彩。这个学生一下子兴奋起来了，他想无论我考到 48、68，还是 88，都是全班进步最大的，我有最大的进步空间。这位老师的聪明之处就是让暂时落后的学生有了目标，并努力朝着目标迈进。

美国影片《师生情》中有这样一个镜头：在一次数学课上，一位优秀的白人教师对一个长期在歧视下长大而且非常自卑的黑人孩子说："我相信你是一个好学生。不要紧张，仔细数数老师这只手究竟有几个指头？ "在老师耐心的鼓励声中，这位黑人学生终于慢慢地抬起了头，涨红了脸，盯着老师的 5 根手指，数了半天，鼓起勇气说;"3 个。"这时，全班同学哄堂大笑。这位老师却面带微笑地说;"太好了，你太了不起了，只少数了 2 个。"老师的话让这个孩子的眼里闪过一道难得的光。

还有一个故事，也许有很多家长读过——老师眼里的“问题孩子”最后考进了清华大学。这个故事很有代表性，我愿意再复述一遍。

孩子的母亲第一次参加家长会，幼儿园的老师对她说：“您的儿子有多动症，在板凳上连三分钟都坐不了，最好带他去医院看一看。”

在回家的路上，儿子问妈妈老师都说了些什么，她鼻子一酸，差点流下泪来。因为全班30位小朋友，唯有他表现最差；唯有对他，老师表现出不屑。

然而，她还是告诉她的儿子：“老师表扬你了，说宝宝原来在板凳上坐不了一分钟，现在能坐三分钟了。其他妈妈都非常羡慕你的妈妈，因为全班只有宝宝进步了。”那天晚上，她儿子破天荒吃了两小碗米饭，还没让妈妈喂。

儿子上小学了。老师在家长会上说：“这次数学考试，全班50名同学，您儿子排第40名，我们怀疑他智力上有些障碍，您最好能带他去医院查一查。”回家的路上，她又一次流下了泪。然而，当她回到家里，却对坐在桌前的儿子说：“老师对你充满信心。老师说了，你并不是个笨孩子，只要再细心一点，会超过你的同桌，这次你的同桌排在第21名。”说这话时，她发现儿子黯淡的眼神一下子充满了光，沮丧的脸一下子舒展开来。她甚至发现，儿子温顺得让她吃惊，好像长大了许多。第二天上学，儿子去得比平时都要早。

上了初中，又一次家长会。她坐在儿子的座位上，等着老师点她儿子的名字，因为每次家长会，她儿子的名字在差生的行列中总是被点到。然而，这次却出乎她的预料，直到家长会结束，都没有听到儿子的名字。她有些不习惯，散会后特意去问老师，老师告诉她：“按您儿子现在的成绩，考重点高中有点危险。”

她怀着惊喜的心情走出校门，发现儿子在门口等她。她扶着儿子的肩膀，心里有一种说不出的甜蜜，她告诉儿子：“班主任对你非常满意，他说了，只要你努力，很有希望考上重点高中。”

高考结束，第一批大学录取通知书下达时，学校打电话让她儿子到学校去一趟。她有一种预感，她儿子被清华录取了，因为在填报志愿时，她给儿子说过，相信他能考取这所大学。

儿子从学校回来，把一封印有清华大学招生办公室字样的特快专递交到妈妈的手里，突然转身跑到自己的房间里大哭起来，边哭边说："妈妈，我知道我不是一个聪明的孩子，可是，这个世界上只有您能欣赏我……"这时，妈妈再也按捺不住十几年来凝聚在心中的泪水，任它打在手中的信封上……

这个妈妈多年来所用的方式，应该就是心理学家罗伯特·罗森塔尔提出的"权威性谎言"。对于孩子来说，最原始最重要的权威，就是父母。所以，父母对孩子所说的话，将在极大程度上影响孩子。

4. 夸过程不夸结果

鼓励孩子也是有原则的，描述看见的，表达感受到的，不要轻易下结论。

有一位年轻的妈妈看着儿子一天天成长，学会了爬，学会了走，学会了跑，学会了跳，学会了说话，学会了吃饭穿衣穿鞋袜，学会了唱歌阅读骑单车。亲眼看到昨天还拿不好勺子的小娃娃，今天居然可以把一勺饭送进自己的嘴里；昨天还要别人帮忙穿外套的小人，今天居然自己把衬衫的扣子扣好了；昨天骑幼儿三轮车都摔倒的孩子，今天居然能骑自行车了……她忍不住一次又一次地夸儿子聪明、真棒。

可是，最近她发现儿子总是不愿意好好练钢琴。

妈妈问儿子："为什么最近你总是不好好练琴呢？"

儿子说："我没有不好好练啊。"

妈妈说："儿子有点骄傲地说：那些曲子我都会了，太简单了！"

妈妈说："会是会了，可是还不熟练啊，而且你的手型也总是塌下去，不稳定，让你多练习不仅是要把曲子弹熟练，还要把手型固定好……"

儿子不耐烦地打断妈妈："您真啰唆，我知道了！我那么聪明，很快就练好了，您就别担心了。”

听到儿子自夸聪明，妈妈开始着急了，试图纠正儿子：光聪明不努力有什么用？你知道吗，世界上聪明的人多着呢，可是要真正学好本领，一定要努力练习才行……

可是儿子并不愿意听，那天的谈话最后以妈妈的失败告终。

为什么不建议夸孩子聪明呢？卡罗尔·德韦克针对表扬和鼓励影响孩子的思维和行为这个问题，做了一组实验。她和她的团队对纽约 20 所学校的 400 名五年级学生做了追踪研究，结果让人大吃一惊，研究结果如图 3-23 所示。

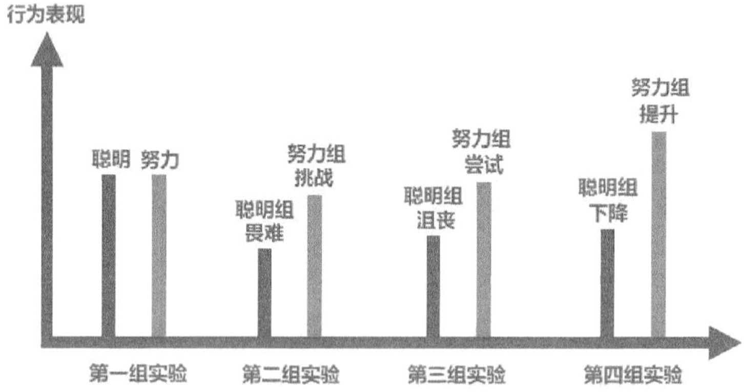

图 3-23　夸奖天分与夸奖努力的区别

第一轮测试，让孩子们独立完成一系列智力拼图。研究人员每次只从教室里叫出一个孩子，进行第一轮智商测试。

测试题目非常简单，几乎所有孩子都能相当出色地完成任务。每个孩子完成测试后，研究人员会把分数告诉他，并附带一句鼓励或表扬的话。

研究人员随机地把孩子们分成两组，一组孩子得到的是一句关于智商（即天分或聪明）的夸奖，比如“你在拼图方面很有天分，你很聪明”。

另外一组孩子得到的是一句关于努力的夸奖即鼓励，比如“你刚才非常努力，表现得很出色”。

为什么只给一句夸奖的话呢？德韦克解释说：“我们想看看孩子对鼓励或表扬有多敏感。我当时有一种直觉：一句夸奖的话足以看到效果。”

第二轮仍是拼图测试，有两种不同的难度，一种较难，但会在过程中学到新知识；另一种类似第一轮，比较简单，自己选择。

结果发现，那些在第一轮中被夸奖努力的孩子中，有 90% 选择了难度较大的任务。而那些被表扬聪明的孩子，则大部分选择了简单的任务。由此可见，自以为聪明的孩子，不喜欢面对挑战。

为什么会这样呢？德韦克在研究报告中写道：“当我们夸孩子聪明时，等于是在告诉他们，为了保持聪明，不要冒可能犯错的风险。”这也就是实验中“聪明”孩子的做法：为了保持看起来聪明，而回避出错。

第三轮测试的题目难度都一样，没有选择。德韦克团队故意让孩子们遭受挫折，测试很难，是初一水平的考题。

孩子们都不出所料地失败了。先前得到不同夸奖的孩子们，对失败产生了差异巨大的反应。那些被夸奖努力的孩子，认为失败是因为他们不够努力。

德韦克回忆说：“这些孩子在测试中非常投人，并努力用各种方法来解决难题，好几个孩子说这是他最喜欢的测验。

而那些被夸奖聪明的孩子，认为失败是因为他们不够聪明。他们在测试中一直很紧张，抓耳挠腮，做不出题就觉得沮丧。

第四轮测试的题目和第一轮一样简单，那些被夸奖努力的孩子，在这次测试中的分数比第一次提高了 30% 左右；而那些被夸奖聪明的孩子，这次的得分和第一次相比，却退步了大约 20%。

德韦克一直怀疑，表扬天分对孩子不一定有好作用，但这个实验的结果还是大大出乎她的意料。她解释说："夸奖孩子努力用功，会给孩子一个可以自己掌控的感觉。孩子会认为，成功与否掌握在他们自己手中。反之，夸奖孩子聪明，就等于告诉他们成功不在自己的掌握之中，这样，当他们面对失败时，往往束手无策。"

在后面对孩子们的追踪访谈中，德韦克发现，那些认为天赋是成功关键的孩子，不自觉地会轻视努力的重要性。这些孩子会这样推理：我很聪明，所以，我不用那么用功。他们甚至认为，努力很愚蠢，等于向大家承认自己不够聪明。

德韦克的实验重复了很多次。她发现，无论孩子有怎样的家庭背景，都受不了被夸奖聪明后遭受挫折的失败感。而且男孩女孩都一样，尤其是成绩好的女孩，遭受的打击更大。甚至学龄前儿童也一样，这样的表扬会害了他们。跟孩子沟通的时候，要多给孩子事实的描述，而不是直接给出评价，一味夸奖孩子聪明，会让孩子感觉焦虑，害怕承担风险，不敢尝试。给孩子描述很努力的事实，会让孩子有面对挑战的勇气。

因此，我们夸奖孩子的时候，应该明确告诉孩子，为什么受到夸奖。这样夸奖才能获得更好的效果，才是有意义的。

事实上，这个世界上聪明的人不少，愿意持续努力的人却不多，所以成功的是少数人。

作家严歌苓讲一口流利的英语，有人把这归结为聪明。她却说聪明是最靠不住的东西。严歌苓认为一个人最优越的素质是顽强和坚韧，只有顽强和坚韧才能如数回报你所付出的时间、精力和辛苦。

我们应该清楚，天分与努力是有很大区别的，夸奖是需要措辞的。与其漫不经心地说你真聪明，你真棒，这个房子搭得真好看！不如抱着孩子、抚摸孩子的头，告诉孩子"看你搭得多努力、多认真！"或者夸孩子"你真有创意，我怎么就想不到呢！"与其说"你真聪明，考得这么好"不如说"看到你为这次考试付出这么多的努力我很欣慰。"

与其说“你真能干”不如说“谢谢你把地板打扫得这么干净”。

夸奖是有讲究的，重在夸赞过程而不是夸赞结果。我们要明白，夸奖孩子付出的努力，不仅可以让孩子感受到尊重和认可，也会让孩子相信，他拥有让自己变得更好的力量。

六、选择饥渴

1. 选择的困惑

一个人从出生到长大成人，会面临很多次选择。随着年龄的增大，选择的难度还会越来越大，有时会遇到困惑。

说到这里，我迫不及待地要把我听到的一个真实故事分享出来，希望为人父母者都不要再为难孩子了。小周说自己从不懂事的时候就面临左右为难的选择，非常痛苦。父母经常为琐事各执己见，互不相让，大吵大闹，甚至闹到要离婚的程度。父母每次吵架都逼着她站队，该帮谁？有一次父亲竟然以割腕、断绝父女关系为由逼她。就这样，反复不断，无休无止地折磨，最终变成选择恐惧症了。她说到了高中，再也受不了，主动劝父母与其痛苦地生活在一起不如离婚。

父母意见不一致，不只是孩子左右为难，就连父母自己都不知如何选择。2018 年 6 月，一位家长打电话问我该不该给孩子手机。我问她和孩子爸爸的意见一致吗，她说不一致。孩子爸爸主张给是因为有手机方便联络，她主张不给是因为孩子承诺的事情没有做到。

为什么会这样呢？

首先是目标不清。

哲学家布里丹讲过这样一个寓言，一头毛驴（也称布里丹之驴），站在两堆等量等质的草料中间，由于不知道先吃哪一堆好，最终在无限的纠结中活活饿死了。由于毛驴没有目标，不会思考，当然不知道如何选择啦。

2016 年 6 月，阿明大学毕业前顺利考取一所 211 大学的直博项目，同时也通过了公务员考试，何去何从？因为阿明目标感强，在反复权衡之后，最终听从自己内心的声音，选择先工作再学习。工作之余，每天坚持读书学习，2018 年又考取了一所 985 大学的硕士，重新回到学校读研，快乐而充实。人人都渴望做出果断的、正确的选择，但并不是人人都像阿明这么幸运。每年都有很多优秀的毕业生面临着是继续深造还是开始工作的两难选择。

任何选择都有得有失，关键是我们想要什么。有了目标，就知道为什么要选择。然后才是如何选择。不论是主动选择还是被动选择，最终都会做出选择，而且任何选择都是当下所能做出的最好选择。有目标的选择是轻松的，没有目标的选择则是盲目而纠结的。

其次是选项太多。

我们每天都面临着选择，小到吃饭、穿衣、购物，大到人生规划。

女孩子在初中阶段、高中阶段都很爱美，我女儿也不例外。有时带女儿逛商场确实能发现一些样式独特、穿着得体、价格也很合适的衣裙。为此，我们经常与女儿讨论是否需要购置很多衣服。按照学校的规定，上学期间要求穿校服，只有假期与周末才有机会穿自己的衣服，越漂亮的衣服利用率越低，放置又会过时，多购置多浪费。情况说明后，把买与不买的选择权交给女儿，她通常比较理智，几乎不会出现过度消费的情况。

有研究发现更多的“选项”会带来“降低动力”的负面作用。也有研究者声称“当一个人面对更多充满吸引力的选项时，并不会感觉更好，只会感觉更焦虑”。有这样一个试验，把被试者分为两组，其中一组品尝 6 种果酱，另外一组品尝 24 种果酱，结果显示，尝过 6 种样品的被试者更有可能挑选出自己喜欢的。这就说明选择的机会越多，面临的困惑越多。

再者是从小缺乏训练。

还有一些人面对选择，瞻前顾后，犹豫不决，甚至产生选择恐惧症，也称选择困难症。什么样的人在选择时会困惑、会纠结呢？一般而言，缺乏自立意识、依赖性强、没有主见的人更容易这样。

我本人就比较缺乏自立意识，很多事情不敢做主，即便去商场购物，也喜欢拉着先生，让他去拍板，我免受选择之难。有时刚付完钱就出现“选错了，真后悔”的感受。养成这种性格与我小时候没有机会参与家庭事务有很大的关系。

2018 年 12 月，我在徐州老家遇到一名与我有差不多经历的高中女生。她小时候父亲管得比较多，什么事都不让她插手，现在上高三了，时间紧，考试科目多，不知道如何分配时间。比如晚自习，一会儿做数学作业，一会儿做物理作业，一会儿做化学作业，4 小时一晃过去了，感觉什么也没做呢熄灯铃就响起来了，有时很焦虑，也很痛苦。

还有一个女孩子，是三年级的晶晶。有一天下午放学后，她告诉妈妈，晚上想给全家煮酸汤面吃。其实晶晶只是为了表现一下，渴望得到妈妈的表扬，可妈妈不明白孩子内心的真正诉求，只是不停地回应孩子“你太小了，你不行，你不会做，你做不好”。妈妈不放手，晶晶自然不高兴，生气，发脾气，与妈妈吵了一架，“都没有让我试一试，凭什么说我不行？”孩子从小得不到机会锻炼，等到我们认为可以让孩子做主的时候，孩子可能因为没有经验而紧张、害怕，遇到重大的人生抉择时自然也无法做出正确的选择。选择能力与其他所有的能力一样，是需要时间锻炼和培养的，也是日积月累的结果，并不是长大了自然就会有的。

2. 选择的倾向性

我认识的一位家长控制欲特别强，无论大事小事都要替孩子做主，禁止儿子出去打球，对接触的小伙伴也横加干涉。这位母亲只有一个心愿，就是按照她的要求，学习，学习，再学习。

马云有过这样的讲演：人工智能时代开启，100 年前的教育方法不适合现在的孩子，我们如果还是按照过去传统的办法教育孩子，就有问题了，机器肯定会更聪明，甚至比人类还聪明，这是没办法，我们没法和机器比，就好像没法和汽车比谁跑得快一样。如果我们继续让孩子躲在屋里背诵、做速算，他们以后肯定不好找工作。我们该怎样教育孩子？是应该换一种方式去教育了。

我认为马云先生说的换一种教育方式，其中就包含赋予孩子选择的权利。

（1）小学

孩子该上小学了，到底上哪所学校呢？在择校这个问题上，有一些家长比较困惑。分析家长的择校心理，盲目跟风者不在少数。有些家庭为了孩子上学购买学区房，以至于财务支出不堪重负，捉襟见肘。

且不说孩子对学校的适应性，即便选择了好学校，谁能保证就一定能遇到好老师呢？就算有了好学校、好老师，我们如果不配合，孩子的学习和成长也是要打折扣的。

有一天，在徐州至淄博的 G460 高铁上，我结识了一位师范大学主修古汉语的大四女生，她希望毕业后回到家乡，在小学或初中做一名好老师。

我夸她有志气，有目标，也充满好奇地问："你认为怎样才能成为一名好老师？"

她说：如果班上有同学上课不注意听讲，下课后我就让他到我办公室，然后，我必须很严厉地批评他，并让他承认，不好好上课犯了一个很大的错误。

我说：很大的错误，不好好上课就是犯错误吗？

她说：是的。

我问：除了批评，还有别的办法吗？

她说：我们学校的一个优秀教师就是这样介绍经验的，把差生叫到办公室，告诉他"你看某某某多么优秀，你看看你，怎么这么差？"

我说：噢，你觉得这是很好的处理办法？我觉得很蠢，被羞辱的学生没有了自信。你会采用这种方法吗？

她说：会的。

我问：你想过其他方法吗？

她说：没想过。

我问：你听说过《一个校长与四颗糖》的故事吗？

她说：没有。

我简单地介绍了这个故事：

一个校长看到两个小同学在打架，校长对打人的学生说："10 分钟后我在办公室等你。"这位动手打人的学生很快来到校长办公室，校长说："你是一个听话的学生，比我到办公室的时间还早，奖励你一颗糖。"校长接着说："我为什么让你来？"学生说："我打人了。"校长又奖励这个学生一颗糖，并且说："你是一个勇敢的学生，请问打人对吗？"学生说："打人不对"。"好！再奖励你一颗糖，因为你已经意识到自己的行为是不对的，下面应该怎么办？"学生说："我回去向那位同学道歉。"校长说："再奖励你一颗糖，因为你不仅知道自己错了，还知道如何改正错误。"这名同学高高兴兴地走出了校长办公室，并真诚地向那位同学道歉。

我问：你从这个故事中，听到了什么？

她说：校长批评学生打人是不对的，是错误的。

我说：噢，故事中的校长批评学生了吗？

她说：没有。

我说：是谁说这个学生错了？是校长吗？

她说：不是的，是学生自己。

我又问她：这个学生去校长办公室以前的感觉如何？

她说：紧张、害怕。

我说：学生离开办公室的时候感觉如何？

她说：轻松、快乐。

我说：你希望学生离开你的办公室时，也是轻松、快乐的吗？

她说：当然希望。

我说：好的，你拿过心理学三级证书，对一个小学生来说，什么是最重要的？

经过提醒与启发后，她说，自尊心与自信心才是最重要的。

我又问她：如果你是老师，是以批评学生为主，还是以鼓励学生为主？

她说：以鼓励为主。

我又问她：你认为上课时学生的哪些行为是你不能容忍的，而且你认为是一个很大的错误？

她说：学生睡觉，不注意听讲，乱做小动作。

我又说：噢，比如一个小同学上课睡觉了，你会怎么办？

她说：我会狠狠地批评他（她），让他（她）知道自己错了。

我又说：你有没有想过，一个小同学上课睡觉也许是生病了，也许是家里有事，晚上没休息好呢？

她说：我应该先了解孩子的情况。

我说：你有进步。还有别的办法吗？

她说：我摸摸这个学生的额头，看看是不是发热了。

我问：还有别的办法吗？

她说：哦，没有了。

我问：你有没有想过，自己要认真备课，认真准备教具教案，把学生的注意力吸引过来？

她说：以后我会想的，以前没有想过。

下车前，我还给她布置了作业：第一步，列出成为一名好老师的8个条件，从8个条件中找出3条自己认为最重要的条件；第二步，再找到让这3个条件成为现实的8种方法。这就是所谓的“838定律”。

838定律也适用于孩子的培养。比如一个身心健康自信快乐的孩子应具备哪些能力或者素质？这些能力中哪几种能力是最重要的？如何做才能培养这些能力？

我与这位女生交流了很多，深深地为她未来的学生担忧，谁能保证自己的孩子遇到的老师不是这样的呢？

曾有一所实验小学的校长告诉我，他们学校有少部分老师不认真教学，敷衍应付。但老师作为家长也希望自己的孩子遇到认真负责的好老师，凭什么你们对别人家的孩子不认真，却希望自家的孩子能遇到认真负责的好老师呢？好老师不是你不是他，好老师在哪里？校长还说，有少部分老师只对成绩好的学生负责，如果老师都不能平等地对待所有的学生，老师的孩子如何能健康快乐地成长？如果不是校长亲口告诉我，我是不会相信的。

还有一个帖子。某小学班主任说有些家长会要求老师多照顾他们的孩子，老师肯定会去做，但不一定都照顾周全，但是不尊重老师的家庭，那是一定不会照顾的。想要影响某个孩子，就不搭理他。三次打招呼都不理他，他一辈子都会有阴影。想惩治哪个孩子也简单，当众狠狠地训他一顿，就能让他变得有点自闭。

这几个案例也许有点偏颇，很多老师都很有爱心，非常敬业。然而，毕竟有一些客观的原因，比如学生太多没办法兼顾等，也确确实实存在极少数不负责任的老师。

每个家长都希望为自己的孩子选择一所好学校，但好的标准是什么？择校的目的是什么？孩子在学校应该得到哪方面的成长？这应该是我们需要认真思考的问题。

我觉得，无论在哪所学校，都不能忽视家长的作用。我们当初在小学阶段并没有为孩子选择更好的学校而过多地劳心费神。也有几个孩子被送到离学校最近的一所英语、体育、音乐特别强的重点小学，名气比矿大子弟小学大多了。虽然当时子弟小学的教学水平不算高，但一点也不影响我的选择。

为了就读矿大子弟小学，我还提前动员不少与女儿同龄孩子的家长把孩子留下来就近入学。早上不用急着出门，也不影响上班。选择子弟小学的一个重要原因，是我相信自己有能力配合老师教育孩子，让孩子更有自信心。

我记得女儿还没进入小学，就有二年级的一位家长鼓动我去找校长。

我问：怎么啦？

她加重语气说：被我们这一届淘汰的一个老师，给你们的孩子当数学老师。

我好奇地问：你们为什么不要她？

她得意地说：她教语文，效果特别差，是被我们家长赶下讲台的！

我很镇定地说：是这样啊，我不同意找校长，也许她的数学教得不错呢。

这位家长继续加重语气：这个老师是中专学历，水平很差的。

即便如此，都没有动摇我的信念。毕竟只是小学一年级的数学，而且语文完全不同于数学，相信女儿在任何老师名下都能学好。

这个老师受过打击，她的教学态度格外认真，她是一位很有个性的数学老师，我特别欣赏她采用的启发式教学法，不让孩子死学。她敢于让先做完作业又不大声喧哗的学生到楼下去玩，而不顾一些家长与老师的反对。我女儿特别喜欢这位老师，因为她做作业的速度快，每天都有机会在上课的时候到楼下玩一会儿。一年级两个班，我女儿所在班的数学成绩更好。

更有趣的是那几个被送到外校的孩子，二三年级又陆续转回来跟班学习。这几个孩子的成绩并不出色，家长很后悔把孩子送出去，早上送，下午接，大人孩子都折腾。在校内上学就方便多了，步行十几分钟就能到学校。

我亲戚的一个孩子，出生时比较瘦弱，父母没少操心。眼看快要上小学了，胆子依然比较小，连独自滑滑梯的勇气都没有。滑梯的高度只有一米多，有时好不容易排队爬上去了，孩子却站在上面不敢往下滑。

这样的孩子应该上哪所学校呢？

他们家周围有两所小学，其中一所是普通小学，离家更近一些，打开自家的窗户就能看到操场。这所学校的教学理念比较先进，学生作业少，体育课和课外活动多，跑步、做操、跳绳、踢毽子。每班学生 30 名左右，相对来说老师更能照顾到每个孩子。

另外一所是区重点小学，孩子的妈妈、舅舅都是这里毕业的。教学设施好，纪律严明，学习抓得紧，每天都有做不完的作业，玩的时间就少了很多。每个年级 6 个班，每班 60 多名学生，老师很难照顾到每一个学生。

如果上学离家近，中午就能回家吃饭、睡午觉，还有安全感，家长可以经常与老师沟通，分分钟就能了解孩子的状态。

反复权衡之后，他们选择了这所普通小学，理由是：小学阶段，学习成绩不是第一个要考虑的因素，增强孩子的胆量和自信心更重要。蔡元培先生在《中国人的修养》一书中说决定孩子一生的不是学习成绩，而是健全的人格修养！

怎么培养孩子的胆量？一种办法就是鼓励她做班干部，为同学们服务。孩子进入小学后先当课代表，后来竞选小队长、中队长、班长。为了保证每天有更多的时间陪伴孩子，及时了解孩子的状态，妈妈还调整了工作岗位，经常陪孩子参加体育锻炼，外出旅游，陪孩子大量阅读课外书等。整个小学阶段，孩子的表现非常好，家长鼓励、老师夸奖、同学羡慕，慢慢地孩子的自信心得到了极大的提升，身体也越来越强壮。

由于环境宽松，这孩子中考时充分发挥了自己的水平，获得全市裸分第一，含体育成绩全市第二，含民族地区学生加分则名列全市第三的好成绩，成为排名靠前的几所重点中学争抢的对象，有的中学不惜拿出几万元作为奖励，并许诺提供最好的培养方案。经过反复斟酌与权衡，父母尊重孩子的意愿，选择了孩子心仪已久的一所重点高中。

阿宁父母都是大学教授，爸爸还是一所大学的校长。当年阿宁该上小学的时候，父母并没有把她送进条件好的子弟学校。该小学的校长和老师都是爸爸单位的职工，照顾这个宝贝女儿没有任何问题，可是阿宁的父亲偏偏不这样做，反而挑选了一所离家比较近的打工子弟学校，让女儿每天走读。阿宁的父母告诉我们，当初选择这个学校的目的就是想让孩子结识那些家境贫寒的孩子，了解他们的生活状态，引导她去关心那些各方面条件都不如她的同学，磨炼她的意志。他们要求自己的女儿不能在同学面前炫耀自家的房子、父母的地位和家庭收入，也不能衣着打扮搞特殊，结果阿宁的衣着很简朴，与其他孩子一样，头发剪得短短的，像小男孩一样。因为成绩优异，她北大毕业后又在美国获得了硕士学位。

我与这个女孩子接触过几次，她谈吐文雅，知书达理，阳光平和，穿着朴素大方。我问她怎么看待小学阶段的经历，她说非常感谢父母让她有那么一段宝贵的时光，与普通人家的孩子共同生活 6 年，了解到很多人的生活十分不易，这对她的为人处事和生活态度的影响都挺大的。

我非常佩服阿宁的父母，打工子弟学校是他们为孩子的成长做出的最明智的选择。

如果您家就住在重点学校的附近，恭喜您和孩子。如果您没有机会住在理想的学区，您也犯不着为此而苦恼。因为孩子的成长是一生的事，不是一所学校、一个老师就能决定的。很多家长总是焦虑，如何在小学阶段给孩子打好学习的基础，其实，这个时候仅仅培养孩子的智商是不够的。人际关系大师约翰·戈特曼在《培养高情商的孩子》一书中写道：高情商孩子更健康，有着更优异的学习成绩，更懂得约束自己的行为，艰难的时刻，更懂得安慰自己。

（2）初中

小学毕业，该在哪所学校读初中？这是我们面临的第二次重要选择。当年的矿大附中，仍然不能令家长满意。虽然大部分老师都有大学文凭，这在当时还是很少见的优质师资，但附中的教学水平比较差。前几届的小学毕业生家长，各显神通，各找门路，把孩子分别送到管道中学、徐州一中、徐州三中或徐州四中。与我女儿同届的几个学生家长已经计划把孩子送到上述学校读初中了，我女儿怎么办？舍近求远？心有不甘。我就提前鼓动比我们孩子高一届的家长，说服他们把孩子留在附中。当时附中刚刚换了校长，我与她私下交流过，鼓动她去小学做家长的工作。她许诺给初中一年级配备最好的老师，老师不够就继续招，目的只有一个，尽量把老师的孩子留在附中读书。经过各方动员，多方努力，很多家长也形成共识，既然有这么多大学毕业的老师，怎么会教不好自己的子弟呢？结果留住了 90% 以上的学生，我女儿也实现了就近读书的心愿。为了减少上学路途的往返时间，让女儿早上多睡一会儿，我们毅然放弃了购置新房的机会。实践证明，同样的学校、同样的老师，教出的孩子却很优秀，女儿上一届与这届学生初中毕业时，有的考进省内重点高中，如苏州中学、南京师范大学附属中学等，有的成为全市中考状元。再后来，附中培养出来的孩子先后被美国的哈佛、耶鲁、斯坦福、康奈尔等常春藤大学以及国内的清华、北大录取，矿大附中也因此升格为省重点中学（初中），成为徐州人向往的名牌学校。

（3）初二转学

初二下学期到清华附中是我们面临的第三次选择，也是一次有风险并且重要的选择。根据当时的学籍管理政策，女儿虽然能随爸爸到清华上初中，但初三毕业时却无法保证在北京上高中，如果不能在北京上高中，只能重新回到户籍所在地上高中。我们把这种可能的风险给女儿说清楚后，她说想到矿大从小一起长大的同学们，想到在北京将要面对的挑战和压力，内心也忐忑不安。但她仍然愿意到北京去闯一闯，而且在她的随笔中有两次提到为自己的选择负责任。第一次是离开矿大附中前（3 月 10 日）“……在这里，我有那么多朋友，那么多尊敬的老师。离开这里，就像离开一位朝夕相处的知己，真的不忍。况且，那边人生地不熟，有什么话也找不到倾诉的对象。物理课的内容编排很不同，意味着我需要去补很多的内容，迎接我的将是一个我遇到的最厉害的挑战。我能胜吗？去和那些从小就见过大世面的北京同龄人争一席之地吗？我真感到没有头绪。但是，这条路是我自己选择的，我，会，而且必须，为自己的选择负责。”语文老师还有批语：“选择是一个痛苦的过程，也是一种考验，相信你的选择不会错！”第二次是来到清华附中入读初二（7）班的第一天（4月2日）“……目前，我仍不能全身心地融入这个环境，总想着矿大，什么时候都在想。我知道，我必须赶快适应这里，因为这是我自己的选择，我必须对它负责。”

（4）高中

在哪所学校上高中？这是我们面临的第四次重要选择。初三下学期，学校动员学生留在本校读高中，并开放100个免费名额，不用考试直接在本校高中部就读，我女儿的名字也在名单之列。清华附中是一所很有影响力的中学，但仍然没有人大附中的名气大，为此，女儿犹豫了一段时间。我们充分讨论了两个学校的优势、劣势。论环境，更熟悉清华；论每天上学放学的通行距离与时间，清华更近，费时更少，当初我们买房子就是围绕清华3～5公里半径范围内选择的；论学生竞争力，清华稍弱，但也差不到哪里去；还有中考，清华附中不需要考试，没有压力，人大附中必须参加全市统考等等。最终女儿自己做主，选择了清华附中。

（5）大学

是出国还是在国内上大学？这是我们面临的第五次重要选择。像所有高中生的父母一样，我们最关心的就是高中3年后的去向。孩子小的时候，我们确实也想过，希望女儿有机会出国接受尽可能好的教育。现在，高考一天天临近，这个问题已经不再遥远，而是变得非常实际了。有一天当女儿提出希望有机会出国学习时，我们很痛快地答应了，但是提出了两个条件：一是要有奖学金，因为我们没有能力支持她自费留学；二是申请留学的全部工作需要自己完成，不能找中介。虽然我们两人都没有长期出国生活的经历，对国外大学的情况知之不多，但我们理解和支持孩子，尽一切所能做好后勤工作。

申请过程分两个阶段，一是提前申请（early action，又叫“早申”），二是常规申请（regular action），所有材料都是女儿自己准备的。

“早申”很顺利，2005年12月17日，下午6点半左右，女儿放学回到家，仍旧像平常一样，打开邮箱，查看邮件。几分钟后，她低声喊道：“爸爸，我被耶鲁录取了！我被录取了！全额奖学金！”太棒了！太令人振奋了！对我们来说，这真是一个天大的好消息！当时我正在廊坊出差。

在接到耶鲁大学的正式录取通知书之前，女儿又给哈佛大学寄出了常规申请所需的全部材料。哈佛大学一向比较“牛”，据了解，该校比较看重申请者递交申请材料的“时间”，若递交的时间比较靠后，申请者就很可能“没有机会”了，因此我们就选在耶鲁大学发布“提前录取”通知之前的 12 月初寄出了申请材料，也就是说在“提前录取学校”还没有给出结果之前就把申请材料寄了出去。

第二年即 2006 年 2 月底，女儿接到哈佛大学面试通知时，已经收到耶鲁大学的正式录取通知了。究竟怎样准备哈佛大学安排的这次面试？这次面试有没有意义？女儿能否被哈佛大学录取？假如哈佛大学也寄来录取通知并提供奖学金，该选择哪一所学校呢？（说明：我女儿申请美国大学的那一年，即便被“早申”的学校录取了，也允许选择常规录取的学校就读。而现在的情况则不同，申请者一旦被“提前录取学校”正式通知录取，就必须前往这所学校，是没有机会选择其他学校的）。现在的新规定是美国常春藤大学联合另外几所顶尖大学共同做出的，目的是减少不必要的重复性工作，更快捷准确地统计各大学的“提前录取”结果和新生实际注册报到的“实到率”，这个“实到率”就是被该校录取的学生中最终注册的比例。

那一年哈佛在中国安排面试的学生数量比较少，最终只录取了几名新生，包括我女儿。当第一位面试官知道我女儿已经被耶鲁大学“提前录取”时，竟然不知道如何处理，只得交给面试总代表，为此我女儿获得了两次面试机会。哈佛总代表与我女儿聊了一个上午，对她的沟通能力和实力非常欣赏，当场表示希望我女儿能够选择哈佛。2006 年 4 月，我们收到了哈佛大学的正式录取通知（提供全额奖学金），包括邮件通知和书面通知。在哈佛大学书面通知的下方有一行手写体文字“Hope you will join us（希望你到我们学校）！”考虑到“提前录取”的学校是耶鲁，还考虑到耶鲁大学历史专业的厚重实力与影响力，在其他人都认为应该选择哈佛的时候，女儿毅然选择入读耶鲁。

女儿在接到耶鲁、哈佛两所名校的录取通知后，仍然不露声色地坚持跟班上课，也参加了高考，超出当年一本线 100 多分，还得到清华大学 30 分的加分。她一直很低调，也非常冷静，因为她知道，这些成绩和荣誉并不能代表一切，更不能代表永远，被名校录取只能说她站在了更高的舞台上，面对更优秀的一群人，挑战更多。对此，我们很欣慰。

美国前总统奥巴马及其妻子均毕业于哈佛大学，但他们并不苛求女儿也像他们一样必须进名校。米歇尔在接受采访时说：“我告诉女儿的唯一的事情是，希望她们不要基于学校的名气做选择。我不想让她们觉得：哦，我应该去这些顶尖学校。我们生活的国家有成千上万很棒的大学，所以，问题在于，什么样的大学适合你？”奥巴马夫妇曾陪着大女儿玛利亚参观了 6 所不同的学校，最终把决定权交给女儿，尊重女儿自己的选择。2017 年，玛利亚最终选择了哈佛，成了爸妈的校友。

在很多情况下，最好的教育其实就是尊重孩子的选择。尊重孩子的选择，就等于激发了孩子的兴趣。人一旦有了兴趣，不需要别人去要求，就能激情满怀地把事情做好，那学习就更不是问题了。

（6）工作

四年大学如期毕业，是继续深造还是工作？这是我女儿面临的第六次重要选择。毕业前夕，她已经收到几所大学法学院的录取通知，同时还收到 3 所私立学校的 offer（聘书）。这些百年私立学校通常很少直接招聘本科毕业生，却给我女儿提供了当中文老师、历史老师的正式职位。与未来当律师相比，她更喜欢当一名老师，经过权衡与比较，遵从自己内心的意愿，女儿选择去一所私立学校当老师。

（7）回国

在美国工作了几年之后，是回国还是继续留在国外？这是女儿面临的第七次重要选择。在新的选择面前，她有自己独立的思考，继续遵从内心的意愿，毅然放弃了美国的教职，勇敢地回来了。

一次又一次的选择，一次又一次的历练。生活在继续，选择在继续，成长也在继续。女儿对自己的选择从来没有后悔过，不论别人怎么看，她坚持走自己的路。我们对女儿的支持也是一贯的，对她个人权利的尊重与保护是持久的，她的选择权永远在她自己手里。我们有建议权，我们的建议是否被采纳就不是我们考虑的范畴了，她的快乐才是我们不变的原则。

有了目标，有了选择的自主性，心情就是轻松快乐的。

任何选择都有两面性，有利有弊，有得有失，不能患得患失。做出选择后不要总回头，也不要纠结、懊悔。没有完美的选择，所有结果都在于个人的努力。既然选择了，就要踏踏实实地往前走。就像我们全家到北京，当初的选择主要是为了孩子成长，对我们两个 40 多岁的中年人来说前景如何，心里是没底的，但我们仍然勇敢地做出了选择。

2018 年，我的外甥高考成绩优异，是我们当地的理科状元。在填报高考志愿时，他的目标很明确，只选法学与经济学两个专业。当几所名牌大学争着要录取他时，他心中没有任何纠结，终因志向坚定被清华大学法学院录取。之所以能够做出这样坚定的选择，是因为孩子的目标明确，孩子与家长相互尊重，家长能够接受孩子的选择。

3. 选择的技巧

社会心理学家巴里 • 施瓦茨（Barry Schwartz）在其专著《选择的悖论》中明确说明，人们在做选择时，往往希望遵循“效用最大化”原理，也就是说，人们希望自己所做的选择，是所有选项中对自己最为有利的。然而，实际的情况很难达到这样的目标。我们都希望集所有优点和爱好于自己孩子一身。不论我们的心愿多么强烈，都不得不面对现实的矛盾与冲突，需要基于时间、经济状况、兴趣、学习能力等情况做出取舍。

选择有什么技巧吗？可以对要选择的项目进行量化打分，最后选择打分高的。比如练书法、学演讲、拉小提琴三种兴趣班，最多选两种或者一种时，对每个因素进行排序，并赋予权重，如老师水平、收费高低、难易程度、个人喜好、距离远近、机构名声等，排在第一位的因素权重占 20%，第二位的 15%，第三位占 10%，以此类推，按照权重计算总分，得分最高的就是我们正确的选择。当然，每个人看重的因素不一样，选择的结果也就不一样。只要尊重孩子的意愿，就算闭上眼睛任意选择，也不会错。因为不管选哪个，都对孩子的成长有帮助，都能锻炼孩子的内在素质。

仅仅凭技巧进行选择是远远不够的，还要结合孩子的年龄、实际情况等。只要目标清晰，方向明确，选择时就不会犹豫，更不会产生选择恐惧，如果没有目的地，怎么知道哪一条路更便捷呢。选择饥渴示意图如图 3-24 所示。

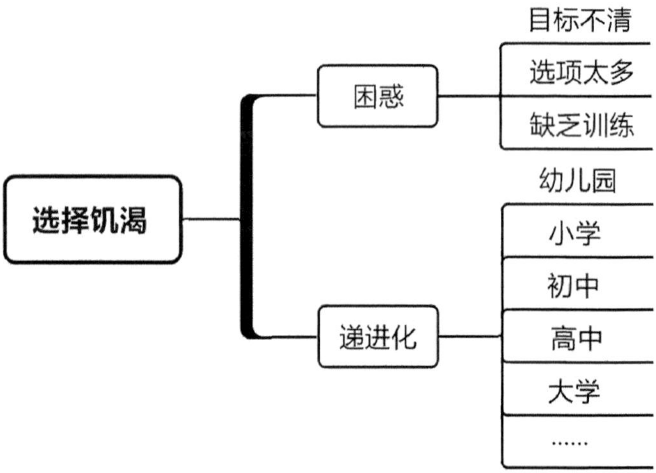

图 3-24 选择饥渴

七、陪伴饥渴

1. 陪伴之美

陪伴就是陪同、做伴的意思。

吃饭时有人陪伴——吃得香！

睡觉时有人陪伴——睡得沉！

生病时有人陪伴——好得快！

看医生有人陪伴——不恐惧！

走夜路有人陪伴——不害怕！

逛商店有人陪伴——不孤单！

玩耍时有人陪伴——玩得欢！

读书时有人陪伴——兴趣浓！

有人陪伴的日子是温馨的，有人陪伴的时光是温暖的，有人陪伴的时刻是美好的。人是群居动物，天生就害怕孤独。母婴分离的那一刻，婴儿以啼哭示人，他不愿意从母体中分离。我母亲说，刚刚出生的孩子的哭不是哭，而是在说“苦”，因为每个人的一生都不是一帆风顺的。家长对孩子的陪伴是世界上最重要的事，每个孩子都需要父母的陪伴，一切的爱都基于陪伴！这是很多人曾有过的体验，也是很多人渴望得到的体验。

女儿还不到 2 岁的时候，有一天感冒发烧了，持续高温降不下来，不得不到校医院打点滴。同时打点滴的还有一位女学生，正读大二，是家里的独生女，从小家境还不错，父母都有很好的工作，在吃穿方面没有被亏待过，但她却不停地抱怨父母非常不负责任。在她小的时候，父母从来没有为她的成长做过什么努力，没有陪她参加过任何提升内在素质的特长班，也没有陪她参加课堂以外的课外活动，没有引导她培养任何一项业余爱好，除了上学就是上学。她的同班同学中有弹琴的，有唱歌的，有练习书法的，有画画的，只有她什么也没学过，什么也不会。小时候，她本人没有太多意识，没有主动要求过，父母也从来没有主动征求过她的意见。上了大学以后，有一些自发组织的社团，也经常有以班级、院系、年级为单位组织的活动，也有针对国庆、校庆或者重要节日以及其他需要展示个人才艺的活动，每当看到参与活动的同学洋溢着快乐的笑脸，羡慕之余，她总有一种无法参与的失落感。基于我个人的成长经历，当时，我能感受到这位女学生的心情。

除了安慰，我没有说别的，但这位女学生的话，对我却是一种警醒，也让我有更多的思考；作为家长，我要如何陪伴一天天长大的女儿，让她健康快乐地成长？要如何陪伴才能成为孩子成长过程中最重要的那个人呢？

陪伴就是创造机会让一家人在一起。“三只蝴蝶”是我们的家歌，我们是这么唱的，也是这么做的。不论是每天晚饭后出去散步，还是在周末时间踏车周游徐州市区及周边的山山水水，或者寒暑假回家探亲、游览风景名胜，三个人总是结伴而行。女儿小的时候，我们生活在校园里，比起现在的年轻父母，我们有更多的时间。正因为有这些条件，我和先生总是想方设法陪女儿玩耍，满足女儿的愿望。女儿两岁多的一天晚上，我正在洗碗不想出门，希望先生单独陪女儿出去转一圈。女儿无论如何不愿意，一边拉我的衣角一边说着：“妈妈也要出去溜达溜达，回来洗碗。”我就放下正在做的事情，陪女儿出去玩。现在的许多家庭虽然没有我们那时的便利条件，但我相信只要家长有心，一定能够找到与孩子共处的时间，即便时间不是很长。

陪伴不是无时无刻地盯着孩子，也不是无时无刻地与孩子缠在一起，孩子也有自己独立的生活空间！很多时候，孩子需要一个既能看到父母又能独处的安静环境。很多家长也许已经观察到了，只要孩子知道父母在家，知道父母的情绪是沉稳的、平和的，孩子就能安安静静地独自玩耍，玩的时候也非常专心。

我女儿是我们自己带大的，她在家里经常一个人做自己的事情，有时搭积木、剪纸、折纸，有时看书、做作业，有时练琴、练书法、绘画，不希望我们打扰，除非她自己搞不定时才会求助我们。对女儿而言，她并不在意我们在家做什么，是洗衣服、做饭、做家务，还是忙别的事情，只要能感知到我们在家就行。很多人应该记得，小时候父母干活自己在旁边玩耍的场景吧。只要父母不匆忙，只要能远远地看见父母，小孩子总是很乖巧的，总能满怀欢喜地做自己的事情。这种快乐的场景刻印在我们脑海中，成年后仍然记忆犹新。

《孩子的成长，妈妈的修行》一书中说，孩子自己玩耍，父母在一旁做自己的工作，这是一种非常重要又常常被家长忽略的高质量陪伴。

只要父母的状态好，孩子的感觉都是美美的，因为这个时候，孩子是踏实的，是有安全感的，这就是温馨的陪伴，是体现爱的陪伴。

我特别欣慰，有一次我的一个朋友转述了他与我女儿之间的对话。

朋友问我女儿："你与爸爸妈妈的关系，哪个更近？"

我女儿说："" 都很好，但感觉与爸爸相处更轻松一些。

朋友又问我女儿："当你有事情的时候，更愿意找谁倾诉？"

我女儿回答："更愿意找我妈妈，她喜欢换位思考，总能帮助我打开心结。"

还有一次，我女儿曾向她的一位同事说："妈妈是我的知心朋友，她非常尊重我的需要，并愿意贡献她的建议与时间。"

感谢女儿对我们的信任，感谢女儿把我们当成知心朋友，感谢女儿愿意让我们陪伴她。很多时候孩子需要的并不是奢华的物质，而是困难时父母的理解，挫折时父母的鼓励，成功时父母的欣赏，成长过程中父母的引领。

2. 陪伴的质量

据了解，有人研究哪些因素促使孩子在学习能力测试上得高分。智商、社会条件、经济地位都不及一个更微妙的因素重要，那就是，得高分的所有孩子都有父母高质量的陪伴。

家长高质量的陪伴能够满足孩子的精神需求，即在精神层面得到最大程度的满足，拥有成长的热情以及持续高涨的自主学习动力，从而达到生命自觉，实现发自内心的自我追求。

反之，如果家长给予低质量的陪伴，孩子在精神层面的感受将是极度空虚的，并备受煎熬，而没有追求的日子，无疑就是浪费生命。

高质量的陪伴不在于相处的时间长短，即便时间很长，如果是人在心不在，这种陪伴也是没有意义的。陪伴的质量在于与孩子在一起的相处方式，在于与孩子在一起时做了什么，说了什么。表达了什么。

陪伴过程也是建立信任感的过程。如果家长不自信，对自己没有足够的把握，不敢信任孩子，剩下的只有担心了；有的家长希望通过控制孩子的行为来显示自己的权威，很容易造成与孩子关系的紧张；还有些家长总是给孩子提出过高的要求，持续破坏孩子的自信。这些都不是真正的陪伴。

2018 年 6 月，曾有一位做幼儿园老师的家长在微信上告诉我：8 岁的女儿总是在客人面前表现得非常任性，说什么都不听，还顶嘴，大家聚餐时非得坐正中间的座位，不让她坐就生气摔门。平时吃饭时还玩手机、看电视，多喊几次她干脆不吃饭就上床睡觉去了。在爷爷奶奶面前无论怎样喊她写作业，都是说再等一会儿。我很烦躁，越来越烦她，经常忍不住就揍她。可以设想一下，一个 8 岁的女孩整天生活在妈妈的严格管教下，两耳充满抱怨、指责，在这样的陪伴下会怎样成长呢？孩子与父母之间又怎能和谐、亲密相处呢？

2017 年 5 月，我接触了一位希望儿子给她争面子的妈妈，这位妈妈处处限制孩子的行为，不能打球，不能出去玩，不能随便交朋友，只能在家做作业，到学校上课，妈妈惯用的方法就是管制，管来管去，上小学时孩子成绩还不错，到了初中，成绩越来越差。这种陪伴也是没有质量的。

2018 年 7 月，我看到一个对比实验“被欺负的植物”。两盆几乎相同的植物，并排放置在同样的环境下，除接收的语言信息不同外，其他安排没有任何差别，浇水，施肥，晒太阳，待遇完全一样。每天都特意安排两组学生，一组学生用温柔的语言赞美一盆植物，另一组学生则用恶毒的语言攻击另一盆植物，比如“你一点用处都没有！”“没人喜欢你！”“你的存在就是一个错误！”“你长得一点都不绿！”“你显得毫无生气！”

30 天后，被赞美的那盆植物长得健康茂盛，叶片挺阔并向上伸展，给人一种欣欣向荣、精神焕发的感觉；被攻击的那盆植物则长得萎缩、矮小，叶子卷曲下垂，给人一种萎靡不振、无精打采的感觉。

植物如此，水也如此！

日本科学家江本胜博士的专著《水知道答案》自出版以来，震惊并影响着全世界。他所做的实验是：把水装在两个相同的杯子里，放在相同的环境中，听到“爱”与“感谢”的水，其结晶呈现出完整美丽的六角形；听到“浑蛋”“讨厌”等被咒骂、被嫌弃的水，几乎不能形成结晶，样子有点“狰狞”。听优美音乐的水的结晶犹如百花盛开、丰富多彩；听嘈杂噪音的水的结晶则形象扭曲、杂乱无章。虽有人对此提出异议，但我愿意相信实验的真实性。

植物能听，植物能看，植物知道生命的答案。

水能听，水能看，水也知道生命的答案。

我们从植物的状态与水的结晶现象能得到什么启发呢？

古人云：人非草木，孰能无情？植物、水尚且有感知，能够分辨好坏，更何况有血有肉、内心极其敏感和脆弱的孩子呢！如果我们像对待两盆植物、两杯水那样也对孩子做这样的实验，结果会怎样呢？

如果家里只有一个孩子，请分别做以下两组试验：

第一组试验：父母每天指责、抱怨，用恶毒的语言攻击孩子。

第二组试验，父母每天用赞美的语言欣赏鼓励孩子。

每组试验 30 天，每天 10 ～ 15 分钟，观察并记录孩子的状态。

如果家里有两个孩子，对其中一个孩子说欣赏鼓励的话，对另外一个孩子说讽刺挖苦的话，天天如此，实验时间同样是一个月，每天 10 ～ 15 分钟。然后观察并记录两个孩子的情绪、状态。

哪位家长愿意做这种试验呢？

我相信一定不会有家长愿意这样刻意地去做这种对比试验的，然而，令人不可思议的是，很多家长有意或无意地每天都在做着这样的试验（可以理解为就是这样的生活状态），何止是 30 天，也许是每月 30 天，每年 12 个月，几年十几年重复同样的场景和故事，鼓励表扬少、批评抱怨多，一旦孩子的表现不符合家长的要求，家长就把责任全部归罪到孩子身上，而不是从自身找原因。如果每天都是这样陪伴孩子，陪伴时间越长，对孩子的身心伤害就越大，还不如父母不在家或少管和不管呢！我曾听一个父母常年在外打工的孩子阿昊说：“爸爸妈妈不是唠叨‘我们打工还不是为你好’‘你一点都不努力’‘考这样的成绩对得起谁呀’‘你真让我们伤心’，就是在我的考试分数达不到要求时，在电话里骂我，每年春节除了挨骂还要挨打，还不如他们不回家过年呢”。

父母与子女总要分离，孩子与父母形成良好的沟通关系才是真正的陪伴，也就是说真正的陪伴能够让孩子时时刻刻感受到父母的存在，这种存在不因物理距离而改变，更多是心理上的心灵感应。

有一位上初中的女孩子阿雪，父母也是常年在外打工，因为打工的地方离城区比较远，上学不方便，权衡再三，不得不把孩子放在老家由孩子的爷爷奶奶照看。孩子常年不在身边，又想保持良好的亲子关系，父母就隔三岔五打视频电话。在电话中不提成绩，只关心孩子的生活状况，包括身体怎么样？经常玩耍的好朋友有哪些？如何与好朋友相处？本周做了哪些家务？是如何照顾爷爷奶奶的？然后再有针对性地夸奖孩子“你真懂事”“太省心了”“这么大度”“真有爱心”等等，毫不吝惜夸奖的语言。虽然父母与孩子不能天天见面，但阿雪说不管父母在哪里，她都能时时刻刻感受到父母的关心、理解与支持。他们的心灵是相通的，孩子的心是富足的。这个女孩子不仅积极努力，成绩优异，还非常懂事，体贴父母，每次过完春节，父母再出门时，孩子与父母总是相互说着关心的话，恋恋不舍，依依惜别。孩子与父母如果心不在一起，只是每天机械地待在一起，又有什么意义呢？

真正的陪伴不是坐在孩子的书桌边，而是了解孩子的状态，觉察孩子行为背后的心理需求，能够“看见”孩子的每一次努力，每一点进步。比如这一次语文小测验得 80 分，比上一次测验 76 分高出 4 分，我们应该看到并告诉孩子为此付出的努力，让孩子体会到付出努力后的成就感。

只要用心陪伴，时间的长短并不是最关键的。只有了解孩子，陪伴才是有质量的。没有问题孩子，也没有优秀孩子，只有越来越优秀的孩子。只要我们用心陪伴，每个孩子都会越来越优秀。

3. 陪伴体现家的温馨

说到陪伴，我算了一笔账。假如我们每天平均与孩子相处 2 小时，1 年 365 天，分配给孩子的时间就是 365×2 = 730 小时。同样是 1 年 365 天，而一位优秀的班主任，每年分配给每个孩子的时间是多少呢？1 年上课 210 天，每天带班 2 小时，若全班 50 名同学，每年分配给一个孩子的时间最多可以达到 210×2÷50 = 8.4 小时，前者是后者的 80 多倍。除去寒暑假，除去节假日，除去上课时间，孩子待在学校的时间，以小时计算仅为所有时间的六分之一，六分之五的时间都是在家里度过的。初中毕业的孩子大多 15 岁（在校 9 年），高中毕业的孩子大多 18 岁 (在校 12 年)，如果我们好好利用它，日积月累，15 ～ 18 年的用心陪伴，该是一笔多大的财富。

我们一家生活在校园里，各有各的事情，白天上班上课，晚上有时还要加班，女儿上学，一家三口不可能时时在一起。但我和先生的目标一致，不考虑物质条件，一直努力要为孩子创造温馨和谐的家庭环境，我们到底做了哪些呢？

（1）陪着吃饭

每日三餐，看起来是必然的行为，可在有些家庭，一家人一起吃饭都是非常奢侈的：很多家庭因孩子上学、家长工作，只有晚餐才有可能聚在一起。这个时间段谈什么，就变得异常重要了，心情好才会胃口大开，如果情绪不佳，很容易吃不下饭，影响肠胃功能。古语云“寝不言，食不语”，一般家庭很难做到吃饭时不说话。如果吃饭时不大笑、大哭，一般不会呛着孩子，当然说话者最好把嘴里的食物咽下去再说话。我们在饭桌上从来不批评孩子，也不在吃饭时询问成绩，我们更多关注如何让孩子吃得更快，吃得更香。吃饭过程也是培养孩子数字概念（可以称为“数感”）的好机会，还是建立规则的过程，包括饭前摆放碗筷、端饭菜，吃饭过程中不看电视不玩玩具，饭后收拾餐具等。

全家聚餐是陪伴孩子的良好时机，也是“海沃塔”时间。海沃塔是犹太精英家庭父母与孩子的聊天模式，这种聊天不是闲话家常，而是边吃边讨论各种问题，即有意识地在固定时间进行的头脑风暴。陪孩子吃饭，看起来事小，还挺有学问呢。

（2）陪着讲故事

睡前讲故事是我们与孩子之间的“必修课”，孩子听完故事会心满意足地进入梦乡，有爸爸妈妈的陪伴，睡觉真的很容易，也睡得很香。

（3）陪着锻炼

从婴儿期的抚触开始，不论是数九严寒的冬季，还是酷热当头的三伏天，我们总是尽可能地创造机会全家一起玩耍，一起运动，一起外出，一起郊游。有一年七月的一天，我们三人穿着短裤跑步，大汗淋漓，同事说“这样的季节，坐着都出汗，更不用说跑步了。你们三口人集体出动，坚持锻炼，真称得上是旷大一景了。”

（4）陪着做游戏

于我们而言，做游戏的地方、游戏的方式都比较灵活，有时就是随性而为。

更多的游戏是在家里进行的。20 世纪 80 年代末到 90 年代初，因为经济等原因，可买或买得起的玩具并不多，我们就训练孩子的动手能力，自制玩具。先从折纸开始，教她叠最简单的飞机、小船，然后逐渐增加难度、提高复杂程度，选择的原材料包括用过的作业本、纸板、火柴盒、树枝、鸡蛋壳、树根等废弃物，制作的玩具有小马、小飞机、滑稽人、小鹿拉车、蝴蝶、花孔雀、胖娃娃等。我先生曾用木头给女儿刻了一把小手枪，女儿就用这把木头手枪与我们玩好人抓坏人的游戏。先生还做了一杆秤，筷子作秤杆，塑料跳棋盒的圆盖作秤盘，小药瓶灌上沙石作秤砣。女儿特别喜欢这杆秤，她经常拿着这杆秤与我们一起玩卖菜卖货的游戏，女儿不分菜品、不分规格，每种菜的价格都是 3 角，超级便宜，她卖得开心，我们买得开心。我们经常与女儿开玩笑："这么便宜啊，你这样做生意太亏了。"我用玉米、大豆给孩子缝制沙包，地上画着不同形状的格子，两个人或者三个人分别站在各自的横框内，用沙包砸框中的人，然后框中的人极力躲闪，避免被沙包砸中。遇到下雨天或大冬天，没有办法在室外运动，考虑踢毽子的动静太大影响楼下邻居，我们就在家里顶气球，也能玩得不亦乐乎（图 3-25）。

图 3-25　陪伴女儿顶气球

2017 年 7 月，我们在伦敦度假，问女儿对小时候的哪个玩具印象最深，她说一是小秤，二是手枪，三是画在腕上的手表。

每个孩子都有自己喜欢的东西，男孩子和女孩子喜欢的东西往往也不一样。例如，我们给孩子买来了陆战棋，那是我先生中小学时代喜欢玩的一种游戏棋，对抗性很强，还需要有点谋略，女儿却一点也不感兴趣。黑乎乎的棋子，上面印着红色和黑色的字样，棋子本身已经不够吸引人了，还需要知道军阶的大小，女儿不感兴趣。相比之下，五颜六色的跳棋、黑白分明的五子棋均因为规则简单易学而受到女儿的喜爱。依靠扔骰子，俗称色子，决定行走步数的飞行棋也简单易学，很有趣味，我们三人也爱玩。

我们家最有趣的游戏莫过于拼天干地支了。每个人都有属相，有时候人们彼此见了面，往往不说自己是哪一年出生的，更喜欢报属相。女儿两三岁就知道自己属兔，是一只“小兔子”，爱吃萝卜青菜，至于为什么属兔，为什么她的属相和爸爸、妈妈的属相不一样呢，这就不清楚了。她问起属相问题的时候，已经5岁多了，当时已经认识1000多个字，会数200以内的阿拉伯数字。我先生认为玩天干地支游戏的时机成熟了，于是写下12个大字：子、丑、寅、卯、辰、巳、午、未、申、酉、戌、亥，按照祖先发明的年代记数法，每个字代表一个年份，这12个字合起来叫“地支”；然后又写下12种动物的名称：鼠、牛、虎、兔、龙、蛇、马、羊、猴、鸡、狗、猪，这是属相；每一年对应一种属相，12年一个循环，按照顺序排列就是：子鼠、丑牛、寅虎、卯兔、辰龙、巳蛇、午马、未羊、申猴、酉鸡、戌狗、亥猪。爸爸出生在“寅”年，他的属相就是“虎”，妈妈出生在“丑”年，属相就是“牛”，女儿知道自己属“兔”，很快就查到自己出生的1987年是“卯”年。每个小朋友以及所有大人的属相，就是由“地支”来决定的。人们还习惯于把地支对应的年份直接称之为属相年，如爸爸出生的“寅”年也称为虎年，妈妈出生的“丑”年也称为牛年。“我出生的卯年也称为兔年！”女儿反应挺快的，回答得也挺干脆。

我先生接着又写了10个大字：甲、乙、丙、丁、戊、己、庚、辛、壬、癸，老祖宗管这10个表示顺序的字叫“天干”。

将10个字的“天干”与12个字的“地支”分别进行组合搭配，会出现什么情况？我们剪了120块硬纸板，制作成120张卡片，每张卡片上都有一个表示天干或地支的字，共有6组天干60个字，5组地支60个字。把天干、地支分别按顺序排列，从“甲”和“子”组成“甲子”开始，然后依照次序进行搭配。第一组10个天干的字搭配完毕，地支还多出两个字，怎么办？再从第二组天干的第一个字“甲”开始依次进行搭配，顺序保持不变，周而复始。地支的12个字搭配完毕也从第二组地支的第一个字“子”开始，搭配的顺序也不变，也必须周而复始。第一轮，6组天干60个字与5组地支60个字全部搭配完成，共有60种搭配。如果按天干计算就是6组。从甲子开始，一直到癸亥结束。

第一组搭配就是“甲子”、“乙丑”、“丙寅”、“丁卯”、“戊辰”、“己巳”、“庚午”、“辛未”、“壬申”和“癸酉”。

第二组搭配就是“甲戌”、“乙亥”、“丙子”、“丁丑”、“戊寅”、“己卯”、“庚辰”、“辛巳”、“壬午”和“癸未”。

第三组搭配就是“甲申”、“乙酉”、“丙戌”、“丁亥”、“戊子”、“己丑”、“庚寅”、“辛卯”、“壬辰”和“癸巳”。

第四组搭配就是“甲午”、“乙未”、“丙申”、“丁酉”、“戊戌”、“己亥”、“庚子”、“辛丑”、“壬寅”和“癸卯”。

第五组搭配就是“甲辰”、“乙巳”、“丙午”、“丁未”、“戊申”、“己酉”、“庚戌”、“辛亥”、“壬子”和“癸丑”。

第六组搭配就是“甲寅”、“乙卯”、“丙辰”、“丁巳”、“戊午”、“己未”、“庚申”、“辛酉”、“壬戌”和“癸亥”。

接下来让女儿尝试玩这个游戏，小家伙不糊涂，经过60种搭配以后，发现“甲子”又出现了，又回到了“搭配”游戏开始的地方。我先生告诉女儿，老祖宗发明的这种纪年法就是按照天干和地支的上述搭配过程，周而复始地进行的。一种搭配代表一年，每隔60年，就要开始新一轮的记数，这就是人们常说的“60 年一甲子”，从“甲子”开始，经过 60 年就会回到“甲子”。

我先生问女儿：“这个游戏有没有意思？”

女儿回答：“有意思。”

我先生又问：“咱们再做一个游戏，今年是 1993 年，台历上显示今年是癸酉年，那么，你用卡片算算看，1987 年是什么年？”

女儿先用卡片摆好“癸酉”，采用倒推的方法，依次摆出了“壬申”、“辛未”、“庚午”、“己巳”、“戊辰”、“丁卯”、“丙寅”和“乙丑”。既然 1993 年是癸酉年，1992 年就是壬申年，1991 年就是辛未年，1990 年就是庚午年，1989 年就是己巳年，1988 年就是戊辰年，1987 年就是丁卯年。

“哈哈，我算出来了！爸爸，1987 年是丁卯年！”女儿的兴奋劲可想而知！

无论什么游戏，无论室内还是室外，只要有父母的陪伴，孩子都能玩得津津有味，甚至废寝忘食。

（5）陪着查地图

在女儿上小学三年级的时候我先生陪女儿做过一次游戏，查找“从武汉出发，如何脚不沾地，沿水路旅行到达海上，再沿水路返回武汉，条件是旅行的路线不许重复”。这是一道 20 世纪 60 年代全国高考地理试卷中的考题，是我先生读报时发现的。

这天晚上，我先生让女儿考虑怎么完成这道题。尽管在这之前，她已经学会查找地图，知道如何辨别行政区域、城市、公路、铁路，还有大海、湖泊和河流，但是如何顺着河流寻找行进路线，这还有点摸不着头脑，甚至觉得无从下手。我先生打开中国地图，先让女儿找到武汉市，又让女儿看看武汉的地理位置有什么特点。武汉地处中原腹地，是湖北省的省会城市，由武昌、汉口和汉阳组成，交通很发达，既有密密麻麻的铁路相连，又有众多的公路网；还有一个特点，那就是拥有发达的水路交通，乘船沿长江向西可以穿过三峡到达重庆，沿长江顺水东行则可以途经南京、上海，直抵东海。

按照这道地理题目的要求，从武汉出发脚不沾地的旅行，只能坐船。从武汉开始坐船旅行，人们最容易想到的路线有两条，一条是沿长江逆水西行，前往重庆；另一条就是沿长江顺水东行，进入大海。从地图上看，逆水西行到达重庆以后，地势越来越高，根本不可能顺着这个方向进入大海。那么，唯一可以选择的行进路线只能是顺水东行了。

我先生和女儿两人一块趴在地图上寻找可能的行船路线。坐船出长江口以后，因为题目不允许路线重复，就顺着东南海岸线寻找其他河流的入海口。从上海往北有位于山东东营附近的黄河河口、位于天津的海河河口、位于河北省东北部的滦河河口、位于盘锦和营口附近的辽河河口，再就是中朝交界处的鸭绿江口，这几个河流入海口都与武汉不沾边，显然不是所要找的入海口。

于是，我先生又引导女儿顺着东南沿海的海岸线寻找其他河流的入海口，依次找到位于杭州湾的钱塘江（富春江）入海口、位于温州湾的瓯江入海口、位于福州附近的闽江入海口，以及位于香港和澳门附近的珠江口。对于每一处河流入海口，都要从河口开始，逆流向上，看看对应的这条江河沿途流经哪些地方，河流从什么地方发源，哪条河流有可能与武汉相连接。就这样，父女两人排除了钱塘江、瓯江、闽江，剩下比较大的河流就是珠江了。

珠江水系包括东江、珠江、北江和西江等，其中西江是一条比较大的河流，沿河西进，经过肇庆、梧州，在广西石龙附近出现一条支流，即柳江，沿柳江北上，到达柳州，再沿着洛清江北上就到了“山水甲天下”的桂林，由桂林继续往北就是洛清江的源头了。就在桂林北偏东的方向可以看到醒目的蓝色斜体字“灵渠”，字体下方是蓝色的运河图案，运河两边相连的两处地名分别是广西大榕江和兴安，兴安是湘江源头的一座县城，由兴安乘船沿湘江顺流而下即可出广西、进湖南，抵达永州，再经过冷水滩、衡阳、株洲和湖南省会长沙，即可进人范仲淹描述的 800 里洞庭湖，洞庭湖是长江流域的一个重要湖泊，汇聚了湖南境内的湘江、资水、沅江、澧水，然后经岳阳进入长江。

由此就得到了这道地理题目的完整答案：乘船由武汉出发，沿长江顺流东下，经过南京、上海，进入东海；继续沿着中国的海岸线依次绕经浙江、福建、广东，来到珠江口；在珠江口地区的虎门（或横门，或磨刀门）溯江进入西江，逆水西行，经过肇庆、梧州、柳州，到达桂林；再通过灵渠进入湖南，经过冷水滩、衡阳、株洲、长沙，到达洞庭湖；最后经过岳阳出洞庭湖，进入长江，再沿长江顺流而下即可回到武汉。

这道题目的关键其实就是灵渠（图 3-26），没有这条跨越岭南山脉的运河，不可能完成脚不沾地、线路又不重复的水上旅行。早在 2000 多年前的秦朝，我们的祖先就开凿了灵渠，由此沟通了珠江水系和长江水系，有力地促进了当时对岭南地区的开发。

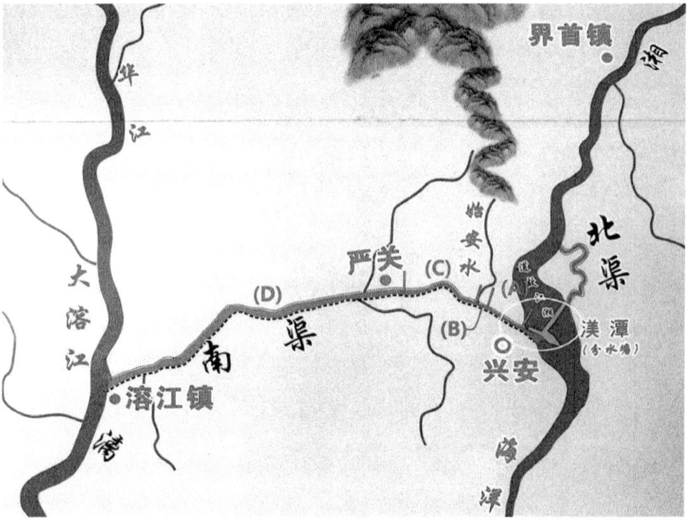

图 3-26　灵渠的位置

在做完这道题目后，有一天女儿问爸爸：“为什么从武汉出发一定要先到上海？能不能反过来先走湘江，通过灵渠进入西江，最后再从上海逆流西进，返回武汉呢？”我先生告诉她，当然可以，但是两种走法哪一种更好呢？先到上海的顺时针路线大部分路段都是顺流行船，走起来要容易一些；假如反过来选择先走湘江的逆时针路线，则大部分路段都要逆水行船，走起来困难较大。

通过这项练习，女儿在查阅地图方面有了新的收获，了解到我国大陆地区的地势特点是西高东低，众多河流几乎都是向东南方向流动的，还了解到我国平原主要分布在东北、华北和东南沿海地区。

通过查地图、查找地名，女儿知道了我们自己住在江苏省西北端的徐州市，姥姥家住在徐州市东边的铜山县，奶奶家住在内蒙古的包头市。就是因为有过这方面的“训练”，女儿比较早就基本掌握了中国各省的大致位置。有一次，幼儿园大一班上公开课，很多家长和其他班的老师现场观摩。主讲老师告诉同学们，从地图上看，中国就像一只昂首啼鸣的大公鸡，老师要求小朋友在挂图上找出新疆的位置。先后有七八个小朋友走到挂图前，有的说新疆在鸡头的位置，有的指鸡腰的位置，都没有回答上来。女儿走到挂图前，落落大方地用小手指着新疆的位置，老师立刻把女儿大大地夸了一番，问她是怎么知道的，女儿说在家里经常看地图，还看天气预报节目呢。女儿为此一连得意了好几天！

我先生有个习惯，不管到哪里出差，都喜欢购买和收集当地的城市导游图和游览过的风景名胜的门票。每次外出回到家里，他就会拿出新买的导游图，还有家里的地图，告诉女儿这次出差去了哪些城市，是经过怎样的路线前往这些城市并返回徐州的。他会在地图上详细指出这些路线和经过城市的具体位置，然后告诉女儿这些城市有什么特点，有哪些著名的风景旅游点比较“好玩”“有意思”。这在无形中激发了女儿爱旅游与收集地图的热情。有一次上小学的女儿跟我先生商量：“爸爸，你都去过这么多地方了，我去的地方那么少。以后我出去旅游，我也收集导游图和门票，咱们俩一块收集吧！”看到女儿羡慕的眼光，当爸爸的当然很高兴了。

我们每年寒暑假都创造机会带孩子出去旅游，在平常的周末时间，则喜欢带孩子在徐州城区及周围骑自行车“观光”，到了北京以后，就在北京的一些景点参观。我们经常称全家三人外出是“穷玩”，尽管收入不高，还是喜欢出去玩，不仅为了孩子，也是为了我们自己。

每次出去旅游前，我们会把目的地告诉女儿，让她自己查找地名，确定大致的方位和从徐州或者北京出发的交通路线，女儿长大后有些问题能够回答，但小时候则需要爸爸在旁边指点。这样的过程就是“玩”的过程，就是在做“游戏”。“玩”得久了，女儿不仅养成了自己看地图、查找地图的习惯，还能够从中学到很多地理、历史文化方面的知识，也会为自己的进步而感到鼓舞，自信心越来越强。

查地图、认路，包括认识小区周围的道路、代表性建筑物，能够帮助孩子迅速适应新的生活环境。认识所在城市的道路，找到出行路线，沉着冷静地应对混乱的交通路况，制订外出计划，其实这也是很重要的一种生活本领。

现在我们无论到哪里旅游，全部由女儿搞定，吃、喝、玩、住，行，一条龙服务，当然还有经费的支持，我们一点也不操心。

4. 陪伴使孩子懂得感恩

在女儿成长的道路上，我们虽然没有给她很好的物质生活，但是几乎没有缺席任何一步，无论是生活、学习、玩耍、游戏、锻炼、性格养成。女儿虽然不是最优秀的孩子，但她的表现已远远超过我们自己，也超过我们的期望，而且她一直很努力，很快乐。上大学后努力地学习，快乐地学习，参加工作后也是很努力地工作、快乐地生活，无论挫折大小，都有勇气面对，善于倾听别人的意见，善于反思，懂得感恩。

下面是我女儿 2008 年寒假在加拿大的一位朋友家完成的散文《我的老土的父母》。当时我们俩是笑着开始读的，最终流着泪读完的。

我的老土的父母

不知道从什么时候起学会珍惜父母了——懂事的道路其实很长，意识到这一点不是一朝一夕之功，即使意识到了，还很容易忘掉，尤其是当我觉得他们土的时候。

土，就是不时尚，就是丢人现眼。我看不见的也就罢了，可如若我也在旁边，我就觉得我自己的脸面也让老爸老妈的土气劲儿给丢没了。父亲总喜欢从清河农贸市场的地摊上买黑面胶底的老头布鞋，以及类似庄稼人常戴的方边稻草帽。父亲脚小，身材也不高大，穿上那种鞋戴上那种帽子颇像一个小老头，可他偏偏喜欢那样的穿着，鞋穿烂了就继续买一样的老头鞋穿，有一次他以为我把他的草帽扔了，就又买了一个更土模样的回来。平常晚上我们三口人出去散步，我知道父亲那身打扮舒服，我也没有任何意见，可是他会亲访友，甚至有时上班也要那身打扮，我就颇为看不惯了，总得说两句。尤其是遇到学校开家长会或者有同学要来家里做客，我总要千叮咛万嘱咐地敦促老爸穿得要稍微体面一点。父亲每次都听得进去我对他着装的批评，可我就是不明白，他怎么就那么喜欢土里土气的东西?

谁说只有家长愿意拿别人的孩子跟自己的比，孩子长到一定年龄，也会拿别人的爸爸妈妈和自己的比。我记得初中转学到北京后的第一个星期五，北京下着贵如油的春雨，那时候的清华附中新校门还没有修好，前来接孩子的家长们把车七扭八歪地全停在老校门前一条狭窄的过道里，水泄不通。那是我平生第一次见到那么多的汽车，那么多高级汽车。我一边撑着伞踏着浑浊的积水，一边小心翼翼地穿过浮躁的人群和车群，我记得见到班上一个来自香港的男生坐在他们家的别克子弹头里冲我招手，另一个新认识的同学隔着很远就看见她妈妈开车来接她了。那天晚上吃饭时，我问爸爸我们什么时候也买辆车吧，我的很多同学家都有车呢。爸爸笑笑说，好啊，过两年吧，过两年咱也买辆车开开。

初三的时候，老爸老妈问亲戚借钱终于在北京买了一套房子，搬家的时候，我把衣橱里积累的近几年各种各样活动发的松松垮垮的T恤衫都捡了出来，放在一个塑料袋里想扔掉。母亲发现了那个袋子，一件一件都看了一遍，然后把它们都收在自己的箱子里。同一时间被母亲挽救的，还有幼年姥姥给我缝的一个特别土气的绛红色的棉背心，六姨为我织的三四条毛裤。我当时对母亲说，那背心我穿上显得很臃肿，同学们都笑话我。母亲不屑一顾地挥挥手说，你不穿我穿，背心从此就进了她的棉衣抽屉。她看见我扔在一边的毛裤，俯身把它们捡起来，看样子好像在琢磨应该把它们收在哪里。我说现在早就没人穿毛裤了，女生怕显得腿粗都改穿紧身的连裤袜来保暖，毛裤留着也占地方，不如给人或者扔掉算了。母亲摇摇头说，这么好的毛裤，先留着吧，有机会带回老家给你弟弟妹妹穿。母亲不舍得扔的东西多了，我现在用的书桌比我大好几岁，是80年代初期大学集体宿舍的留念。那时候母亲还是矿大的大学生，父亲刚从清华毕业到矿大做助教，还教过母亲课。厨房里的切菜板也有年岁了，想当年那是奶奶千里迢迢从爷爷的广西老家背过来送给我们的，不过那块切菜板质量确实好，十几年来历经捶打浸泡，筋骨反倒愈加硬朗。

初中阶段我一直住在清华大学校园里，在那里校长书记和修车师傅一同骑自行车上下班，校园里生活设施运动设施一应俱全，因此没有汽车也不觉得不方便。可是搬了家之后感觉就不一样了。每天我从家里走到小区门口的公交车站等车，清晨傍晚全是上下班高峰期，在车上每一次都挤得大汗淋漓。三伏天，衣服黏乎乎地都粘在身上，遇到堵车，一丝风也没有，只有汗臭味无处不在。数九寒冬，一夜的霜冻让马路上的雪水凝结成冰，我穿着平常的运动鞋从家走到学校，要在雪地里走上半个小时。高中的时候，同我一起上初中的同学家里一个接一个都买了车，他们有时会顺路送我回家，有时会同我讲他们家里人开车上郊区摘苹果、逛潭柘寺的经历。清华附中的大门修好之后，每逢周五下午，来接孩子的家长们把车停到两公里之外，人行道自行车道和机动车外侧车道全变成了临时停车场。那时候我已经对那种车水马龙的阵势见怪不怪了，我会走过人行天桥等公交车，但是我好羡慕那些家里开车来接他们的同学。我问老爸老妈为什么就只有我家还没有车，母亲说，会有的，再过两年吧，又说北京堵车这么严重，我们上班上学的地方又不远，买了车也用处不大。

再过两年吧，再过两年我们也买辆车开开，从我初中二年级时第一次问他们，他们就这样回答，如今我大学二年级，尽管父亲蠢蠢欲动已经多年了，母亲还是立场坚定：就再过两年，新公交车又干净又便宜，就算你去哪里都打车，也比买车便宜，有什么可着急的？这虽然是明白账，可是一到从钱包里往外掏钱的时候就犹豫了，母亲听说我从跳舞的地方打车回家要 20 多块钱，就告诉我，你坐 375 路车到五道口，再改乘城铁，才 3 块 4 毛钱，而且我帮你查了，375 路末班车 12 点呢。母亲舍不得让我在马路上骑车，说尘土大、噪音大，还不安全，可直到今天，父亲母亲仍然各骑一辆自行车上下班，不论冬夏，风雨无阻。母亲衣柜里有几件高档呢子大衣皮大衣，几条真丝长裙，几款时尚女装，我很少见她穿过。其实母亲穿上那些衣服很好看的，有几件是那一年她去日本之前专门找北京的裁缝给量身定做的，可是母亲说了，她没什么机会穿好衣服，不如留给我，也许将来能派上用场。

如今我漂洋过海，在大洋彼岸留学，接触到的都是所谓洋气的东西，我老说让爸爸妈妈来看看吧，母亲说，着什么急，再过两年等你毕业的时候我们再去是一样的。父亲会说，学校给你们提供那么好的条件，你要好好学习，不要光学到一些皮毛。我知道他们的期望。他们难道不愿意把自己打扮得洋气一点么，他们难道就甘心让自己的女儿责怪他们土气么？不是的，他们心甘情愿今天过得苦一点，是为了孩子明天的起点高一点，这种不辞劳苦的奋斗精神，这种先苦后甜的乐观思想，代表着许许多多像他们一样的父母的善良。暑假我回家的时候，妈妈带我上街说要给我买几件好看的衣服，她带我到当代商城，为我买几百元的皮鞋和上千元的连衣裙，她说好衣服是值那个价钱的——可是她舍得给自己花那个钱吗，她的内衣，许多都洗得泛了白，还经常拣我不要的T恤穿。老爸呢，他仍然乐此不疲地蹬上自己的老头布鞋去爬香山，骑着自行车郊游，有时没有我的监督也会穿着那双鞋坐城铁去东直门听相声，或是坐小巴去京郊看网球比赛。母亲有时打电话过来会说今天坐公交车她和父亲是车上最年长的，售票员还让小年轻们给他们让座呢。母亲像是讲笑话一样，可我听着，心里却隐隐觉得酸酸的。

可怜天下父母心。许许多多的爸爸妈妈都是一样的，可又有几个孩子意识到了这一点？尤其是美国加拿大新移民家庭的孩子，他们很容易能感觉到自己的父母和同龄人的父母相比土气得可怜，可是他们中间有几个能体谅父母的一片苦心？人到了四十，再换工作搬家不是为了自己的事业，而是为了孩子。我的父母奔四十的时候从徐州搬到北京，损失了两个稳定的事业编制、房贴等福利，他们是为了我能接受更好的教育、有更开阔的眼界。现在我住在多伦多一个叔叔家写这篇文章，叔叔和我父亲是原来清华时的同学。我们两家基本在同一年离开徐州，我们去了北京，他们移民到加拿大。叔叔阿姨待我像自己的女儿一样，他们给我讲刚刚移民过来时辛苦的经历，叔叔一份临时工接着一份临时工地干活，阿姨英语不好没有工作，一家三口租住在别人家的地下室，叔叔一个月1600加元左右的工资，1100加元要交房租。叔叔家的大儿子和我差不多大，阿姨总说对不起他，因为儿子的同学如今放假了都和家人到世界各地去度假，只有他们家还待在多伦多。儿子是多伦多大学交响乐团的长笛首席，可家里一直没舍得给他买一只好的长笛，儿子也从来没问他们要过，只是自己悄悄地跑到商店去打听过价钱。如今几年过去，叔叔家买了房子，开着两辆车，又有了一个小儿子，可谓是过上了国内居民梦寐以求的小康生活，可叔叔阿姨仍然生活节俭。上周他们一家带我去多伦多郊区滑雪，在一家美式快餐店吃中饭的时候，叔叔阿姨不仅挑最便宜的点，还把自己点餐的精华挑出来喂四岁的小儿子，阿姨想尝大儿子点的牛排，大儿子起初不太愿意，让他们改改吃饭习惯，自己点的自己吃，可他很快意识到自己错了，把自己的那份拿了出来供大家分享。我当时好感动，他们多么像我的爸爸妈妈，总是舍不得这个舍不得那个，没享过什么福也不想着享福——有一次天津一家私人博物馆兼粤菜馆的服务员要帮母亲穿上大衣，母亲竟受宠若惊，要自己穿，还连声说不客气！还有一家移民到美国，也是父亲和母亲的老朋友，现在居住在伊利诺伊州，家里有个和我一样大的女儿。那家的阿姨从小看着我长大，原来每次回国都要给我带彩笔或者巧克力等礼物，被我奉为珍宝。五年前阿姨得癌症去世——那是我第一次感受到死亡的威胁，感到死亡夺走了一个我喜欢和亲近的人——她的女儿那段时间常常和她的爸爸抱头痛哭，而经历过那次的生离死别，女儿一下子变得成熟多了，很能体谅和关心她的父亲，也学着照顾她的小弟弟。

的确，关心一个人的能力不是与生俱来的。父亲身体不算好，也不知道自己的病是怎么得的，刚发现自己生病的那两年心事很重，竟会迷信到通过电视广告去邮购那些所谓三个月包好的草药。现在想想，我们都好庆幸那些草药没有什么副作用，父亲无非是吃了一些植物而已。那段时间，我真的是跟着母亲在学着怎么去关心一个人，我意识到我的父亲有时也很脆弱，而我的一声问候，或者为他熬的一碗热粥，能够让他的心里温暖一点，坚强一点。母亲很快就自作主张不让父亲再吃那些又贵又不起作用的草药。如今，父亲的身体一年竟比一年好，我想是他的意志，还有我们的爱在起作用吧。母亲常常对我说，不要惹爸爸生气，不要让爸爸累着，学着也为你爸你妈做做饭，让我们高兴高兴。母亲也说过，不许我嫌弃他们土气，那不是他们愿意的，而是生活所迫。母亲还说过，她有时候觉得她和爸爸对不起我，无法给我提供更好的条件、更高的平台，以后工作上也许也帮不了我任何忙。一切的一切，妈妈，你知道么，也许当你说这些话的时候我会露出不耐烦的样子，可我一个字一个字都是记在心里的。我要靠的是自己，不是父母啊。今天我在多伦多回忆您说的那些话，窗外冰天雪地，一派童话世界，可屋子里却暖暖的让我只穿一条裙子——我知道，我今天之所以能够不知疲倦地周游四海，正是因为我的父亲母亲一直都在我背后，为我提供着最坚实的依靠，我才能够在严寒里感到内心的温暖。

第二节　小目标定位法

小目标定位法的宗旨就是抓住每个年龄段的培养重点，把握成长规律，制订切实可行的培养计划，科学养育孩子！包括两方面（图3-27），一是目标具象，就是每个目标是可执行的，可达到的；二是目标衔接，就是针对婴儿期、幼儿期、小学、初中、高中，各个年龄段设置相应的小目标，不着急不强迫不跨越，前一个年龄段的培养结果为后一个年龄 段的培养奠定基础，后一个年龄段把前一个年龄段的培养结果作为新的起点。任何一个起点都是新的开始，保持平和的心态，从零起步，用心做，尽力做，坚持做，稳步慢走，从而实现不同年龄段的平稳过渡，确保孩子的持续成长。

图 3-27　小目标定位法涉及的两个方面

一、目标具象

目标的具象化也称可视化、可量化、可数字化，可操作、切实可行，不单符合孩子的年龄特点，更要符合个体的实际情况，因孩子而异，因家庭而异。因为每个家长是独一无二的，孩子也是独一无二的，各有自己的性格特征与成长规律。虽然给孩子设立高目标也没错，“取乎其上，得乎其中；取乎其中，得乎其下；取乎其下，则了无所得矣”。但有一个问题不能忽视，就是孩子达不到父母心目中的高要求时，父母的心态会失衡，孩子会有挫败感，变得不自信，而没有自信的孩子，其表现离家长心目中的那个目标只会越来越远，一旦进入恶性循环，很难纠正。

所以确定任何一个新的目标之前，都要正视孩子已有的基础，期望值适可而止，跨度不能太大。让孩子能感觉到新目标的挑战性，是努力后能够达到的，有愿意尝试的动力与付出的欲望，不能让孩子感觉压力太大，虽然有时压力也是动力，但压力太大就成了阻力，就是障碍。如果没有压力，设立的目标轻易就能实现，这也会让孩子失去兴趣的。比如一个三年级的孩子期中考试排名第 25，孩子本身很聪明，也很有潜力，家长也知道问题所在，就是字迹潦草，书写格式不规范。只要家长能够用成长型思维，愿意相信孩子，与孩子共同商量把期末考试排名第 20 作为奋斗目标，并时时鼓励孩子在写字方面再细心一点，实现排名第 20 的目标并不是多难的事。一旦目标实现，孩子的自信心必将得到极大的提升，写字不规范的问题将迎刃而解。如果家长用固定型思维，不愿意相信孩子，看不到孩子的进步，还时常抱怨孩子写字不认真，又盲目确立更高的目标，要求期末考试排名从第 25 提高到第 10，这个目标是很难实现的，一旦实现不了这样的目标，孩子的挫败感将越来越强。

这就好比我们去果园采摘，明明看到高高的树梢上挂着一只熟透的大苹果，个头大，品相好，黄里透着红，想到这只苹果的味道就让人垂涎三尺（图 3-28）。但现场没有梯子，没有高架凳，也爬不上去，在没有任何外力可以借用的情况下，弹跳力不足，不论多么努力，都够不着这只苹果，更吃不到嘴里，这样就只能放弃这只苹果。那些挂在中间、踮起脚尖伸展身体或者跳一跳就能够得着的苹果绝不会被落下来。而那些长在低处，弯腰也能够得着的苹果，通常被视而不见，甚至不屑一顾。

图 3-28 熟透的苹果

对待孩子的学习也是一样。我们要把对孩子的期望值设置在合适的水平，既不要大包大揽，直接把“苹果”送到孩子手上，否则孩子就没兴趣；又要确保这个目标是孩子跳一跳能够到的，否则就会让孩子失去信心。

具象化的目标符合 SMART 原则，即挑战原则或平衡原则，即：

S=Specific，指标必须是具体的，明确的，有方向性的，清晰的；

M=Measurable，指标必须是有数据可以衡量的，可度量的；

A=Attainable，指标必须是可以达到的，有一定的挑战性，努力就能实现；

R=Relevant，指标要与其他目标具有一定的相关性；

T=Time-bound，指标必须具有明确的截止期限，有具体的检视结果。

无论制定总体目标、阶段目标，还是具体的小目标，都要符合上述原则，五者缺一不可。

以提高英语考试成绩为例说明 SMART 原则的应用。

阿敏初一期末英语成绩是 90 分，父母希望她初二期末时能提高到 110 分，建议她把目标分解，初二第一学期期末先达到 100 分，第二学期期末再达到 110 分，每个学期提高 10 分，每次只有 10 分的差距。

先分析目前分数低的原因，读、写、听、说，听力得分最少，只有 5 分，显然是听力拖了后腿。

确立主攻方向：练听力，只要听力突破了，考试成绩就能提升一大截。

除课本以外，选择新概念英语第二册作为课外听力教材。

每天早起半小时，只选择一段短文，先听 10 分钟，再读 10 分钟，最后再背诵 10 分钟。

看到女儿这么努力，她父母除监督检查、语言鼓励，每周六下午还陪女儿逛街。一学期下来，听力提升了，读、说、写的水平也随之提高，第一学期期末英语成绩 102 分。又坚持半年，阿敏轻轻松松把英语成绩提高了 25 分，总分 115 分，自信心倍增。

再以我女儿练习键盘盲打与熟悉电脑为例说明 SMART 原则的应用。

女儿上小学三年级，我们购买了一台 486 台式电脑，这在当时算是比较早拥有电脑的。我们不排斥女儿接触电脑，还希望她一学期之内学会使用电脑。但有一个要求，必须先掌握键盘盲打。

第一步，熟悉电脑硬件系统，包括显示器、主机、键盘、鼠标、电源几部分。我们并不特别关心主板、中央处理器（CPU）、内存、硬盘、声卡、显卡等细节。

第二步，了解 DOS 操作软件，硬件系统只有在软件的支持下才能开机，屏幕才能显示，键盘才能输入信息。

第三步，认识键盘，基本指法练习必须借助键盘才能进行。键盘由一组矩阵方式的按键开关组成，分为字母键、数字键、符号键和控制键。字母键的排列是根据英文打字中出现的频率精心设计的。字母键区是平时最为常用的键区，通过这个键区可实现各种文字和控制信息的录入。

第四步，了解指法，正确的指法可以提高手指击键与文字输入的速度。指法就是指按键的手指分工。字母键区的正中央有 8 个基本键，左边“A、S、D、F”四个键是左手小指、无名指、中指和食指虚放的位置；右边“J、K、L、；(分号)”四个键是右手的食指、中指、无名指和小指虚放的位置，其中的 F、J 两个键上都有一个凸起的小横杠，盲打时方便两个食指能通过触觉分别定位。

掌握了字母基本键及其正确的指法，还要进一步掌握字母键区的其他键位，左手食指负责的键位共有 4、5、R、T、F、G、V、B 八个键，中指负责 3、E、D、C 四个键，无名指负责 2、W、S、X 四个键，小指负责 1、Q、A、Z 及其左边的所有键位。右手食指负责的键位共有 6、7、Y、U、H、J、N、M 八个键，中指负责 8、I、K、逗号四个键，无名指负责 9、O、L、句号或黑点四键，小指负责 0、P、分号 、斜杠号及其右边的所有键位。字母键区正中央的 8 个基本键为手指所处的基准位置，击打其他任何键，手指都是从这里出发的，正确输入后，再返回基本键位即可。

现在的平板电脑键盘与早期的台式电脑键盘有一定的差异，但字母键是完全一样的。

第五步，熟悉开机顺序，正常开机后，打开小苹果指法练习软件（这个软件是计算机系的朋友专门为女儿安装的）。用正确的指法完全按照屏幕上给定的字母、单词、句子顺序依次输入，我时常在旁边监督，刚开始打字速度很慢，要求她的眼睛只能看屏幕，不能低头看键盘。软件设置也是一步步升级的。每一步升级都有新的要求，不仅规定了输入时间，输入正确率也要符合自带软件的规定。规定时间内没有输完、输完了却超时了、输完没超时但正确率达不到要求，三项指标有一项不过关都不能升级，只能继续练习直到完全过关。用小苹果指法练习软件大约训练了两个多月，每天练习半小时左右，直到没有任何障碍地实现盲打，才让女儿使用 WPS 软件练习输入汉字。那时我们还没有接触到 office 办公系统软件。

第六步，熟悉关机顺序。每天的盲打练习任务完成后，关闭电源，盖好罩布，养成规范做事的习惯。

虽然刚入门时有难度，但经过两个月持续的练习，掌握正确的指法后，输入速度快速提升。只要女儿两只手放在键盘上，就能听到噼里啪啦的敲击声。

不要小看正确的指法练习，现在仍不算过时，目前仍有很多人无法实现盲打，处理文件的效率大打折扣。

制定目标、完成目标的过程也是自身能力不断提升的过程，家长和孩子在不断挑战新目标的过程中，共同提升与成长。

二、目标衔接

不同年龄段有不同的关注点，只有每个年龄段的能力都得到培养，才能实现目标的衔接。

1. 婴儿期

出生后第一年的婴儿属于生理适应期，不仅处于身体发育的高峰，也处于智力发育的高峰，每天吸收信息的能力是成人的 10 倍。虽然近年来早期教育得到了高度重视，但婴儿的智力开发还是容易被忽视。婴儿也被称为早产三年的动物，身高发育迅速，增长速度惊人，一天一个样，一个月一个样。应该如何照顾刚刚出生的女儿呢，我们并没有手足无措，反而信心十足。

除了注重孩子的一日三餐、睡眠、运动，还有下面几方面不容忽视。

第一，锻炼对环境的适应能力。给婴儿穿衣讲究的不是价格、款式，而是穿着方式。婴儿 3 个月前不能翻身，6 个月前不能爬行，只能躺在床上或抱在怀中。我们从来不用很厚的包被把她捆绑在襁褓中，而是让她上身只穿宽松的、柔软的小棉袄，外面套一件长长的无袖套头衫，让其垂到脚面，完全罩住下身。或在腰间用一根薄薄的带子系着能完全遮盖下身的浴巾，这样的装束能确保躺下时姿势是完全舒展的，胳膊和腿是完全放松的，可以不受任何约束地随意舞动。屁股底下垫着可以随时抽换的尿布，不仅容易更换，也特别容易清洗屁股，还不易受凉感冒。只有抱她出门的时候才穿上裤子，外出时衣着不厚，只要手心是温热的，不出汗，即便气候变冷，也不会受凉生病的。环境适应能力提升以后，不生病的孩子特别好带。有一张照片，我穿着外套，孩子穿短袖还光着脚呢，我不主张把孩子照顾得很细致、带得很小心。有一位同事，她女儿比我女儿大一个多月，每次出门都把孩子捂得严严实实，手心出汗，总害怕受风着凉，越担心孩子越爱生病，经常感冒发烧，后来转成小儿肺炎，孩子受罪家长受累。她挺纳闷，为什么我女儿穿那么少没事，她女儿总生病。我把经验告诉她，让她少给孩子穿衣服，她说那可不行，穿得多还生病呢，穿得少岂不更容易生病？其实，很多婴儿生病不是冻出来的，是捂出来的。

第二，锻炼视力。在女儿醒来还愿意躺在床上、不需要我们抱的时候，我们会把色彩鲜艳的大塑料球、黑白两色憨态可掬的折纸小企鹅、音色优美的小铃铛以及其他可爱的小玩具，挂在孩子脸部上方，她眼睛能看得着的高度，大约 8 至 15 厘米，经常转换角度，不停地旋转，让她寻找，吸引她的目光与注意力。从她不断追随移动物体的过程中体会她的快乐！每当孩子看到这些转动的挂件都兴奋得手舞足蹈。一旦停止旋转，就会发出“咿呀”的求助信号，我们继续让这些可爱的小挂件旋转起来，与孩子产生良好的互动，直到孩子看累了，看够了，不再要求为止。

第三，锻炼听力。我们经常在孩子躺着的时候放音乐，放儿歌，让她找声音。有时我们轮流抱着她，一个抱孩子，另一个就在孩子背后拍手，或用柔和的声音喊她的名字，或者故意制造一些声音让她寻找发声的位置，锻炼孩子对声音的敏感性。很神奇，每当孩子哭泣时，只要放胎儿期间放过的音乐，哭声就能很快止住。女儿 3 岁半开始练琴，老师说女儿的乐感相当不错，也许这与胎儿期、婴儿期听音乐不无关系吧。

第四，自创抱孩子的姿势。很多家长抱孩子习惯于让孩子的脸贴向胸口，好像孩子眼前竖着一堵墙，孩子什么也看不到，姿势也不太舒服。我女儿三四个月大的时候，脖子已经能够立起来了，虽然当时是冬天，但她已不安分于待在狭小的居室了，只要抱她出去总是显得挺开心。我抱女儿的方式与别人不同：不论什么时候抱她，总是用右胳膊揽住她的腰，用左胳膊托住她的屁股，其实就是坐在我的左胳膊上，可爱的小脸朝前，后背贴着我的胸口，小胳膊小腿伸展自如，特别舒服，其实这样抱孩子是挺累的。近年来我发现有些家长腰间捆着一种用厚实的编织带制作的腰凳，可以让孩子坐在上面，脸朝外，因为力量分散在腰间和肩部，家长觉得挺轻松，我就想起女儿小时候我抱她的样子。因为孩子的脸朝外，视野和大人基本一致，到处看，到处观察新鲜事物，对一切都充满着好奇，看得高兴时就手舞足蹈。每次抱她出来，眼睛都不够用，看见什么都觉得新奇，小脑袋不停地从左边转向右边，又从右边转向左边，转来转去，看不够，看得特别专心。这些活动项目，非常有助于锻炼婴儿的生理适应能力。

2. 幼儿期

我们都知道，大脑机能发育有一段最快的时期，也称敏感期，也是孩子潜能需要开发的最佳时期。幼儿在敏感期对某些事物有特殊的感受能力，注意力很集中，很耐心。然而，敏感期却比较短暂。比如小鸡跟随母鸡的能力在孵化后 4 天内，辨别母鸡声音的能力在孵化后 8 天内。人也一样，辨音敏感期在 0.5 ～ 1 岁，细微事物敏感期在 1.5 ～ 4 岁，逻辑与数学敏感期在 2 ～ 6 岁等，有些能力错过敏感期，就很难弥补。

如何才能不错过敏感期呢？就是不要忽视幼儿的每一天、每件事。幼儿的每一天都是黄金日，幼儿的事不分大小，各种能力都很重要。

（1）用心观察培养孩子遵守规则的能力

我女儿在幼儿期爱玩是出了名的，每次从幼儿园接出来，不玩到天黑不回家。有一次玩荡秋千，天有点擦黑了，小朋友都走了，她还没玩够。

爸爸说："都这么晚了，咱们该回家了。"

女儿瞅了爸爸一眼，不吭声。爸爸又重复几次，她终于说话了："我还要玩多多的。"

爸爸一边推她荡悠，一边问："多多的是几下呀？再推 20 下，行不行？"

女儿说："不行，推 30 下。"

在对话过程中，爸爸一边报出 1 下、2 下、3 下，一边继续讲价："19 下？"

女儿说："29 下。"

爸爸说："18 下。"

女儿说："28 下。"

爸爸说："17 下。"

女儿说："嗯——那就 20 下吧。"

爸爸说："好嘞！"双方成交。

听到爸爸报出 20 下，并让踏板制动，女儿就松开紧抓悬索的双手，轻松地跳下踏板，用手抹去额头上的汗，高兴地跟爸爸回家了。

这样商量规则，孩子既玩得尽兴，又学会了遵守承诺，体会规则的真正含义，能够说到做到。图 3-29 是女儿 1 岁多荡秋千时拍摄的。

（2）提供机会培养孩子的生活能力

女儿 1 岁 10 个多月进幼儿园，有自己的双肩背包，装蜡笔、铅笔、作业本，还有钝头剪刀、彩纸和胶棒等。刚入园那段时间，每天临睡前，我就带着她收拾第二天要用的物品，让她一边往书包里装东西，一边告诉她物品的名称，让她重复并记住这些物品。早上出门再叮嘱她下午要把自己的东西找齐，放回书包带回来。周而复始，没过多久，就不用操心了。我还告诉她，你已经长大了，自己的东西自己收拾，自己的书包自己背。

图 3-29　荡秋千的女儿

早期练习穿衣服、系鞋带，要么是在周末，要么是在晚上，不会因为急着赶时间嫌孩子动作慢，甚至生气、发脾气。还要让孩子参与一些家务劳动，如倒垃圾、盛饭、摆凳子、收拾碗筷、打扫卫生等。有时包饺子，女儿喜欢凑热闹，浑身上下全是面粉，还要夸她：你包的饺子真好看，我们怎么包不出这种样子，你包的你吃，我们包的我们吃，她就特别有成就感。

动手能力是一种本能，而且遵从用进废退原则，只有不断开发，才能越来越协调，越来越熟练。

（3）处处留意培养孩子对数学的感知能力（数感）

有句话说得好，上学后才开始学数学，落后的不只是时间。意大利儿童教育家蒙台梭利也提出“2 ～ 6 岁是儿童一生中最重要的数学敏感期，上学前的数学启蒙非常重要”。孩子对数学是喜欢、厌恶还是恐惧，大多是在幼儿阶段造成的。

有不少家长特别注重教孩子数数，只强调“数”的概念，两三岁就能数到 100，甚至 1000。但相当一部分孩子即使已经上小学了，还要掰手指头做数学题，所以仅仅满足于数数是不够的。我女儿刚过 2 岁时，我们曾用香蕉做过试验，先摆 1 根香蕉，问女儿是几根香蕉？她说一二三根；我们边笑边捏着她的食指，指着香蕉一遍遍重复这是 1 根香蕉，再教她用伸出的食指表示 1。放 2 根香蕉，再问她几根？还是一二三根，就告诉她这是 2 根香蕉，再教她用伸出的食指与中指表示 2。放 3 根香蕉，同样是一二三根，再告诉她这是 3 根香蕉，用中指、无名指和小指表示 3。

这样的例子很多。重复的次数多了，大脑中就会形成数和实物的概念，自然而然就有了“量”的概念。

女儿刚过 4 岁的一个周末，我买了 6 包方便面，先生也买了 6 包。女儿说一共 12 包方便面。

我怀疑地问：“你数过了？”女儿说：“我没数！”

我问：“你怎么知道是 12 包呢？”女儿说：“5 和 5 是 10，6 和 6 就是 12。”

我又问：“7 和 6 是多少？”“是 13。”“7 和 7 呢？不知道。”

我印象很深的一次，切广柑，1 个切 4 块，她能推算到 11 个广柑切 44 块，12 个呢？不知道。怎么办？她找到围棋子，一个一个地数。

以上是加法，减法也很容易学。去公园玩，看见水池里有 6 条大鱼，问女儿游走一条还剩下几条？还剩 5 条啊。有一天去幼儿园的路上，当时上小三班，我说：“今天是 10 号，6 月份 30 天，还差多少天到月底？”女儿脱口而出：“还差 20 天。”我好奇地问她：“你怎么知道的？”女儿骄傲地说:“3 减 1 等于 2,30 减 10 等于 20,我用心算的。”

对比较复杂的加减法，可以在购物中体验。一瓶醋 1 块钱，一包盐 1 块钱,两斤苹果 6 块钱,一共花多少钱？带去 10 块钱,还剩几块钱。孩子对这样的题目很感兴趣。

再体验乘法和除法。6 色跳棋，1 种颜色 10 个，能推算 6 种颜色 60 个。这个时候，可以教孩子 9×9，19×19 乘法口诀。

一个橘子 12 瓣，2 个人怎么分？ 3 个人怎么分？ 4 个人怎么分？

体验分数。一个苹果，不限于水果类，还包括其他任何可以切开的物品，如馒头、纸张……从中间切一刀，分成两块，其中一块就是整个物品的二分之一；把其中一块再平均分成三块，每一块就是六分之一；若对称从两个方向各切一刀，分成四块，其中一块就是四分之一。

通过“量”再逐渐过渡到相对、比较的概念。3 岁多的孩子还不清楚“3 个围棋子比 4 个围棋子少，孩子年龄比爸爸小”等概念，只要不断重复，就能强化孩子对“量”的认知。

既可以按颜色分类，红色、黄色、白色，体验哪种更多哪种更少？还可以通过“形”体验多与少。孩子都爱玩积木，按不同形状分类，方形、圆形、长方形，哪个更多哪个更少？利用积木，不仅能够培养动手能力，还能够培养空间想象能力。

这种培养方法完全融入生活，真实的情境体验、有趣的游戏、温馨的场景，孩子兴致高、学得快、记得牢、理解透彻。寓教于乐，情景教学，只要留意，处处都是课堂。

上面提到的是在家里培养孩子建立数感。

如果是在幼儿园给一群小朋友建立数感，可以通过游戏来实现。2017 年底，我曾给一所幼儿园的园长建议“分组数数游戏”。通过分组做数数的游戏，按递进式从易到难，先加减后乘除。

加减法游戏：按照随意分组的方式分组，比如共有 20 名小朋友，共分 5 组（1 人，2 人，3 人，4 人，10 人），分组后，按从少到多的顺序给每个组编号。小朋友理解了游戏规则后，请小朋友先数组内有几位小朋友？再数共有多少组？共有多少位小朋友？

第一步，理解加法，按照每组数字从小到大的顺序提问（等小朋友明白了游戏规则，也可以打乱次序提问）。

第 1 组有多少小朋友？ 1 名。

第 1 组有 1 名小朋友，第 2 组有 2 名小朋友，共有 3 名小朋友，1+2=3。

第 1 组有 1 名小朋友，第 2 组有 2 名小朋友，第 3 组有 3 名小朋友，共有 6 名小朋友，1+2+3=6。

第 1 组有 1 名小朋友，第 2 组有 2 名小朋友，第 3 组有 3 名小朋友，第 4 组有 4 名小朋友，共有 10 名小朋友，1+2+3+4=10。

第 1 组有 1 名小朋友，第 2 组有 2 名小朋友，第 3 组有 3 名小朋友，第 4 组有 4 名小朋友，第 5 组有 10 名小朋友，共有 20 名小朋友，1+2+3+4 +10 = 20。

第二步，理解减法，按照每组数字从大到小的顺序提问（等小朋友明白了游戏规则，也可以打乱次序提问）。

哪个组的小朋友最多？第 5 组。共有多少小朋友？ 10 名。

第 5 组 10 名小朋友减去第 4 组 4 名小朋友，还剩 6 名小朋友，10 － 4 = 6。

第 4 组 4 名小朋友减去第 3 组 3 名小朋友，还剩 1 名小朋友，4 － 3 = 1。

依此类推……

乘除法游戏：如果让孩子了解乘除法，可以按总数被除尽的方式分组，比如共有 20 名小朋友，共分 4 组（也可以分 2 组，5 组，10 组），分组后，再给每个组编号。小朋友理解了游戏规则后，请小朋友先数组内有几位小朋友，再数共有多少组，计算共有多少位小朋友。

第一步，先做加法计算，按照每组数字从小到大的顺序提问（等小朋友明白了游戏规则，也可以打乱次序提问）。

第 1 组有多少小朋友？5 名。

第 1 组有 5 名小朋友，第 2 组有 5 名小朋友，共有 10 名小朋友，5+5=10。

第 1 组有 5 名小朋友，第 2 组有 5 名小朋友，第 3 组有 5 名小朋友，共有 15 名小朋友，5+5+5=15。

第 1 组有 5 名小朋友，第 2 组有 5 名小朋友，第 3 组有 5 名小朋友，第 4 组有 5 名小朋友，共有 20 名小朋友，5+5+5+5=20。

第二步，再做乘法计算，提问：

每组的小朋友是不是一样多？是一样的。

第 1 组有 5 名小朋友，第 2 组有 5 名小朋友，共有 10 名小朋友，5+5=10，5+5=5×2=10。

第 1 组有 5 名小朋友，第 2 组有 5 名小朋友，第 3 组有 5 名小朋友，共有 15 名小朋友，5+5+5=15，5+5+5=5×3=15。

第 1 组有 5 名小朋友，第 2 组有 5 名小朋友，第 3 组有 5 名小朋友，第 4 组有 5 名小朋友，共有 20 名小朋友，5+5+5+5=20，5+5+5+5=5×4=20。

第三步，还可以体验除法，提问：

咱们班共有多少小朋友？共 20 人。

分了几个组？ 4 个组。

20 名小朋友，共分 4 组，每组 5 名小朋友，20÷4=5。

为了更全面地培养幼儿的能力，可以让小朋友全程参与整个游戏过程，让他们自己提出分组方案，再问他们为什么这么分组。除了小朋友自己，还可以把玩具分成组。

孩子坐在教室里，是通过传统的认知概念开始学习的，不直观，很抽象，年龄小的孩子理解起来就比较难、比较慢。而在玩的过程中，自己动脑，自己观察，很容易构建数的概念。其实很多抽象的概念也是从实际操作中归纳提炼出来的，幼儿在享受玩的过程中构建数学基础知识，培养数感，是培养儿童抽象逻辑思维的重要途径。

（4）培养孩子的爱心，也称爱商

我女儿出生于计划生育年代，只能生一个孩子，如何培养孩子的爱心是我们特别关心的，也从来没有放松过，虽然没有什么惊天动地的故事，却是日常生活中不可缺少的。从小进行爱的教育能够养成良好的道德规范，让孩子终身受益。

① 树立关爱家人的意识，尊敬老人，懂得长幼有序，不说无理的话。

在徐州生活的日子里，三人经常各骑一辆自行车去农村姥姥家；到了过年时节，就长途跋涉辗转到内蒙古奶奶家过春节。每次吃饭，要求孩子与家人和客人一起动筷子，如果客人或长辈还没上桌，不允许孩子毫无顾忌地自己先吃。我女儿一直很懂事，2018 年 4 月，在姥爷去世当天，她接到我电话的第一时间表达了深切的哀悼，然后提出等办完葬礼后，让我带姥姥到东莞去散散心。我和母亲在南方生活了 3 个多月，只要时间和天气许可，女儿就在晚饭后用轮椅推着姥姥到湖边遛弯，每次都累得满头大汗，让姥姥心疼不已。

遇到家里有客人来访，从小教孩子待人要真诚、有礼貌。长大后，每次到别人家里做客，不仅要做力所能及的事情，临别前还要把自己住过的房间打扫干净，不留任何碎屑垃圾。美国的一位朋友和加拿大的一位朋友都向我们反馈，应邀前去做客的女儿告辞前不仅帮他们清洁卫生，还在枕头旁边留下温馨的字条，感谢主人的热情款待。每每听到这样的夸奖，我们的心里都是暖暖的。

② 帮助孩子建立同情心。在外面散步的时候，偶尔也遇到乞讨者，我们就鼓励女儿把手里的食物送给对方。大学期间，女儿曾前往美国南部和非洲国家担任志愿服务者，帮助飓风受害家庭或残疾孩子。现在，她坚持给自己的母校和工作过的单位捐款或提供帮助，力所能及地贡献自己的力量。

（5）培养业余爱好

马云在 2017 中国国际大数据产业博览会（贵阳）演讲时说："如果我们不让孩子去体验世界、去尝试琴棋书画，我可以保证，三十年后孩子们将找不到工作，因为人没有办法胜过机器。"过去只知道琴棋书画代表气质修养，没想到还与就业有关，马云让我开眼界了。

我女儿 3 岁半开始学琴，还学过跳舞，因没有舞感，很短一段时间就退出来了。然而有限的训练，使她成为学校跳舞、唱歌、表演、编排节目等文艺活动的积极分子。

说到书法，我的字写得不好，特别希望女儿写一手漂亮的字，也了解到软笔书法好硬笔书法也比较好，但硬笔书法好软笔书法未必好。女儿刚过 6 岁，我找到我高中语文老师教她书法。老师建议直接临摹，按照每个字的大致框架，即便照猫画虎，总能写一些不错的笔画。千万别描红，描红很难脱离字帖，依赖性强。每个周末让老师点评一次，老师只在好看的字或笔画上画红圈，特别好的地方，就画两个红圈，这也是赏识教育。从刚开始只能得几个红圈，到后来几乎每个字上都有红圈，一直坚持写到小学毕业，因而女儿的字写得很大气。

中国讲究书画一体，幼时我们都是让女儿随便画的。她的第一件素描习作是云龙湖东岸的苏公塔，原名“金山塔”，老师认为她画得很有透视感。10 岁时创作了一幅画《馋》，一只猫，两只前爪扒在金鱼缸沿上，看着两只游动的金鱼，露出贪馋的表情，形神兼备。老师特别喜欢这幅画并要求收藏，还说第二年参赛一定能获奖。可惜到了第二年，那幅画找不到了，特别遗憾没留下照片，只留在了记忆中。为了参赛，女儿凭着记忆又补画了一张，感觉也不错，还获得了中日少年儿童绘画大赛一等奖，但不论从猫的神态、鱼的游姿都没有第一张的风采与神韵。12 岁那年创作的《外国狐狸》也获得了大奖。

相比书画，女儿的棋类弱一些，我在日记中也有下围棋、玩五子棋并把棋盘摆好的记录，但没有出彩的表现。因为跳棋比较容易学，我们三人经常一起玩，女儿学得比我好。日记记录，女儿 4 岁多的一天晚上，同楼同门住在三层，比我女儿大 3 岁的一个小男孩起初是看不起我女儿的，可下完几盘跳棋，因两人的棋艺相当，他竟然喜欢与我女儿一起玩了。

我的感觉是：幼儿阶段的很多能力都是在家长有意识、孩子无意识的情况下边玩边培养的，以激发兴趣为主，不必设立固定的目标。

3. 小学阶段

小学生的主要任务是培养学习习惯，除此以外，还需要关注幼小衔接，培养孩子的自我管理能力。

（1）幼小衔接可能出现的问题

当孩子从幼儿园进入小学的时候，怎样才能更好更快地适应新的环境呢？有的孩子上过幼儿园也上过学前班，有的孩子只上过学前班，个别孩子甚至连幼儿园都没进过。孩子来到一个全新的环境，遇见不认识的小同学、陌生的老师，过去以玩为主，现在却要规规矩矩地坐着，一坐就是 40 分钟，还要面临从活动课程到学科课程以及学习方式的改变，不少孩子都需要有一段心理的适应过程。

为了帮助孩子平稳度过适应期，我们需要提前做准备，引导孩子对小学有一个认知。如果条件允许的话，还可以带孩子去学校熟悉环境。这里有几点需要家长特别注意。

第一，关注孩子的年龄差异。比如，我们家就曾慎重地考虑过女儿上学的年龄问题。女儿 10 月份出生，到底是选择接近 7 岁上学，还是接近 6 岁上学？为此，我们曾专门请教过幼儿园大班的三位老师以及几位认识的小学老师，他们一致认为孩子不一定非得赶在 6 岁以前上学，因为多一年生活经历，有很多优势，如自理能力更强、自律性更好、心智更成熟、上课更专注、更能记住老师传授的知识点。老师们的分析让我们更清楚地了解早上学与晚上学的优势和劣势。

虽然有几个九十月份出生，还不够上学年龄的孩子家长动员我们一起去找小学校长，让孩子早上学，但考虑再三，我们最终还是决定让女儿晚一年上学。当年在矿大的同事还有赶在 8 月 31 日前做剖腹产的，目的就是让孩子早一个月出生，以便能提前一年上学，我那时还很纳闷，竟然可以这样生孩子。

当时，我们还有一个更朴素更简单的想法：按规定年龄接近 7 岁上学，不就是晚一年考大学，晚一年工作吗？有什么大不了的，而且晚一年上学的女儿识字多，学习能力和自我管理能力强，可以得到更多的锻炼机会。

我女儿当年上学晚，还有一层考虑，就是提前半年多让她练习写毛笔字。上学后第一天放学接孩子，我在教室门前遇到班主任，问孩子的字写得怎么样？老师说她写字的速度比较快，而且她的字能充满米字格。老师还说刚开始写字就能充满格子，这样的孩子长大后，字都写得不错。

2018 年，我遇到一个家长说他上三年级的儿子，字写得越来越难看了。是怎么回事呢？原来，孩子开学第一天，字虽然写得不好看，但他写得很认真，也比较工整。这个家长没有看到孩子的努力与付出，没有给出正面的评价，反而评价这个字写歪了，那个字太丑了。

第一天如此，第二天如此，第三天同样如此。

孩子的字写得不好看，老师的评价也是消极否定的，长期得不到家长和老师的鼓励，孩子的负面情绪逐渐累加，孩子的字怎么能写好呢？

没练过字的孩子写字速度慢，也不会多好看，这很正常，应该给孩子一段练习时间，千万不能着急。

写字不好看或写字慢，还有可能影响考试成绩，尤其是第一次考试成绩不理想的孩子，我们更要有耐心。我们可以引导孩子了解答题的过程，认识考试的时间限制和规则，不能看课本，不能看作业本，不能问同学，更不能抄同学的试卷。让孩子明白需要平时多练习，考试时先做会做的，不会的最后再做，这样就能帮助孩子逐渐把握考试时间，在规定的时间内回答全面准确，卷面整洁，才能取得好成绩。

当然，如果孩子的阅读量少，理解能力不足，也有可能影响成绩。建议父母每天至少抽半小时陪孩子读书，直至孩子小学毕业。高玉萍老师的儿子 14 岁考入中国科技大学少年班，夫妻俩每天陪着孩子读书，每晚 1 小时，坚持了 11 年。他们并不是监督孩子读书，而是各自读自己喜欢的书。阅读的东西多了，理解能力自然就提高了。

小孩子的年龄不同，行为表现也不同。耶鲁大学的研究表明，6 岁的孩子会有逆反情绪，希望按自己的意愿行事，争强好胜，难以忍受失败；7 岁的孩子开始在意自己的地位、价值，在意别人的评价。虽然这些只是有限样本的统计结果，但不可否认其参考价值。

年龄差异是客观存在的，学龄前孩子相差一岁与成人相差一岁完全不是一个概念。依据我女儿的情况，我认为晚一年上小学，也是一种不错的选择。

第二，关注孩子的性格差异。性格不仅影响孩子的成长，甚至会决定一个人生活和工作是否顺利。建议家长在开学一周或者几天后，最好找带班老师或班主任当面交流一次，了解孩子的真实状态。

我记得女儿一年级班主任说过她在小学工作几十年，带过几十个班，新生入学第一节课，只要一搭眼基本就知道每个孩子什么性格，处于什么状态了。老师的话虽然有些夸张，但因性格差异产生的不同状态是确实存在的，只有真正地了解孩子，才能更有针对性地配合老师。

比如，孩子最常见的一种表现就是坐不住，这类孩子需要多加关心。

坐不住是刚入校孩子再正常不过的现象了。通常有两类孩子会有这种表现，一类是只需几分钟就能把老师讲的内容全学会，甚至上学前就学过的孩子，不屑于听；还有一类是天生好动的孩子，男孩居多，难以长时间集中注意力，这类孩子需要多参加体育运动。

说完了刚上小学的孩子在专注力上的问题和解决方法，接下来看孩子胆小害羞不愿意表达，需要怎么引导呢？

我们都知道，敢于表达的孩子可以获得更多的学习机会，更容易赢得老师的关注和同伴的喜爱。比如，老师正在发作业本，好几个小朋友高举右手喊着："老师，我发，我也要发。"昊昊也想帮老师发作业本，可是他连头都不敢抬起来，也不敢举手，怎么能得到机会呢？

在这种情况下，我们家长要为孩子创造锻炼的机会，比如与孩子平等地讨论诸如购物、郊游、看电影等活动内容；引导孩子复述当天学过的知识，讲述在学校遇到的各种故事；鼓励孩子多和同学交往，邀请同学来家做客等。

父母最了解自己孩子的性格，通过观察也能预测孩子可能出现的状态，进而与老师合作，帮助孩子度过适应期，不可操之过急。

孩子进入小学遇到的问题可以归纳为图 3-30 所示的几个方面。

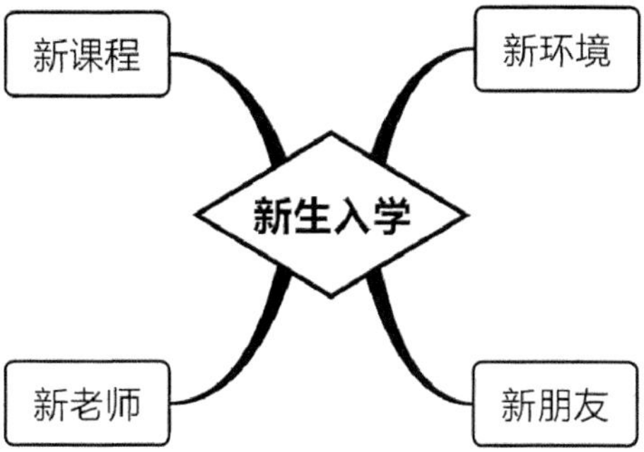

图 3-30　孩子入学面临的问题

这种情况，不只是小学新生，刚上初中、高中、大学、工作、转学进入新环境都有可能遇到，我们不可掉以轻心。

（2）培养组织和领导能力

现代社会人们越来越认识到，组织能力或领导力是未来必备的关键技能之一。到底怎样训练孩子的领导力？

首先，应该让孩子去体验决定一件事的感觉。孩子有很多自己的小事，穿什么衣服，梳什么发型，用什么花纹的毛巾，什么颜色的牙刷，什么口味的牙膏，早餐是喝牛奶还是橙汁等，不要小看这些小事，只有当孩子对自己的想法有自信的时候，他才敢于在人群中提出自己的想法，才有可能获得他人的支持，从而引领他人，影响他人。如果发现孩子已经能把自己的事情做好时，可以邀孩子参与家庭的决策，比如平时或节日的采购计划、旅游计划，筹办爷爷、奶奶、爸爸、妈妈、兄弟姐妹的生日活动等，鼓励孩子在定期举行的家庭会议上发表自己的意见与建议。

其次，应该鼓励孩子具备服务他人的意识，可以通过竞选并担任课代表、班干部来锻炼组织能力和协调能力。我特别佩服那些组织能力强的人，不论是同学、朋友、亲戚或陌生人，尤其佩服女性领导者。我自己从小比较胆怯，上大学前从来没有当过班干部。上大学期间，因学习成绩好，曾被推选为班级的学习委员，因为胆量不足，没有经验，很少组织班级活动，也不知道如何组织活动，一个学期后学习委员就换成另外一个同学了。

我女儿从小学、初中、高中直到大学，一直担任班干部或学生会干部，参加各种课外社团、兴趣小组活动，组织大型活动，几乎没有影响过学习。

到了高年级，我们与女儿沟通，很多事不是一个人可以完成的，作为学生会主席，她的主要职责是管理与协调，要学会调动副主席和各位部长们的积极性，大家一起策划和组织活动，让事情发生 (made it happen)，这是一种十分重要的能力。女儿的悟性很高，只要话语点到，很多事情都处理得比较好。

4. 初中阶段

初中生正处于人生的第二个关键期，身体发育与心理发育都比较快。在这个阶段，我们应该帮助孩子培养哪几种能力，以便更好地应对生活中出现的各种困难和挫折呢？根据我的体会，我觉得这一阶段的孩子应该着重培养以下能力。

（1）引导和培养孩子的正向思维能力

女儿刚升入初中半个月后，利用周末时间，我们照例在晚饭后沿着环山路散步，刚走了一会儿，就有了以下对话。

女儿:“老爸、老妈，我们班的阿明说了好几次，女孩子到了高年级，学习就会逐渐退步，是这样么？ ”

我 :“这是典型的心理暗示。如果相信同学的话，对自己不停地暗示，你会发现自己真的就不行了。”

先生 :“不要随便相信同学的话，现在女孩子表现优秀的越来越多了。”

女儿 :“老师也认为我的理科学得不如文科。”

我："老师那么说，是因为他不了解你的潜力；再说，以前你的数学学得较少，没有参加过奥数班，现在刚刚升入初中，还有些不适应，这都是正常的。"

女儿："我感觉数学题挺难的。"

我："第一次接触数学题，就像面对一个陌生人，特别是那些不熟悉的题目，当然会觉得有些难。多看几遍，或者多做几道题，就不会觉得难了。我估计看两三遍以后熟悉了，你会觉得学数学也挺容易的，千万不要听信别人的评价或心理暗示。"

先生："我们俩都相信你是最棒的，只要有信心，没有什么可怕的，最重要的是，心里不要怕，什么困难都可以克服。"

我不无夸耀地："你看你老妈，当年中考，还考过全乡状元呢！第一年高考成绩也是我们学校的第二名。上高中的时候，不止一个男同学对我说，你的数学真好，我们怎么都追不上你。为此，我曾得意过好一阵子呢。再说了，我的女儿可比我当年强多了。如果以后还有人说这样的话，你笑一笑就行了，别当回事，更别往心里去。"

先生也："我们相信你肯定没问题。"

我们三个人，就这样手拉着手，边走边聊了一个多小时。

一个月后，女儿获得了江苏省数学竞赛三等奖。

孩子在成长中总会有迷茫和失望的时候，这个时候我们千万不要对孩子失去信心，而是要积极地引导，强化孩子的正向意识，减少消极暗示，这样孩子就很容易打开心结，消除疑虑。

就像我女儿，在我和先生的激励下，深受鼓舞，思考问题的角度就更积极了，面对挫折的勇气更足了。有积极心态的孩子，在未来才有笑对人生的胆量，因为笑比哭好，笑能让人愉悦，哭只会让人难过、伤心、沮丧。图 3-31 是一位母亲写给自己的字条，贴在床头，提醒自己每天至少微笑 10 次。

（2）接纳共情，培养孩子的沟通能力

沟通能力的培养应该从幼儿阶段就开始，如果错过了，青春期还有一次弥补的机会。作家莫言说过：一个优秀的孩子背后一定有用心的父母。这里说的用心，就是理解孩子的真实感受，接纳孩子的情绪。

图 3-31　一位母亲贴在床头的字条

2017 年 8 月下旬的一天，天气特别热，有两对来自河南的母子在北京参加“发现母亲”游学活动，两个男孩子，一个初一，一个六年级。几天的连续奔波，每天睡眠不足 6 个小时，有时只睡 3 个小时左右，人困马乏。凌晨 3:00 孩子还在睡梦中，就被迷迷糊糊地喊起来，随着旅行团去看升国旗仪式。3:35 到达天安门广场，坐在第二排，天热人多，每个人都大汗淋漓。

两个男孩子都熬不住了，直嚷“太热了，出去吧，一秒钟都不想待了！”其中一位妈妈耐心又平静地对儿子说：“就是，天太热了，又困又累。可是你出去了，妈妈怎么找你啊？”儿子急躁地嚷：“反正我不管，我要走。”妈妈继续安慰着：“既然来了，就坚持一会儿吧。你往后看，一眼望不到头的人群。有多少人羡慕我们呢。”儿子终于安静下来了。在返回旅馆的路上还得到妈妈的夸奖，心里美滋滋的。

另外一位妈妈与儿子一样烦躁，冲儿子抱怨：“你热我们就不热呀，真后悔带你来，以后再也不带你出来旅游了。”然后，又把儿子教训了一番。

两位母亲，两种沟通模式，结果就可想而知了。

对待闹情绪的孩子，接纳与共情是有效缓解负面情绪的法宝。

我曾整理过与女儿在不同年龄段交流的材料，从她出生到大学毕业，相对重要的沟通20多次。初中期间沟通次数最多，涉及学习、交友、早恋、竞选、转学等。父母与子女之间的积极互动模式，对于孩子理解沟通模式并加以效仿，会产生正面的影响。

（3）多鼓励，多支持，提高孩子的抗挫折能力

小升初作为一个全新的阶段，有些孩子尤其是学习优秀的孩子会遇到比自己强的竞争对手，心理压力较大。在这种情况下，或者降低期望值释放压力，或者多用鼓励与支持的语言，都是帮助孩子缓解压力的方式。

女儿升入初一后不久能勇敢地竞选班长，就是我和先生鼓励的结果。有一天晚饭后三人手拉手在盘山路上散步。

女儿：“班主任动员我们，班里所有的职务都要通过竞选产生。”

我问：“你想竞选哪个职务？”

女儿：“宣传委员。”

我问：“你不想当班长？”

女儿：“想，担心竞选不上。”

我：“我们觉得你很有实力，应该试试。”

女儿担忧地说：“如果选不上呢？”

我：“没有关系啊，至少得到一次锻炼的机会。选不上班长，说不定还能做宣传委员；如果直接竞选宣传委员，就没有机会做班长啦。”

女儿："我要试试竞选班长。"

爸爸："好，你一定能行。"

我们的鼓励，直接激发了孩子的斗志。

第二次鼓励女儿，是她刚从徐州转学来到清华附中的时候。

我女儿是初二下学期期中考试前转到清华附中的。矿大附中只有两个初中班，学生人数少，虽然女儿的成绩不错，也只能入读清华附中的普通班。如果想进 3、4 两个龙班，只有期中期末两次考试成绩都排在年级前 50 名才有资格。

进入龙班就是孩子本学期的奋斗目标。

然而，同学变了，老师变了，环境变了，教材变了，又不能进龙班，这么要强的女儿，心理压力可想而知。

我应该说还算比较细心，也知道女儿忧虑的是什么，于是我们一家三口在近春园的湖边散步。

女儿先说话了："妈妈，听说 3、4 班的学生都很聪明。"

我："是的，毕竟是龙班，全年级十几个班，只有两个龙班。"

我了解女儿的心思，就鼓励她：其实你也挺牛的，你想进哪个班？

女儿："3 班、4 班都行。"

我："太好了，就进 4 班吧。你肯定行。北京的孩子有什么了不起，重点班的孩子有什么了不起，他们吃 14 年的饭，你也吃 14 年的饭，战略上要藐视他们。当然，毕竟这是北京，这是清华附中，在战术上决不能轻视他们，你还要继续努力噢。"

这样的交流总是很愉快，能够及时驱走孩子心中的雾霾，让孩子心情放松，只有动力，没有压力。

一个月后参加期中考试，女儿的正卷成绩班级第 1，年级第 5；含附加题的全卷班级第 1，年级第 32。

期中考试成绩极大地提升了女儿的信心。

两个多月后的期末考试，女儿的正卷成绩班级第 1，年级第 2；含附加题的全卷班级第 1，年级第 5。9 月份如愿进入初三（4）班。

从这个事例可以看出，孩子的潜能能否充分发挥，固然离不开孩子自身的努力，但我们能否提供充足的支持和鼓励也是非常重要的。

5. 高中阶段

考上高中的孩子没有一个不想考上好大学的，如何在确定目标的同时，更好地帮助孩子保持不断进取的积极性？

（1）让孩子自己做选择，是动力的源泉

把孩子的事情交给孩子自己处理，只要是自己选择的，孩子更愿意对自己的选择承担责任。

我同事的儿子，考上高中后，经历了三次重要的选择。

第一次：是否住校。

这位同事的家到学校的自行车车程只有十多分钟，但她儿子愿意住校，认为在学校与同学们一起学习氛围更好。我建议妈妈尊重儿子的选择。

第二次：文理科分班。

她儿子想选择文科，但她不同意，只希望儿子选择理科。

我问她："为什么？"

她："学文科没有出息。"

我："理由不充分吧。大到国家领导人，小到公司中高层，尤其是文化创意行业、金融行业，文科生的比例远大于理工科学生的比例。"

她："理科适应面广，更容易找工作。"

我:"不是吧都什么年代了，文科的适应面更宽，法律、新闻、传媒、国际关系、人力资源、政策管理……"

她："怪不得每次交流，儿子都说不让我管了。"

我："让你儿子自己决定吧。你可以表达自己的真实想法。"

她："我不知道如何交流，您能抽时间跟我儿子聊聊吗？"

基于同事的信任，我们相约去爬山，行车约一个半小时，交流也持续了一个半小时。我问他答，了解到这个男孩子的理科成绩虽然不错，但学得有点吃力。比如，别的同学 3 分钟能解 1 道数学题，他要用 20 分钟甚至更长时间，但他感觉背诵和理解文科的知识却很轻松。

我还了解到，他态度很坚定，坚持要学文科，如果妈妈非要让他学理科，他就不学了。

妈妈意识到儿子已经下定决心，虽然还不情愿，但还是明智地做出了让步，孩子如愿进入文科班。高二刚开学时还有一个小插曲，开学一周了，妈妈接到老师的电话说她儿子病了，已经请假回家了。因电话声音比较大，我也听到了。我安慰着这位同事。说话间，她儿子也打来电话，听声音根本不像生病。再了解才知道，文科班女同学多，叽叽喳喳，她儿子刚开始有点不适应。

妈妈趁机说："还是回到理科班吧？"

儿子告诉妈妈，请完假回来就没事了。第二天他就高高兴兴去上学了，因为他知道，他要为自己的选择负责。

第三次：能玩游戏吗。

她儿子有个小爱好，就是周六玩一会儿游戏。有一次我专门问孩子玩游戏的感受，他说从周日晚上到周五下午，一直在学校，不允许上网，学习挺紧张的。周末回到家里玩游戏，一是为了放松，二是以团队的形式与同学一起玩，是提前预约的，要遵守承诺。我又问他玩游戏耽误学习吗？孩子很坚定地说不会的。"知道妈妈反对你玩游戏吗？""知道，她总是担心。"他认为妈妈的担心是多余的，而孩子的妈妈只要看到儿子玩游戏就生气、发脾气。因为在妈妈的观念里玩游戏就是浪费时间，耽误学习，影响成绩。儿子就问妈妈允许他的成绩下降到第几名，于是她对儿子提出了要求，不允许成绩下降到 20 名以下。

2017 年 3 月的一天，月考结束，妈妈接到儿子的微信"此次月考排名第 21 名"。妈妈特别愤怒，用她的话说，真想狠狠地骂儿子几句，因为这个成绩终于验证了玩游戏影响成绩的推断。

很庆幸，虽然她很恼火，但在我的劝说下还是忍住了，没发微信也没有打电话骂儿子。第二天上班她有点憋不住，就向我诉苦。

我问她：“你准备怎么回复你儿子？”

她：“就想骂他一顿。”

我：“你觉得有用吗？”

她：“也许没用，但我挺生气的，玩游戏就是耽误学习。”

我：“一次考试也不说明什么啊？”

她：“那我怎么办呢，如何回复？”

我：“你可以告诉他没关系，不就是一次考试吗？其他的题会做了吗？”

妈妈觉得这样回复太便宜了孩子。第三天上班，我们又聊了影响考试成绩的原因、责任心、综合能力等方面的话题，我还是劝她不要轻易责骂孩子。她权衡再三，终于在接到儿子微信后的第三天晚上回复了“没关系，会了就行”。

谁能想到这个高三男孩是怎样回复母亲的？

因为这个案例很经典，我曾让不少家长猜过，很少有家长会想到这个儿子是这样回复的：“妈妈，我考了第一名。我是逗您玩的。”

这位同事喜出望外。第四天早上来上班，一进门就拥抱我，对我说感激的话，因为我让她避免了一场尴尬与不必要的矛盾。更重要的是，儿子对妈妈的尊重、关心、体贴与日俱增，她在母亲节、生日都能收到儿子的礼物。2018 年高考总分 670，查分当天，她激动地打电话告诉我这个喜讯，声音是颤抖的。高考志愿也是孩子自己做主填报的。

（2）熟悉的同伴变偶像，更能激发学习积极性

我女儿的榜样，来自高她一届的同学。女儿在高一下学期得知这个同学被哈佛大学录取了，她很羡慕地告诉我们：“他能考上哈佛，我觉得我也应该试试。”我们说：“好啊，你应该去试试。”

女儿的英语一直很好，当她提出出国留学的想法时，我们立即表示全力配合，大力支持。考 SAT、TOEFL，准备申请材料，努力做最积极的准备，争取最好的结果。同时，我们也给女儿提出要求，申请

出国与高考同步，在不耽误高考的前提下，自己准备申请材料，不找中介。无论被哪所大学录取，如果没有奖学金就在国内上大学。

女儿不无担心地问：如果申请国外大学没有结果，又耽误了学习，最终没有考上好大学怎么办？

我们坦然地告诉她，今年考不上理想的大学没关系，还有明年呢。再说，普通大学甚至不上大学照样可以出类拔萃，努力学习是持续的过程。我们还举了好几个清华的教授、院士都不是清华毕业的例子，有些大牌教授只是很普通的二本毕业生。

我们还强调：结果怎么样不重要，重要的是经历这样的申请过程，这也是一次难得的锻炼与体验。正常上课、准备出国材料两不误，对有效安排时间，提高时间利用率也是一次极大的考验。

女儿表示认同，考虑到各种可能的情况，接受了我们的建议，做两手准备。在整个申请过程中，我们做好后勤保障，偶尔参与意见，所有材料都是女儿一个人独自完成的。她经常忙到午夜前后，有时甚至忙到凌晨 2:00 以后，我们睡一觉起来，她还在那里忙着。她的付出与毅力是别人难以体会的，我俩看到她那么努力，非常心疼，也很惭愧，我们从来没有这样拼命地努力过。

偶像的力量是强大的，一旦有了目标，不需要别人去要求，她都能激情满怀地把事情做好。机会总是垂青有准备的人，最终她的努力没有白费。

不要怪孩子不努力，也许是他们还没有找到为之努力的奋斗目标。

2018 年 10 月，一位妈妈问我该怎样做才能让孩子更愿意学习，我问她孩子有没有特别崇拜的英雄或名人，妈妈说她儿子想成为成龙那样重情重义的人。我建议妈妈从儿子身上找出与成龙相似的特征，去激发他的热情。后来这位母亲告诉我，这样做还真的挺管用，在她的不断鼓励下，孩子都相信自己只要努力就一定能成为他想成为的那种人。

高中三年是孩子自我选择的成长转折期，从十四五岁的少年到十七八岁的青年，具有强烈的承担责任意识与自我认知意识。在这个阶段，我们家长的主要任务就是理解、鼓励、放权，帮助并支持孩子，做好后勤保障。

一个生命个体从孕育到出生，上幼儿园、小学、初中、高中、大学，走入社会，并不是每个家长都能做到全程重视，有的家长可能会忽视孩子某一年龄段的教育，比如有的忽视婴幼儿期，有的忽视小学阶段，有的忽视初中阶段，有的忽视高中阶段，当然忽视高中阶段的家长很少。到了大学阶段，还有可能出现忽视孩子心理变化的现象。

有一次我在淄博做分享后，一位家长以自省的口气说："我一直以为用各种高压手段把儿子逼进大学，我就轻松了，没事了，就不用管他了，看来我的观点不对。"

大学阶段仅仅是一个新的开始，绝不是教育的终结，十七八岁青年的心智远远没有成熟，所以忽视任何一个年龄段的教育都有可能出现孩子成长的断档现象。

为什么这么说呢？如果把前一个年龄段的培养结果作为后一个年龄段的培养起点，那么每个年龄段都是成长的新起点，起点越高，成长越快。所以不仅要重视各年龄段的培养，还要重视各年龄段的衔接。

目标衔接就是每一个阶段之间没有断层，像爬楼梯一样，一级一级拾级而上，稳而有力，才不会摔跤。如果企图一步跨两个或者两个以上的台阶，难免有不稳或失足的时候，跨越式前进不符合孩子的成长规律，反而有可能因"拔苗助长"（图 3-32）而阻碍孩子成长。

孩子的成长是一个连续、平稳的发展过程，如果没有遭遇特别的事件，一般不会发生断崖式的跌落，也不可能在短时间内出现由量变到质变的快速提升。比如小学二年级的孩子写作业慢、上课不专心、专注力不足，并不是小学阶段才出现的问题，而是孩子出生后经常被打扰累积的，专注力根本就没有得到充分的发展。有些家长在婴幼儿玩耍，或者低年级孩子做作业的时候，不是给这就是给那，喝水、吃零食、上厕所、拉着出去玩，随便打扰，这种打扰成为习惯后，孩子就很难专心了。

图 3-32　拔苗助长不符合成长规律

前一年龄段准备不足，与后一段的衔接就比较吃力，没有前一阶段的量变积累，哪有后来的质变与飞跃呢？

俗话说：不怕慢，就怕站。就像司机开车，3 小时都按平均 80 公里的速度匀速行驶，与停留一小时后按 100 公里的速度行驶相比，在相同时间内前者按均匀速度前行一定跑得更远。

一个年龄段一个台阶，每个台阶都是新的起点。培养能力，关注心态，前面的功夫做足了，衔接一定顺利，从而完成角色转换，从被动的“要我学”的婴儿，成长为一个主动的“我要学”的学生，再到“我爱学”的快乐青年。“要我学”不如“我要学”，“我要学”不如“我爱学”。

反观我女儿的成长历程，虽然女儿只是一个普通的孩子，但她的整体状态一直让我们很满意。2017 年 7 月，我们一家三口在伦敦朝夕相处，她流利的英语，高效的办事效率，遇事沉稳的状态，与朋友交流的淡定、平和、自信，还有遇到挫折时的宽容与坚强，都让我们备感欣慰。当最后我在伦敦机场看到女儿把大箱子搬上行李带的那一刻，我差点流泪，努力中的孩子，真的不容易。

第三节　建立规则意识

人们常说“三岁看大，七岁看老”，到底是看什么？不是看孩子背多少唐诗，不是看孩子会不会背乘法口诀，认识多少字，主要是看孩子的品行、习惯和性格特征。规则意识和规则行为是儿童社会性发展的重要内容，对儿童进行规则教育的最终目的就是在身体力行的过程中，把规矩内化为好习惯，塑造内在的品格，让孩子成为心有法度、行有尺度的大写的人。我们坚信，懂规则的孩子有更强的社会适应能力。

一、什么是规则意识

1．规则与规则意识

规则就是一种框架、约定、界限，秩序。被沉淀下来的准则，包括技术规则、游戏规则、道德规则等，最高规则是宪法。对孩子而言，规则就是一种行为规范，即什么事情是可以做的，什么事情是不可以做的，什么事情是可以商量后做的。家庭不同，规则不同，没有统一的标准与严格的限制。（图 3-33）

比如看电视（或者用手机），过去的孩子看电视，现在的孩子用手机，对象不一样，问题都是一样的。看电视、用手机并没有错，关键是我们如何对待孩子看电视、用手机。不同的家庭规矩完全不同，有的家长不允许，有的家长允许但限制时间与内容，有的家长直接把选择权交给孩子。有一位清华大学毕业生的妈妈，她大胆地把选择权交给儿子，由孩子说了算，那是孩子自己的事，他想什么时候看就什么时候看，母子之间的约定就是自己的时间自己分配，自己的责任自己承担，妈妈相信儿子知道什么时候该做什么，照样也处理得很好。

还有一位清华大学毕业生的爸爸说，绝对不允许孩子看电视，家长也不看电视，至少孩子在家的时候是不看电视的，家里根本就没有电视。这位爸爸认为孩子是管教出来的，家长要做孩子的榜样。

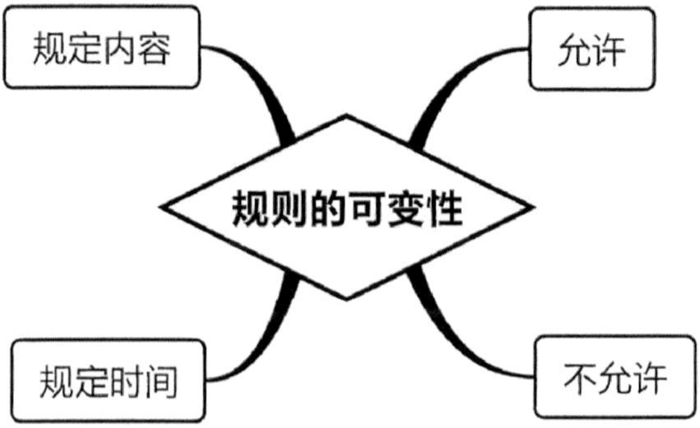

图 3-33　家庭不同，规则可变

我们家允许女儿看电视，但限制时间也限制内容，形成规则后，大部分情况下，由女儿自己决定看还是不看，以及看什么，约定时间到了，自己关电视。

有部分家长把权威等同于规则。有一个孩子曾问妈妈："为什么我打人就是坏孩子，你打我就是爱我？"妈妈的回答是："因为我是你妈！"这是典型的霸王条款，会影响家长与孩子的相处模式与亲子关系。

幼儿期是规则意识养成的关键期，比如幼儿玩滑梯时自觉排队就是规则意识。无论春夏秋冬，除非下大雨或者我们有事，女儿从幼儿园被接出来后，从来不直接回家，必须先玩，玩够了再回家，玩滑梯是必不可少的项目。喜欢玩滑梯的小朋友很多，大部分小朋友都能规规矩矩地排队，前面的小朋友一个一个地滑下去，排队轮到了才可以爬上去，不能加塞。有一次大约有十几个孩子排队等待滑滑梯，马上轮到一个小女孩了，一个刚刚滑下来的小男孩突然快速跑过来一把推开这个小女孩，又爬上了滑梯，小男孩的奶奶在旁边并未阻止，只是笑着说：“宝贝，慢点儿……”女儿就问我：“妈妈，这个小男孩为什么不排队？”我只能说：“他不乖，你喜欢他不排队吗？”女儿说：“不喜欢。”这种明显破坏规则的行为，本来应该及时制止，可这位奶奶却视而不见。

建立规则意识有三个层次。① 了解并掌握规则的知识。比如不打人不骂人，尊敬家长与老师、爱护环境、遵守纪律、讲究卫生等。② 有遵守规则的愿望并形成习惯。不仅知道规则，在没有强制性力量阻止 时也能自觉自愿地遵守，比如上车排队，购物排队等。③ 遵守规则成为内在需要，而不仅仅依赖外在的强制。

我看过一则报道，我国入世首席谈判代表龙永图的一位同事曾在联合国任职，这位同事的孩子在瑞士长大。有一天他们在日内瓦湖上划船，代表团有个成员喝完可乐后，顺手就把瓶子扔到湖里。这在国内是司空见惯的事，可是在瑞士长大的小男孩脸色都白了，他认为扔可乐瓶就像犯罪。为什么这个小男孩很在意这种不文明行为？这是习惯使然，他从小接受的规则教育已经内化为习惯，不能随手乱扔垃圾，是必须遵守的，是发自内心的。如果每个人都随手扔可乐瓶，就无法保持日内瓦湖的清洁和美丽了。

2. 规则的种类

第一类：禁止性规则，也称不变规则，或红灯行为。

这类规则对任何人都具有强制性，绝不能打折扣，比如说谎、打架、拿别人的东西、闯红灯，这些事情是不能做的，是绝对禁止的。即便孩子第一次违反，是出于好奇并不具有“违规”动机，仍然要严肃而坚定地说“不”！

有一天傍晚，在圆明园东门的十字路口，一个母亲领着一个大约五六岁的小女孩，红灯亮时她们要走的方向没有车，这位母亲拉着孩子的胳膊要过马路，女孩说：“妈妈，红灯，不能过马路，老师告诉我们红灯停，绿灯行。”妈妈说：“别废话，没有车，快跟我走。”当时我正站在她们旁边。这位妈妈可能认为闯红灯是一桩小事，殊不知她在破坏规则方面的示范作用，有可能对孩子造成长期的不良影响，怎么能指望孩子将来做一个遵守社会规则的好公民呢？红绿灯制度，看起来车子走走停停，但却是保证各个方向车子和行人有序通行的最好措施，不仅安全，而且快捷高效，为人们的出行带来极大的方便。图 3-34 为美国普林斯顿大学门口的交通信号灯和斑马线。

图 3-34　普林斯顿大学门口的交通信号灯和斑马线

我看过一则故事，说一个男生特别优秀，在欧洲留学期间结识一位白人女生。有一次两人散步，过马路时正赶上红灯，男孩拉着女孩就过去了。女孩想：这个人连红灯都敢闯，还有什么事不敢做呢，结果女孩选择分手。毕业后男孩回国发展，谋得一份很不错的工作，认识一位漂亮的女生。有一天两人去购物，过马路时站着等红灯，女孩拉他也不动，一直等着行人的绿灯亮起才过马路。女孩想：这人太老实了，连红灯都不敢闯，还能干什么，结果这个女孩也选择分手了。

规则意识是一个从无到有、从小到大的养成过程，需要从小教育，一旦形成习惯，人人都从潜意识里去遵守秩序，整个民族的素质就提高了一步，从公众的角度来讲这是最大的获益。2001 年，美国“9·11”恐怖袭击事件发生时，世贸中心大楼内的楼梯自动分成三条道，一条残疾人道，一条正常人道，一条是消防员往上走的道，最后有 4000 多人顺利地撤了出来。想想看，如果不是这样，三条道都是拥挤和混乱的，情况将会怎样呢？

第二类：适应性规则，也称通行规则，或者绿灯行为。

这类规则是指哪些事情是应该做的，或在确保安全的情况下是可以做的，以及为什么要这样做。据了解，学龄前孩子的通用规则有三条。

① 不伤害自己。如电源、煤气灶、开水、刀具等可能引起伤害或有危险的物品，不能简单地给孩子说“不行，不能，不可以”，要耐心地让孩子了解，并讲清楚正确的使用方法。如提前告诉孩子，没有成人在场，不能随便摸插座，但要反复让孩子体验“应该怎么使用电源插座”：手要保持干燥，不要触摸与插孔接触的插头，只能接触插头上部的绝缘部分。用煤气灶点火时，要胳膊伸直，身子后仰，手按开关旋转，点火时脸部远离火源，反复示范，反复强调，确保安全，直到孩子完全掌握为止。

② 不打扰他人。当别人正在处理事情时不能随意打扰，否则就是不礼貌。自己的事情自己做，东西从哪里拿就放在哪里，尽量不要麻烦他人。

③ 不破坏环境。在公共场所不大声喧哗，不妨碍他人。在公园里游玩时，不掐花折草。公共资源是供大家观赏或使用的，不是自家的私有财产。

第三类：临时性规则，也称可变规则，或者黄灯行为。

这类规则比较灵活，大多数游戏规则都属于临时性规则。前一次的规则可以作为后一次的参考，按照每次游戏的情况与参与者的需要进行修订、完善或改变。我女儿特别喜欢玩捉迷藏，每次玩之前，我们的规则都不完全一样。这一次孩子“蒙上眼睛“或者“闭上眼睛”，我们先藏起来；下一次我们“蒙上眼睛“或者“闭上眼睛”，她先藏起来。还有扔沙包游戏，有时两个人玩，有时三个人玩，甚至更多人一起玩。如果两个人玩，接住了沙包就尽力往回扔。如果三个或三个以上的人一起玩，接住沙包后，或者顺时针，或者逆时针，扔给下一个人。

3. 规则就是有清晰的边界

规则就是界线，孩子的行为不能越过“界”，这个“界”也可称为家长的底线，不因人种、语言而变化。

我在网上看到诺贝尔和平奖的获得者、美国前总统贝拉克·奥巴马在大女儿 10 岁、小女儿 7 岁的时候，制定了九条家规，内容有：

① 不能无理地抱怨、争吵以及惹人讨厌的取笑；

② 一定要铺床叠被，不只是看上去整洁；

③ 自己的事情自己做，冲麦片、倒牛奶、设置闹钟、自己起床穿衣服；

④ 保持玩具房干净；

⑤ 帮父母分担家务；

⑥ 每逢生日或是圣诞节，没有豪华的礼物和华丽的聚会；

⑦ 每晚 8 点 30 分准时熄灯；

⑧ 安排充实的课余生活：跳舞、排练、弹钢琴、打网球；

⑨ 不准追星。

上面这九条都是切切实实可以操作的事情，界限清晰，孩子很容易理解父母对哪些事情是可以容忍的，哪些界限是坚决不能跨越的。

有一位来中国家庭做客的美国小姑娘，上三年级，像所有的小孩子一样，对糖果没有丝毫的抵抗力，吃完第一颗还想吃第二颗。她问妈妈是否可以吃第二颗，妈妈很明确地说不可以，小姑娘只好平静地接受。很多人都喜欢讲国外的教育多么先进、多么尊重孩子的意愿，却有意无意忽略掉了，每个家长的心里都有一条清晰可见的边界，有些事可以做，有些事坚决不能做。

家规可能各不相同，我们家就是我们家，这一点务必让家庭成员，尤其是孩子明确认知，因为我们家和别人家是不一样的，做了我们家的孩子，就要按我们家的规矩做事。别人家的孩子不用分担家务，我们家不行；别人家的孩子从小学就配手机，我们家要到初中才能配手机。要给孩子讲清楚，并让孩子参与家规的制定。我们还应该知道，家规不是仅仅用来约束孩子的，自己也必须遵守这样的家规。同时，应该让孩子体会到只有在规则范围内的行为才是许可的。（图 3-35）

设定规则的目的，不是限制孩子，而是相信孩子在有边界的空间内能够自律。规则教育的本质是不以牺牲孩子的个性为代价，应使其个性更和谐地发展。绝不能将规则视为楔人孩子身上的钉子，而要将规则看成是播种在孩子心中的一颗种子，让它生根，让它发芽。健全、合理的规则教育，孩子的一生都会从中受益。

图 3-35　家规不只是对孩子的

二、为什么要建立规则意识

1. 有助于规范行为

民间有多种说法：没有规矩不成方圆，无规矩必不长远，无规矩不成才。国有国法，家有家规。没有原则的家长，也教育不出有原则的孩子。

我看过某省电视新闻播报的节目，一个无礼的小孙子在地铁里用瓶子狠狠地抽打奶奶，而且边打边骂“你有病，你有病”。这位奶奶不仅不生气，还在别人指责她孙子时袒护他。这么没有原则的奶奶，怎么能得到孩子的尊重与信任呢？怎么能培养有规则的孩子呢？这是在公共场合，在家里是什么样子，都不敢想象，这么小就敢打疼爱他的奶奶，走上社会，什么事情干不出来呀。

还有这样一个故事。江苏无锡的一家火锅店，大人都在位子上用餐，只有一个小男孩在走道里跑来跑去，从这头跑到那头，又从那头跑到这头。他的妈妈就慢悠悠地跟在后面，没有提醒，更没有制止，妈妈也许觉得孩子活泼可爱，根本没有必要管吧。孩子在跑到一处拐角的时候，恰好撞翻服务员手上的一锅烤鱼，悲剧瞬间发生，孩子多处被烫伤。事后，孩子的父母在未经过任何鉴定，也没走任何法律程序的情况下，态度嚣张地索取 39 万元赔偿 :“钱不钱的不重要，谁家小孩被烫成这样不值 39 万？”父母把自己的责任推卸得一干二净。

2. 有助于养成自律意识

两个人及两个以上的人相处，必然涉及规则，包括夫妻之间，父母与儿女之间，都要设定被各方认可的规则，否则就会产生不可调和的矛盾。

近年来有不少“熊孩子“事件的报道，有在公共场合肆无忌惮大声喧哗的、说话的、打电话的，丝毫不顾及别人的感受，有破坏公物的，有干扰并伤害他人的。2017 年 10 月的一天，北京 4 号线地铁里，有一个特别顽皮的男孩子，不仅坐不住，还扯着嗓子与妈妈说话，声音特别大，邻座制止时，家长却非常嚣张:“我家孩子说话声音本来就大，想说什么就说什么，为什么要压抑孩子的天性呢！”家长不自律，怎么能指望孩子“听话”？

我们总是期待孩子听话。有一个小男孩正在玩游戏，妈妈命令他放下玩具去学习，还要求孩子听到“命令”后马上投入到学习状态。这种要求是不现实的，如果按照这样的“高标准”要求孩子不仅难以实现，还会自寻烦恼。

著名儿童心理学家弗吉尼亚·希勒认为“没有规则的孩子不阳光”。在没有规则的家庭里，孩子很难学会凡事必须尽力。没有规则、不自律的孩子一旦离开家庭，面对复杂世界的挑战，会经常碰壁。经常碰壁的孩子，失去进取心，也缺少自信心。

3. 有助于学会与人相处

规则是救命的道德底线。没有规矩的人，不仅危害别人，危害社会，更伤害自己。照顾好自己就是对家人、对社会的最大帮助。2018 年 1 月 9 日，福建莆田金石中学一女学生被一男同学刺伤颈部身亡。其原因竟然是考试时，女生没有让这名男同学抄答案。据了解，这个男孩子的爷爷、爸爸妈妈都在教育部门工作，有的还担任相关的行政职务。他们难道不知道考试作弊轻者处罚，重者开除吗？

如果孩子不懂得如何与他人相处，所有的教育都是徒劳的。有一位大学老师，她的苦恼在于：儿子大学毕业一年多了，本来在一家国有企业，有一份令人羡慕的工作，稳定而轻松，最近却失业在家。她儿子从幼儿园、小学、初中、高中，成绩一直很优秀，上过最好的幼儿园、最好的小学、重点初中、重点高中，是北京一所著名的 985 大学的毕业生。这个老师也了解到他儿子的工作主动性不强，对分内的事情无法尽职尽责，不能与同事融洽地合作，更重要的是不虚心，不愿意接受批评，顶撞领导，无端发脾气，沟通不了。

当然，任何问题都不是短时间内形成的。这个老师开始反思，虽然从幼儿期就教儿子认字、学外语、唱歌，却从来没有教他如何懂规矩，如何有礼貌地向长辈问好，甚至孩子随便翻自己甚至客人的拎包的时候，也没有及时阻止，现在后悔莫及。

4. 有助于形成自控力

20 世纪 60 年代斯坦福大学曾给一群 4 岁多的小朋友做过一个游戏，规则是这样的：给每个小朋友发一颗棉花糖，若 15 分钟内没把第一颗棉花糖吃掉，就可以获得第二颗棉花糖；若吃掉了就没有机会获得第二颗棉花糖了。15 分钟后有的小朋友忍住不吃，坚持下来了，有的小朋友忍不住吃掉了。等待期间，孩子的表现千奇百怪，有的用手捂住眼睛，转过身，故意不看盘子，有的踢桌子，有的拉扯自己的小辫子。10 年后，跟踪调查这些孩子，在学业、事业和家庭等方面进行比较，发现当初能够坚持 15 分钟不吃棉花糖的孩子更优秀。科学家把这种“忍耐不吃，等待更多棉花糖”的能力取名为“幸福延迟能力”。

宋庆龄的父亲宋嘉树为了锻炼孩子的自制力与忍耐力，让他们成为意志坚强的人，定期与孩子一起禁食，在这一天里，让饥肠辘辘的孩子面对吊胃口的饭菜，克制食欲，宁可忍饥挨饿，也不去碰一下食物。

为了锻炼女儿的自控力，我们俩能理智地面对她的哭闹。

有一天，我带着还不到两岁的女儿到商店购物，付款的时候，看到孩子站在玻璃柜前大哭，我当然明白她的意图。售货员说，看孩子哭成那样，她想要什么就给她买呗。

这种情况下我迅速做出了判断，她没有生病，不渴也不饿，无非是想让我给她买零食或玩具。虽然是第一次遇到这种情况，但我很镇定，也很坚定。我控制住自己的情绪，没搭理她，买完需要的物品后，结账走人。忽然，女儿觉得不对劲，环顾左右发现我已不在身边，只好哭着追出来，无可奈何地跟在后面。回到家，她的哭闹也就差不多了。等孩子冷静下来后，我直接告诉她，如果想要什么东西，可以告诉我，也可以商量，不能哭，因为哭泣是解决不了问题的。

还有一次带她去商场购物，女儿看到琳琅满目的食品就要买，我们事先讲好就买一样食品——棒棒糖，小家伙答应了。拿到棒棒糖以后，她又指着另一种食品，非要不可，我当然不会答应。有了上一次的经验，我没有答应，小家伙撇撇嘴，想哭，最后却没有哭出来。

被我们采用这种“软处理”的办法“对付”两次以后，她再跟着逛商场就换了一套“战术”。事先约定不哭也不闹，只买一样食品或玩具。按照“约定”买完一种食品或玩具后，她会在其他叫不出名字或没有见过、没有吃过的商品前流连、驻足，眼里流露出孩子般的贪馋和渴望。如果催促她，她会说：“我没有见过，让我再看看吧。”这种时候，我们或者什么也不说，或者明确告诉她，等下次逛商场再给她买。看到我们的态度依旧那么坚决，孩子也就不再坚持了。

当然，我们绝不是铁石心肠，偶尔也会给孩子一些额外的奖励，让她有意外的惊喜。在女儿 4 岁多的一个周末，我们带她逛商场，除了给她买一条紫色的裤子，中午还带她到饭馆吃饭。女儿很开心地告诉我们："你们对我够好的啦，又买新衣服，又下饭馆。"这句话很像成年人的表白，因此给我俩留下了特别深刻的印象，每当想起这句话，我都想流泪。锻炼孩子的延迟满足能力，让她有愉悦感，我们心里也暖暖的。

无论多么小的孩子，都不要轻易满足他们的欲望，如果孩子的欲望轻易地得到满足，没体验过得不到自己想要东西的感受，只会培养出骄奢的索取者。很多人读过《红楼梦》，薛蟠因父亲去世早，被母亲百般溺爱，凡是他想要的东西皆被满足，从没有被违逆过，成年后，他就是一个被宠坏的公子哥，任性耍赖，目无家规国法。

5. 有助于养成良好的习惯

叶圣陶先生说，教育的本质就是养成习惯。如果说人与人之间有什么差距的话，造成这种差距的往往不是智商，而是从小养成的各种习惯。规则教育的本质就是培养良好的行为习惯以及高尚的品质。

著名教育家乌申斯基说，如果养成好的习惯，一辈子都享不尽它带来的利息；如果养成坏的习惯，一辈子都在偿还无尽的债务。儿童阶段是培养习惯的最佳时期，一个好习惯能成就孩子，一个坏习惯则能伤害甚至毁了孩子。而衡量教育是不是成功，就看孩子有没有形成良好的习惯。

孩子越小越容易养成习惯，不论好习惯还是坏习惯。小到拿筷子吃饭，大到思维，一旦形成习惯就很难改变。心理咨询师李雪说：每一个顽固坏习惯的背后，都是匮乏爱的痛苦呐喊。很多孩子以各种不良行为求关注的时候，不仅会被家长忽略，还有可能被批评、指责、谩骂。

2018 年，我问一位女博士，如何陪 9 个多月的女儿玩玩具？她说：“把所有的玩具都放在女儿面前，爱玩哪个就玩哪个，等她不喜欢了再收拾。”我笑着问：“你尝试过每次带她只选一个玩具，等她不想玩了，再带着她把玩具放回原处吗？”这位高学历妈妈说：“从来没有，孩子还小呢，有必要吗？”我又问：“如果现在不重视，她不知道玩具在哪里，等她长到四五岁，突然一天不高兴了，大喊大叫，妈妈把玩具拿给我，我哪个都想玩，你会有什么感受？”她想了想说：“我还真的没有想过这个问题，谢谢杨老师提醒！”后来我们又聊到培养阅读习惯、训练记忆力、专注力等很多话题，她说都没有意识到，而且一直认为“孩子长大就懂事了，孩子长大就会了”。这种很固执的“树大自然直”的观念在博士妈妈的脑中也是如此，这更加坚定了我做家庭教育的决心。

三、如何建立规则意识

1. 充分了解孩子

儿童心理学家让·皮亚杰认为，年龄不足七八岁的孩子在认知能力快速发展的同时，又受到自身经验不足的限制，对事物的认知具有很大的局限性。

总体来说，婴幼儿有超强的模仿能力，好奇心强，好动爱玩，好带听话。但孩子时而乖巧、时而顽皮、时而懂事、时而倔强等易变的性格对我们的信心、韧性都是极大的考验。比如，我女儿有时会把幼儿园分的饼干、巧克力带回来给我们品尝，让我们感动；有时候会把幼儿园的玩具带回来，让我们诧异。很多父母都会有这样或那样的疑惑和担忧，经常搞不懂孩子成长中的无数个“为什么”，比如：

为什么不如以前听话了？

为什么开始说谎话了？

为什么不爱理人了？

……

耶鲁大学的一项研究表明，2 岁的孩子“不”字当头，打滚耍赖，占有欲强，自私霸道；3 岁的孩子友善平静，易于接受建议，也乐于分享；4 岁的孩子活泼，喜爱冒险与刺激；5 岁的孩子开朗，懂事讲理，遵守规则。6 岁的孩子开始逆反，希望按自己的意愿行事，争强好胜，难以忍受失败；7 岁的孩子在意自己的地位、价值与别人的评价。虽然这些也是少量样本的统计结果，但仍然不能否认其参考价值。

曾有一位 2 岁孩子的妈妈说“Terrible Two”，我还以为她的大儿子还小又要生老二呢，后来才知道是指可怕的两岁。两岁的孩子有什么可怕的呢？我让她描述了可怕的两岁是什么状态，比如用手抓菜，把馒头和菜放到稀饭里，还说孩子开始贪玩，不听话，吃饭、出门、穿衣服变得拖拖拉拉。一不如意就大叫、大哭、大闹，有时还是“故意的”。

女儿两岁半，我在日记中有这样的记载：……我们“说东她说西”；我们“说手她说脚”；我们“说胳膊她偏说腿”，如图 3-36 所示。

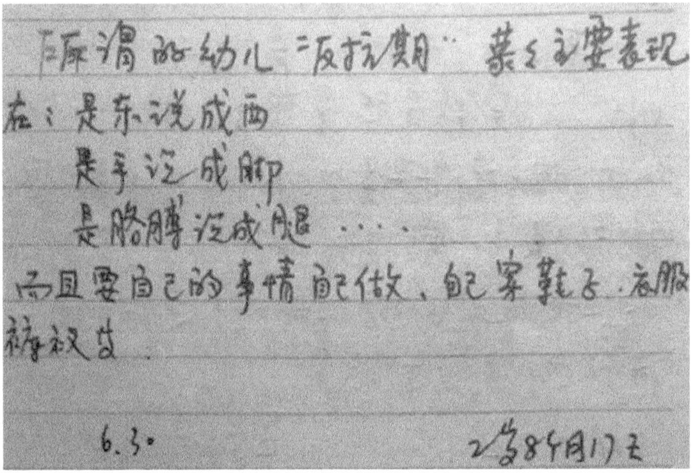
所谓的幼儿“反抗期”菲菲主要表现
在：是东说成西
是手说成脚
是胳膊说成腿……
而且要自己的事情自己做，自己穿鞋子、衣服
裤袜等。
6.30　2岁8个月17天

图 3-36　育儿日记片断

我没感觉两岁的孩子有多可怕，只觉得女儿好玩、可爱。

2. 大胆放手不代劳

一位耶鲁大学生的妈妈曾说过这样一句话："你不能消除生活糟糕的部分，否则好时光也会变得没有意义。"这位很有主见的母亲不仅让三个儿子从小帮忙做家务，在自己外出工作的时候，还会毫不手软地把儿子"当童工"来使用。

孩子自己穿衣服、扣扣子即使做不好，穿得拧巴，也坚持让孩子自己做。当然，在可能的情况下，尽量购买易脱、易穿的宽松一些的衣服。

穿鞋子、系鞋带，动作比较慢，要耐心等待。比如第一次系鞋带，孩子因没有自信，可能会说"我不会"。我们要用充满信任的眼光鼓励他："宝贝，你行的，试试看。"当孩子尝试的时候，我们不能对孩子的坚持和努力视而不见，不管结果如何，都要对她克服困难的精神给予鼓励。冬天穿得多，有时看到女儿因为努力而憋得通红的小脸，我会蹲下来，用欣赏的目光看着她，大胆鼓励她自己的事情自己做。

孩子刚开始刷牙时满嘴都是泡沫，漱不干净，无非就鼓励孩子多喝几口水、多吐几口水而已。幼儿园时期，就让她学着把笔、本、纸装进她自己的小书包，背在肩上，然后一路上拉着她的小手，蹦蹦跳跳着走进幼儿园。

女儿 4 岁半的一天，我正忙着洗衣服，她坐在电视机前吃煮花生。吃完了剥好的花生米，她就喊："妈妈，我还想吃花生米，没有了。"我就告诉她："你已经长大了，要自己动手剥花生。"女儿说："我不会。"我说："你试试，一定会的。"听到妈妈的夸奖，小家伙可得意了。过了一会儿，女儿果然可以剥皮吃花生了，她的办法就是把煮熟的花生轻轻咬开，从咬破的壳里再取出花生仁，尽管这么做，她几乎吃不到完整的花生仁，这又有什么关系呢，她毕竟能够自己剥皮吃花生了。

该不该喊孩子起床？这是很多家长遇到的问题。

曾有一位妈妈说她大儿子学习习惯挺好的，成绩也不错，就是早上起床难，从 6 点 20 分叫到 6 点 50 分才慢悠悠地起来，制定了时间表也不执行，总觉得孩子没有动力，没有梦想。

我告诉这位妈妈不要把起床与梦想扯在一起，而是建议她勇敢一些，相信孩子有能力为自己负责任，不要再喊儿子起床了，一定要有让孩子迟到几次的勇气！这位妈妈的执行力很强，当天晚上就跟儿子沟通，让他自己定闹铃，早上只喊一遍，保证喊醒他，只喊一遍，说到做到。下面是妈妈连续几天记录的情况：

第一天，6：20把孩子叫醒，7：32起床，她带着弟弟妹妹出门那一刻，儿子冲出来跟上队伍，到学校差3分钟，以飞一般的速度冲进学校，估计到班上刚好卡点。早上的四项活动都略过了，没吃、没喝、没洗、没刷牙。在开车去学校的路上，她和两个小孩子读诗，不知道大儿子内心活动是什么？只见他表情很凝重，是不是觉得意外，或者等待说教，什么都没有发生。班主任说他除了慌乱，状态依旧不错，见面就向老师请教昨天未做出来的数学难题。

第二天，6：30叫醒，她像往常一样读书、做饭，不催不管，10分钟左右，大儿子从房间里出来，洗漱，听录音，作画，井然有序，7:35离开家门，虽然比往常出门晚几分钟，一路听着晨诵诗歌，快乐上学。

第三天，6：30叫醒，播放英语音频节目，她仍像往常一样读书、做饭，还做了他爱吃的鱼排，但不见孩子动静，直至7：15吃早餐，儿子才慌忙出来洗漱，7:30离开家门，一路听着晨诵诗歌，快乐上学。其实，她特别期待儿子迟到。

第四天，虽是周末，依旧6：30喊醒孩子，她一切如往常，7：00还在朗读时，孩子已经起来去做自己的事情了。

第七天，依旧在老时间把他叫醒，挺顺利，她的情绪也越来越好。目前就是晨诵与运动不能得到保证，她反思自己和先生的榜样做得不够，继续修正自己！

第十六天，连续坚持16天，儿子始终也没有迟到过，她释然了，不责备，不埋怨，儿子状态挺好的。

其实，孩子的很多坏毛病是被家长催促出来的。

如早晨催起床：叫第 1 遍不起，叫第 2 遍哼哼唧唧，叫第 3 遍才不情愿地起来，眯着眼磨磨蹭蹭穿衣服。

还有晚上催睡觉：10：30 了，11：00 了，一遍又一遍，要么不理，要么嘴上答应，身体不动，要么嫌家长唠叨，甚至跟你急。当然，还有催作业的，催穿衣吃饭的，催出门上学的，各种的催促。

家长长时间的唠叨与催促，养成孩子的依赖症。孩子做事的标准不是“什么时间该做什么事”而是“父母有没有催？”“父母会不会骂？”“父母会不会打？”曾有一位被退学的少年大学生说他爸爸每打他一次，成绩就能提高一些。他习惯了爸爸的打，爸爸也认为棍棒教育有成效，谁知上了大学后，老师不打他不骂他，反而没有动力了。这听起来是笑话，但这个孩子后来退学了，他的前程很可能也会受到影响。

如果我们的孩子依赖性太强，那一定是教育方法出问题了。

还有一个妈妈大清早起来，眼看时间来不及了，急得跳脚，6 岁的女儿还是不紧不慢地洗脸、吃饭，一副漫不经心、与我无关的样子。于是妈妈开始跟女儿沟通：“从今天开始，我们早上 7：10 出门，你需要自己安排时间，妈妈只会提醒你，不会催你，如果你做不到，后果自己承担哦。”

一开始，女儿似懂非懂，也没太当回事，依然赖床，依然慢慢地刷牙洗脸吃早餐。妈妈在一旁看着，硬是忍着没有出声。等到女儿收拾好东西出门时，离上课时间只剩下 10 分钟了。结果女儿上课迟到了，挨了老师的批评，女儿满脸委屈，怪妈妈送晚了。

接下来的几天，闹钟响后，女儿依旧翻身睡过去了，依旧迟到。

又过了几天，闹铃响起，不需要提醒，女儿乖乖地起床了。

让孩子在犯错中成长，再用正确的方法引导，就能让孩子学会对自己负责。

3. 以身作则

孔子说：其身正，不令而行；其身不正，虽令不从；还说，民无信不立。法国启蒙思想家卢梭说：榜样！榜样！没有榜样，永远不能成功地教给儿童任何东西。

①以身试法的妈妈。

2018年1月5日，合肥站，在一列由合肥开往广州南的G1747次高铁列车上，一名带着孩子的妈妈以等孩子爸爸为名，用身体强行阻挡车门关闭，并让列车员通知检票员给她老公放行。列车长和乘警掰开她的手，试图把她拉下火车，结果这位无理的母亲竟然撒泼耍赖地躺倒在地上，严重破坏公共秩序（规则），她的行为有可能引起重大的交通事故。这位母亲光天化日之下，以身试法，危害公共安全！

俗话说，说起来容易做起来难，说不如做。这位家长作为一位有十几年教龄的老师，无论她在学校怎么教育学生，在家里怎么教育孩子要做遵纪守法的公民，也抵不过她这次阻拦火车的行为影响大，她起到的恶劣示范作用远远超过她的行为本身。这就是榜样——一个反面榜样——的力量。

②爸爸随便说脏话。

不少家长总认为幼儿期的孩子年龄还小，感觉在旁边玩的孩子不会在意，随随便便张口爆粗，随随便便想做什么就做什么，其实在不经意间，我们说的话会被孩子听见，我们做的事，也会被孩子看见和效仿。

前一段时间翻看育儿日记，女儿4岁半时，我有这样的记录：

昨天，我先生从青岛出差回来后抱怨：“TM，东西太贵了。”

正在练琴的女儿立刻问:“妈妈，爸爸说是谁的妈，是他的妈吗？”

我只好笑笑，连声回答：“是他妈，是他妈。”

我先生觉悟比较高，从他意识到的那一刻开始，就再也没有在孩子面前说过任何一句脏话。

女儿上初二时，正值青春期，有一天放学回到家，也许是太兴奋了，也许是尝试着练胆吧，曾当着我先生的面说过一句脏话，被我先生一脚踹倒在地，女儿一声不吭，自己爬起来安安静静地做作业去了。这是先生后来告诉我的，到底是在什么语境下，说的什么话，先生都没有说，但女儿唯一的一次尝试就这样被遏止住了。在我们夫妇养育孩子的这些年里，这是唯一一次带有“暴力”的行动。后来，先生很快向女儿表示了道歉，女儿也很痛快地检讨了自己的错误。

不允许孩子说脏话，我们必须首先做到，言传身教无疑是最有影响力和说服力的教育方法。

③ 成人随手扔垃圾。

在马路边行走，或坐在车里，经常能看到车里人向外扔东西。如果孩子坐在车里，很容易模仿，一学就会。曾有人统计过，车子越高档，扔东西的比例越高。曾有一位开高档车的女司机接受采访，问她为什么要向外扔东西。她说，如果把垃圾放在车里，车内太脏、太乱了。

如果停下车子把垃圾放在路边尚可谅解，如果随手扔在路上，尤其是高速公路上，就有可能引起重大事故。我记得“中国青年志愿服务金奖”获得者、深圳市爱心大使、2005 年感动中国年度人物丛飞的妻子就是在 2011 年 4 月 13 日晚间被飞石意外击中汽车前挡风玻璃致伤的，后来经抢救无效死亡。我曾带领家长观看过一个视频，一个随手被扔在路边的易拉罐被汽车弹起后导致一系列可怕的大事故，看得大家心惊胆战。

女儿 5 岁多的那年夏天，我带她陪某市两位领导去徐州戏马台游览，那天天气很热，秘书长给每人买了一根冰棍。两位大人吃完冰棍，随手将冰棍纸扔在地上，女儿吃完冰棍后径直走到 20 多米远的拐角处，很有规矩地把冰棍纸塞到垃圾桶里。这两位已经走出好几步的大人见状很不好意思，连忙返回来，弯腰把扔在地上的冰棍纸捡起来，送到那个垃圾桶里。女儿与其他小朋友春游时，能够主动带领小朋友把自己用过的垃圾收拾干净，装进一个大塑料袋，一块扔进垃圾箱，保持活动场地的整洁。

4. 合理使用手机

手机已经成为我们日常生活中离不开的“必需品”，正在改变我们的生活与消费观念，购物、用餐、看医生、乘公交、共享单车，出门不带钱，照样玩得转。

电子时代，公众号、微信、QQ、E-mail、电话，不用手机、不上网已经不可能了。孩子好奇心强烈，渴望接受新鲜事物，如果禁止孩子携带和使用手机，势必导致与现实生活的严重脱节，甚至造成两代人之间的情感冲突。手机不仅是日常联系的工具，还是紧急情况下保护自己安全的工具，必不可少。

有的家长说，孩子不爱学习，就爱上网、玩手机，其实这背后有一些家长不爱听的原因：

家长几乎不关注其他新鲜的资讯，只盯着孩子的成绩。一名初一女生，有一次科学成绩考 100 分，回到家高兴地喊着："妈妈，妈妈，我这一次科学考 100 分。"一向苛刻的妈妈不但没有趁机表扬和鼓励女儿，反而讽刺女儿："科学课考 100 分，算什么本事，语数外也考 100 分啊。"孩子原本兴奋的神情一下子消失得无影无踪，一脸委屈与沮丧。一个与孩子亲近的机会，就这样被妈妈整没了。图 3-37 显示了家长苛求孩子的场景。

图 3-37　苛刻的家长

很多孩子学习不好，并不是不想学习，只是不喜欢学习带来的感觉。因为成绩不好总被批评，品尝不到鼓励带来的快乐与喜悦，学习的兴趣自然会降低。2018 年 8 月的一天，我陪老母亲到一位朋友家参加聚会，一位年轻的妈妈说她上一年级的女儿，有一次英语测验得 70 多分，她抱怨怎么不是 90 多分，自此，孩子再也提不起英语学习的热情，直到孩子五年级告诉妈妈时，这位妈妈才觉悟过来。

虚拟的网络世界很有趣。我没有玩过游戏，听说打游戏时，即便过不了关，孩子也会得到许多鼓励，努力让自己过关。有些严重匮乏爱和关注的孩子，在现实世界不断重复体验挫折的孩子，会越来越退缩，最后缩进安全的网络世界，努力克服重重障碍，体验被鼓励带来的愉快感觉，这说明游戏设计者很聪明，设计的游戏有人情味，因而才能吸引那么多人。

其实，很多家长也明白，不是用手机不对，而是如何引导孩子合理发挥手机功能，更合理地使用手机。正确的引导是让孩子控制使用时间，不是禁止使用手机，这就像李冰父子修建都江堰，“堵”水不如“疏”水。

还有，不让孩子玩手机，家长首先应该自律，如果只要求孩子做到，就必然产生抵触情绪。经常听到孩子反驳父母：“你不是也这样吗？”

2018 年 6 月，在“如何做言行一致的父母”沙龙上，一位妈妈说她先生总是说到做不到，在规定的时间内时不时会把手机拿出来。还有一位家长说，她家的女儿上三年级就像一名小警察，全家约定吃饭的时候不拿手机，可是有的时候，爸爸妈妈一时高兴总希望把孩子吃饭的场景照下来，每次拿手机拍照，女儿就说他们不遵守承诺，害得妈妈不知道怎么回应，还考虑要不要把吃饭时用手机拍照这一条单独列出来呢。不少家长看过小品《我的手机爸妈》，是小学生自编自导自演的，都有触动。

有这样一位年轻的妈妈特别有智慧，全家五口人，三个孩子，专门召开家庭会议讨论手机使用问题，他们认为手机也需要休息，也要给手机找到家。最终形成决议，每当全家人吃饭、睡觉、读书、学习的时候，也要让手机回家休息，为此制作了专门的存放盒，手机终于有家了。

还有一位妈妈说她家也召开过一次家庭会议，讨论手机的使用问题，最后女儿提出来，每天晚上 10 点以后绝对不允许碰手机，一是为了好好休息，二是为了保护眼睛，三个人都很努力地遵守这条约定。

其实，有很多种方法帮助我们与孩子不再迷恋手机，只要我们坚持，就能让孩子养成合理使用手机的习惯。

只要与孩子一起用餐，早餐、中餐、晚餐，所有人放下手机。

只要孩子在家，晚上、周末以及假期，我们不要用手机；如果我们非要用手机处理与工作相关的事务，请提前与孩子沟通，不隐瞒不欺骗，千万不要让孩子发现我们偷偷地玩游戏、逛淘宝、闲聊天、抢红包，孩子睡觉时除外。孩子需要用手机做作业时，我们要相信孩子。

周末或假期，可以教孩子做家务，做美食，做游戏，参加各种活动，看电影、听音乐、看球赛，参观科技馆、博物馆、展览馆，逛图书馆、超市，也可以旅游，想办法把孩子的时间填满，兴趣多样化。

很多家长平时工作忙没有时间，回到家还要做家务。为了图省事，在孩子小的时候，过去的家长是把孩子交给电视机，现在是主动把手机塞给孩子。有意无意地，手机游戏便成了孩子解闷的工具。孩子一旦上瘾，还懒得与父母一起玩呢，游戏比父母有趣多了。2018 年 8 月，一位家长说为了让孩子少玩一会儿手机，她每天坚持与在外地上高中的女儿通话，倾听孩子的心声。这样一来，既保持了母女之间的正常沟通，维护了亲情，又在客观上起到了占用女儿玩游戏时间的作用。人生总有取舍，尽量把时间多分配给孩子一些，打打球，散散步，聊聊天，倾听孩子每天发生的逸闻趣事，孩子一定会还给我们意想不到的惊喜。

手机的功能很多，比如电子书方便又便宜，在线阅读在线收听，网络资源丰富，覆盖面广。有一位网友说她四年级的孩子很爱玩王者荣耀这款游戏，她主动与孩子聊游戏中的人物，例如李白、貂蝉等，让孩子进一步了解历史中的真实人物和历史背景，结果引发孩子的兴趣，主动要求阅读相关的历史书籍。

我看到过一份与使用手机有关的家庭公约，有很多细节：

① 这部手机是妈妈送给你的，目的是为了方便你和家人、同学交流，适应新的技术发展，促进学习和成长。如果你不能遵守下列约定，我将终止你对这部手机的所有权。

② 手机密码一定要让我知道。

③ 每天的作业和学习任务完成之后，才可以拿手机；每晚 9 点前把手机准时交给我或你爸。

④ 周一到周四，放学后每天最多玩 30 分钟手机，周末每天累计可玩 1.5 小时手机，每次不超过 30 分钟。

⑤ 不能把手机带到学校。跟同学要尽量面对面地聊天，如果遇到只上半天课、外出参观以及有课外活动等情况，可另行考虑。

⑥ 手机丢失或者损坏，你得用自己的零花钱承担维修费用。

⑦ 不要用手机说谎、愚弄和欺骗他人。

⑧ 吃饭时不能玩手机。

⑨ 远离不良内容。手机上网只能搜索和浏览那些可以与父母分享的信息。

⑩ 不要发送或接收你或者其他任何人身体私密部位的图片。这是为了保护自己，也是保护别人。

5. 讨价还价法

（1）巧妙安排喝白开水

我们从小就培养孩子爱喝水、不喝饲料、不吃冷饮的习惯。出生 10 天后的女儿被接回家，不论是两次喂奶之间，还是增加辅食以后，甚至 6 个月一日三餐基本正常进食后，只要在家里，每两餐之间除了水果，就是白开水。断奶后，夜里也只用白开水充饥，只是偶尔在奶嘴上抹一点白糖。

女儿一年级的第二学期，学校组织同学们扫墓暨集体春游，要求每个同学自己准备饮料和干粮。我动员孩子不带饮料，只带白开水，既可以饮用解渴，必要时还可以用来洗手。女儿开始时说什么也不同意带白开水，觉得大家都带饮料，就她一个人带白开水，显得“没面子”。协商的结果是：女儿带一小瓶饮料，外加一大瓶白开水，而且是气呼呼地离开家的。

下午回到家，我们问她春游有没有意思，她高兴地说：“春游可有意思了！”

“我们先瞻仰烈士纪念塔，还默哀了3分钟，然后排队参观淮海战役纪念馆。从纪念馆出来后，大家就找地方围坐在一起，唱歌、讲故事、吃东西。”

“我们给你准备的饮料和水够喝吗？”

“我的饮料就喝了一小口，白开水都喝完了。你们知道吗，吃东西的时候，好几个同学都拿饮料要和我换白开水喝呢！”

“真的？那你和她们换了吗？”“没有。我把白开水都分给大家了。她们还说，下次出来春游，也要带白开水。”

“那你上午还不愿意带白开水，还跟我们生气呢。”

“嗯——那我以后还是带白开水吧。”

“那你上午跟我们生气对不对呀？”

“不对。我以后不生气了。”

有时，坚持做我们认为对孩子有好处的事情，目的是为了增加孩子的体验，并最终让孩子自己做出选择。

（2）玩耍讲规则，培养抗挫能力

我们在家里玩打牌、下五子棋、跳棋等室内游戏前，总是先设定规则，再通过“石头、剪子、布”确定出牌或下棋的顺序，简单有效。剪子剪布，石头砸剪子，布包石头的先开始，同时还约定，三个人是平等的，不准耍赖、输了不准哭。在玩的过程中，输了就是输了，赢了就是赢了，就是要让孩子明白输赢是正常的。然而孩子的好胜心很强，连赢几次通常很得意，连输几次就哭。女儿 3 岁多的一天晚上，三个人玩牌，她连赢几次得意地笑了，连输几次失落地哭了。即便如此，也不轻易让棋或让牌，也不故意输给孩子。只有小时候输得起的孩子，长大后才有勇气面对困难，不怕失败。

游戏结束后，我们全家一起收拾残局，她自己玩的时候，她就自己收拾，不经意间就把规则建立起来了。

如果有户外活动，不管去哪里玩，都提前把规矩讲好。不仅仅是我们怕孩子耍赖不听话，孩子还怕我们耍赖变卦呢。

女儿 4 岁多的一个周末，我先生带她去逛动物园。进入大门，女儿问："爸爸，有钱吗？"

"干什么呀？"

"爸爸，我想玩一种游戏机，就玩一种，行吗？"

"当然行。咱们一次就玩一种，好吗？"

"嗯。"（见图 3-38）

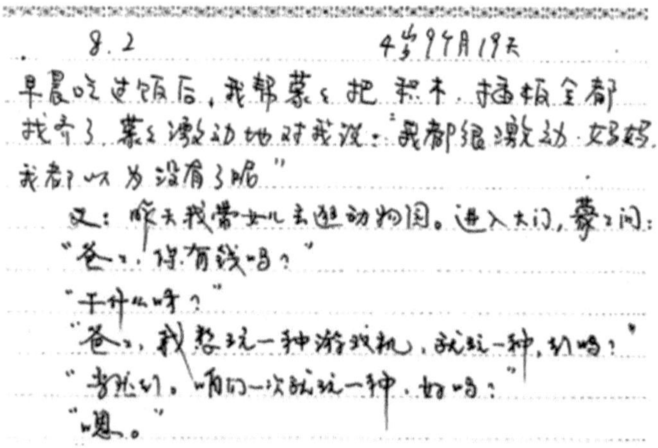
8.2　　4岁9个月19天

早晨吃过饭后，我帮蒙蒙把积木、插板全都找齐了。蒙蒙激动地对我说："我都很激动，妈妈，我都以为没有了呢"

又：昨天我带女儿去逛动物园。进入大门，蒙蒙问："爸爸，你有钱吗？"

"干什么呀？"

"爸爸，我想玩一种游戏机，就玩一种，行吗？"

"当然行。咱们一次就玩一种，好吗？"

"嗯。"

图 3-38　4 岁多的女儿讨价还价

这段对话不长，至少说明 4 岁的孩子也会思考，她担心爸爸带她去动物园，只是看看动物，所以她主动提出自己的要求。这样的要求，这样提要求的方式，我们哪有不同意的道理。

（3）二选一、三选一的原则

有这样一个故事：两个早餐店都卖鸡蛋，一个店的店员问顾客吃不吃鸡蛋，有的顾客说吃鸡蛋，有的顾客说不吃鸡蛋。另一个店的店员则问顾客吃一个鸡蛋还是吃两个鸡蛋，有的顾客说吃一个鸡蛋，有的顾客吃两个鸡蛋，极少有不吃鸡蛋的。“必须选择鸡蛋”这种方法，对规则意识的培养非常有效。如果不想让孩子在房间里跑来跑去，家长应该让孩子选择是看书还是画画？而不是问“你准备做什么？”

再比如我们都希望孩子写一手好字，可孩子并不想天天练字，怎么办？如果我们的底线是要求孩子每天至少写 1 页，就让孩子在 1 页与 2 页之间做选择。如果我们的底线是要求孩子每天至少写 2 页，就让他在 2 页与 3 页之间做选择。我女儿小时候练习写毛笔字，没有田字格也没有米字格书写纸，我就用复写纸画格，1 天 1 页 28 个格，女儿就写 28 个字。

为了鼓励孩子学习，我也说过 3 条规则供女儿选择：“别人努力学，你休息”，“别人努力，你也努力”，“别人休息，你仍在努力”，选择哪一条呢？

在女儿刚刚升人初中的一段时间里，利用晚饭后散步的机会，我们经常一块谈论智商与后天努力的关系，进步与退步的关系。我们告诉女儿，生活中的每个人，智商差别并不大，也就是说，大家的天赋基本处在同样的水平上。那么，为什么成人之间就产生了差别，而且这种差别显得越来越大、越来越明显呢？

姑且不论每个人情商（可以理解为一种为人处世的悟性或能力）的高低，仅仅从智力因素或学习的角度观察，不难发现，后天的努力更重要。例如，在寒暑假、黄金周或其他假期，如果每个同学都出来逛大街、看电影、看电视，你也是这样，这就相当于大家都在“放假”，谁也不落后，也谈不上额外的收获和进步，相互扯平。假如别的同学把一部分时间用来整理学过的知识，查漏补缺，预习新的知识，或者阅读优美的范文和经典作品，而你把全部假期用来闲逛玩耍或看电视，那就相当于别的同学在用功，而你自己则在浪费时间，在两人智力基本一样的条件下，别人用功，你不用功，时间一长，你学到的东西必然要少一些，就会落伍和掉队，也就是说你退步了。假如反过来，别的同学假期里就知道玩，你却利用一部分假期时间有针对性地改进学习，丰富知识，增长阅历，你就会发现通过这些日积月累的努力，有很多的收获，相比于其他同学，你就是进步了。

因此，在智商基本相同的情况下，谁后天付出的多一些，谁的收获就会多几分。人们平常喜欢说的“一分耕耘，一分收获”，“种瓜得瓜，种豆得豆”，说的就是这个道理。换句话说，既然大家的智商都差不多，时间利用率也差不多，那么，谁在学习上花费的时间多一些，付出的精力多一些，谁的收获就会大一些！小学、初中、高中、大学、研究生，乃至于参加工作，情况都是如此。

（4）自己决定谁举队旗

2017 年 9 月，由我负责带领“发现母亲”游学营的家长和孩子们参观清华校园。这期间一个 5 岁的小男孩要求举队旗，当时他坐在手推车上，由妈妈、姐姐轮流推着，我说：“好呀，你想举旗？举旗就不能坐车了。”这个小男孩立即从小推车上下来，乖乖地自己走。我又告诉他：“如果你想举旗，你要自己与正在举旗的那个小朋友商量，他愿意把旗让给你，你才能举旗。”小男孩也不知道与举旗的小朋友说了什么，他把队旗要来了，神气十足地举着队旗走在队伍的最前面，离我比较近，我不时地鼓励他：“男子汉真能干”“走起路来真有力量”。大约走了两里路，小男孩小声地告诉我:“老师，我累了”。我了解小男孩，他期待我去决定下一个举旗的小朋友。我说：“好啊，如果你累了，不想举旗了，要自己与其他小朋友商量，亲自把队旗交到另外一个小朋友的手中。如果交不出去，你就只能自己举着。”我边说边喊加油！加油！就这样一路走着一路鼓励着，虽然有点累，但这个小男孩却坚持到活动结束，特别守规矩，连孩子的妈妈都觉得神奇。

（5）自主支配零花钱

我遇到的很多孩子的一个普遍特点就是家里的经济条件都还不错，孩子自己也不缺钱，包括生日礼金、压岁钱、过节费、零花钱等。怎么花这些钱？这是很多家长非常重视的问题。

有一位家长是这样教育儿子养成对金钱负责任的好习惯的：儿子8岁的时候，带着他到银行用孩子的名字办理了一个储蓄存折，并让孩子自己保存，每当孩子领到零花钱的时候，总会将自己的钱存入这本存折中；每当他想用钱的时候，比如购买零食，或者给小朋友购买生日礼物时，就从这本存折中取出钱来，用多少取多少，并详细记录每项支出。用这种方式，不仅让孩子从中得到与储蓄有关的知识，还培养了孩子对金钱负责任的态度。

我女儿小时候的收入主要是压岁钱，远没有现在的孩子的钱多，但与同龄孩子相比也不算少，除了压岁钱，我们还把一年的书费、学费、课外辅导费等一次性给女儿。从小学二年级开始我们全权放手，让她自己管理、支配并自行记录。我们先带她到附近的银行以她自己的名字开了一个活期存折，把这些钱的大头或整数部分存进去，用于必要的支出或购买贵重的学习用品，存折也交给孩子自己保管。零头部分加上每月的零花钱，女儿就放在钱包里，用来购买礼品、文具或零食，所有支出都单独记账。这是我女儿小学五年级1～2月份的消费清单。

1月21日　复印费，0.30元

1月24日　租VCD《宝贝智多星之派报兵团》，1.00元

1月24日　买生日礼物，4.00元的笔筒

1月24日　买了一个“史努比”的镜框，9.00元

1月29日　印刷费，1.00元

1月30日　美术班复印费，0.80元

2月10日　一只玻璃镜框，10.00元

2月24日　包装纸一卷，1.00元

2 月 25 日　租 VCD《罗密欧与朱丽叶》，1.00 元

2 月 27 日　交美术班学费，180 元

2 月 28 日　交学杂费，35 元

刚开始的时候，我们带她去银行办理存取款业务，到小学高年级，她就可以独自办理存取业务了。

6. 家庭成员规则的一致性

家庭成员管教方式的差异对孩子的影响特别大，一方批评，一方袒护，对孩子的伤害更大，孩子能准确地定位并发现对自己最有利的一方。性格也最接近脾气最坏的那个家长，坏习惯往往就是那个袒护的家长养成的，因为人的通病就是学坏容易学好难。

女儿 4 岁多，我的日记记录了先生独自带她逛蓝天大楼，给她买泳衣、凉鞋，还有家里的门铃等东西，女儿高兴之余，问爸爸："今天咱俩谁挨训？"回来说起这事时，我这个"警察妈妈"乐得喷饭了。但我还是私下叮嘱先生，不要随随便便破坏规矩。

孩子是父母的孩子，祖父母辈没有教养的义务。孩子父母制定的规则，祖父母辈最好配合执行。

有一位年轻的妈妈带着 4 岁多的儿子回老家，本来孩子已基本养成良好的饮食习惯了，所谓坐有坐相，吃有吃相，不用喂，自己乖乖地吃饭。可是跟着姥姥不到 3 个月，原来好不容易养成的规矩几乎荡然无存了。姥姥觉得孩子小，就允许孩子看电视、玩玩具，姥姥给孩子喂饭，孩子边玩边看边吃，这样吃饭多省心啊。有时孩子一边吃一边拿着玩具跑来跑去，姥姥就不厌其烦地端着碗，跟在孩子后面喂。因为有姥姥护着，妈妈的话根本不好使。原计划在老家过半年，结果不得不提前回去了。回到自己家矫正一年多，孩子的饮食习惯才慢慢恢复到原来的状态。

这是我在农村看到的一幕，有一个孩子 4 岁多，在老家骑三轮车，三轮车的平衡不好把握，控制不好，总往一边歪斜。这个男孩非要骑，妈妈不让，奶奶就说没关系，光自己骑还不行，还要让小弟弟也站在

车里，后来，三轮车歪倒了，车上小弟弟的小手被压伤，孩子的妈妈与孩子的奶奶大吵一架。

2018 年 6 月举办“家长如何做到言行一致”沙龙时，有一位妈妈谈到自己的父母不配合的苦恼，这位妈妈说两个孩子爱拖延，早上出门特别费劲，比如约定半小时出发，准时出门的次数很少。于是父母就与孩子商定了规矩并提前约定好，如果到点后还没有准备好，就只能待在家里，孩子们也答应了。由于孩子是有退路的，执行规则的力度明显不足。孩子的姥姥、姥爷会非常得意地告诉留在家里的那个孩子:“不出去多好呀，我们陪你玩，有吃的有喝的，不受罪也不受累。”小儿子变得越来越难管了，这位妈妈与她先生权衡再三，最后不得不忍痛割爱，下定决心，把老人送回老家。很多家庭的父母与祖父母辈对孩子的要求缺乏一致性，有的管有的护，这个禁止那个放纵，导致孩子在父母之间、父母与祖父母之间钻空子，耍滑头，说谎骗人，严重的还会造成孩子记恨一方，引起家庭矛盾，导致教育失败。据了解，在意见不一致的多成员家庭里，孩子特别善于察言观色，取悦于对他妥协的那个人。还有的祖父母过分偏袒孩子，缺乏理智地溺爱孙辈。有些家庭会遇到这样的尴尬局面，当父母管教孩子的时候，遇到祖父母辈的干涉。碍于老人的情面，也是出于对老人的尊重，在这种情况下父母不再坚持己见，而孩子在爷爷奶奶或姥爷姥姥的庇护下，为所欲为，任性放纵，最终导致孩子产生不良的行为，形成乖戾、任性的性格。

7. 对多子女要一视同仁

特别提醒多子女的家庭，不能总要求大孩子做小孩子的榜样，这样大孩子的压力比较大，大孩子会怨恨自己的弟弟或妹妹的。

2017 年 12 月的一天下午，一位妈妈给我打电话，说她在外地上初一、两周才回家一次的大儿子，对二儿子的态度特别恶劣，无论弟弟做什么，大儿子都要挑剔，而且火气特别大，有时还打弟弟。我问她是不是经常要求大孩子做弟弟的榜样，或者对两个儿子的要求不一样，规矩也不一样。这位年轻的妈妈说："是的，说过，比如他每次玩手机，我都提醒他，你是弟弟的榜样，你玩，弟弟也要玩，你应该给弟弟带个好头啊。看手机对眼睛不好，有时候他在学校里学了一些不文明的话回来对弟弟说，我也会对他说：这样的话以后不要说，弟弟容易学会。所以在家我也一直要求大儿子在弟弟面前说话做事讲文明、懂礼貌，就连吃饭也要大儿子给弟弟带个好头，不挑食，坐安稳，不乱跑，不能在饭桌上跟弟弟打闹。"图 3-39 是这位妈妈发给我的手机截屏。

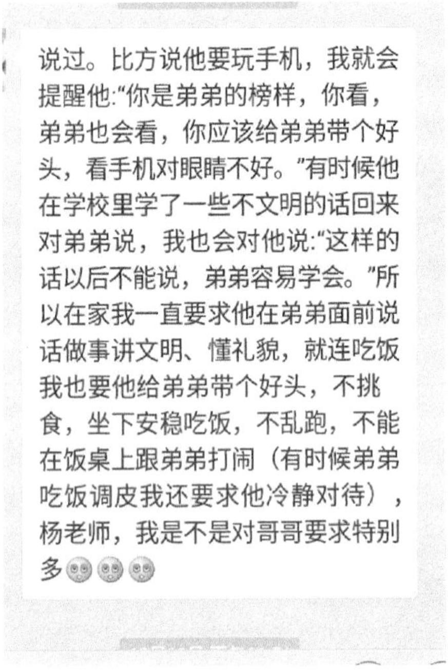

图 3-39　一位多子女妈妈对大儿子的要求

站在家长的角度，她的说法和做法似乎并没有什么轻视或者厚此薄彼的意思，她只是在提醒大儿子应该表现得更好，应该给弟弟做出表率。但这位妈妈的所作所为在大儿子的心里可能就变成了“因为有弟弟，我的行为被限制了，爸爸妈妈不爱我了，或者是爱我没有以前多了。”本来有了老二，或多或少都会忽略老大，如果再对老大有更多的要求，孩子心里就会累积很多委屈或负面情绪。一旦被父母责备，很容易把问题归咎在小弟弟或小妹妹身上，而不是从自身找原因，因为这个年龄段的孩子还不太可能站在父母的角度去思考。父母正确的做法是应该告诉孩子，不论在哪里，不说脏话，不说粗话，不要打扰别人，把自己的事情做好。这与小弟弟或其他周围的人“会不会不高兴”“会不会有意见”“是不是要做谁的榜样”并没有直接关系，这是孩子应该做的。

另外，这个孩子刚离开家到外地上初中，离家远，挺想家的，每次考试都要排名，压力大，心里有话不知道如何表达，又不敢告诉父母。即便有些话跟爸爸妈妈说了，他们也可能不太重视也不理解，只能冲弟弟发火来求得父母的关注。

2017 年 9 月，一位家长口口声声说自己很对不起老大，教育很失败，老大 10 岁时生下老二，不仅陪伴少了，心理上也忽略了老大的感受，经常抱怨老大不听话，不懂事，不知道关心妹妹，经常让老大让着老二，老大很叛逆。等到妈妈意识到的时候，大孩子已经上高中了。这位妈妈非常有智慧，从自己意识到这个问题的那一刻开始，当两姐妹发生矛盾时，她从来不主动插手，除非姐妹俩解决不了，非让她做裁判，她才介人，并公平公正地处理问题，绝不刻意偏袒老二。老大感受到了妈妈的爱，学习非常刻苦，成绩突飞猛进，2018 年顺利考人清华大学。

有这样一个实验，有两个孩子都想喝水，先让一个孩子将水分别倒人两个杯子里，直到这个孩子认为两个杯子中的水完全一样为止，然后让另一个孩子先选一杯。因为分水的孩子认为拿哪一杯都是公平的，挑选的孩子也认为自己拿到的那一杯才是最划算的，只有这样才是最公平的。当多子女家庭遇到两个孩子产生类似的纠纷时，不妨借鉴这个实验，让孩子们利用规则自己解决问题。

8. 家园家校的配合

培养孩子的规则意识需要家庭、学校（幼儿园）与社会共同完成，是立体的教育。家长要密切配合学校，走进学校亲身观察孩子吃、睡、玩、学时的情绪以及在群体中的表现，尤其对游戏规则的参与情况，及时与老师交流，达成规则教育的一致性和连贯性，家长的密切配合是学校教育的有效助力。有一份调查显示，有 98.5% 的家长认识到家园或家校教育保持一致的重要性，但真正能坚持下来并按照学校要求教育孩子的家长只有 41.5%，一半以上的家长的认知与行动并不一致。

有一个幼儿园的园长说 5 加 2 等于 0，应该怎么办？就是说用 5 天的时间教孩子学习洗手绢、系鞋带等最简单的动作，可周末在家 2 天，家长大包大揽，什么也不让孩子做。下周一再回到幼儿园时，总有一些孩子还要重新学习洗手绢、系鞋带这些最简单的动作。

从女儿走进幼儿园开始，我们便有意识地灌输幼儿园的“规则”。与孩子口头约定，除非生病，没有任何理由可以随便请假，要遵守作息制度，准时上学，不迟到。有时我或先生有机会出差，很想带她出去开眼界，只要不是放假，就不会让她感觉想去就去，想玩就玩。还有，要求孩子学会整理自己的物品，不损坏公共物品，上课不说话，不打人不骂人，认真做游戏，认真完成作业等。

女儿在幼儿园的表现一直很好，被老师称为小大人，好多小事都让她带着干，比如抬饭、发碗、摆板凳、做作业、维持秩序、督促小朋友睡觉、不允许随意出门或到处乱跑。老师说：“谁表现不好就告诉老师。”我们就告诉女儿，如果小朋友没有按老师的要求做，你要自己学着处理问题，直接告诉小朋友本人，不能随便告诉老师。有时我女儿看到睡不着的小朋友就说：“闭上眼睛，别说话，一会儿就睡着了。”她还让小朋友把玩具放回原处，摆放整齐，不打人不骂人。我在育儿日记中写道，因为女儿与小朋友团结友爱，吃饭好，睡觉好，学习好，还得过小红花呢。

四、建立规则的几点体会

1. 规则不是硬逼出来的

培养规则意识不是教条式、灌输式的，不是硬逼出来的，是有意识地利用生活事件在孩子无意识或者不经意间刻印在行为与意识中的，让规则呈现生活化，如经常鼓励幼儿使用礼貌用语“请”“谢谢”“对不起”
“没关系”等。

我曾看过两个让孩子说“对不起”的小视频，虽然目的都是为了让孩子承认错误，培养责任感，但差别却很大。一个女孩平静地道歉，一个女孩反抗并觉得委屈，为什么有如此大的区别呢？

① 第一个视频。

有一天，爸爸带着四五岁与八九岁的两个女儿在超市购物，小女儿故意招惹大女儿，把大女儿手里的东西打落在地，还强词夺理：“我不是故意的。”

大女儿：“你是故意的。”

小女儿犟嘴：“我不是故意的。”

大女儿：“你是故意的！　”

爸爸严肃地对小女儿说：“你要说对不起。”

小女儿一边大声吼“我不，我不是故意的。”一边无赖地躺在地上。

爸爸蹲下来对小女儿说：“不管你是否故意，都要道歉。”

小女儿躺在地上继续耍赖，“我就不。”并发出刺耳的尖叫：啊——

爸爸态度坚决地看着小女儿：“说对不起，说对不起，我是认真的。”

大女儿插话：“爸爸，算了吧，她没有必要非道歉不可。”

爸爸：“不行，她需要道歉。”

小女儿很得意地告诉爸爸：“姐姐都说我不必道歉了。”

爸爸：“你的事和姐姐说什么无关。”

爸爸对大女儿："你要不要她道歉，这不是问题的关键。"

爸爸转向小女儿："说对不起。"

小女儿仍然很倔："我就不。"

这时候走过来一个凶巴巴的男性，大约 40 岁："这孩子欠揍，欠打嘴巴。"

爸爸继续不紧不慢地看着小女儿说："请向姐姐道歉。"

这时候又走过来一位也差不多 40 岁的女性，告诉爸爸："抽她，给她一个大耳光，揪她的头发。"

爸爸把小女儿抱起来，一边说一边做示范："宝贝，我知道说对不起不容易，但你必须要说。我知道这不容易，那你就试试发出对不起的声音，发音，把空气挤出你的身体，通过你的脸部，用嘴唇控制气流，然后你就发出'对不起'的声音了。试试说对不起。准备好，开始。"

小女儿长出一口气，慢慢地走向姐姐，低着头小声说："对不起。"

大女儿："没关系，谢谢你。"

爸爸也抚摸着小女儿的头："你太棒了，小宝贝，谢谢你，你真是又听话又懂事。"然后，两个孩子高高兴兴地继续购物。

② 第二个视频。

一个大约六七岁的小女孩抽噎着说："我想自己静一静？又怎么样？"

妈妈质问道："你承不承认错误？"

女孩态度强硬："错了又怎么样？"

妈妈大声说："错了改不改？"

女孩回答："改啊？怎么样？"

妈妈又说："该不该接受教训？"

女孩边哭边喊："该啊？怎么样？我已经承认了自己的错误，你们为什么还要来责怪我？我实在想不通，你们为什么要这样？"

妈妈大声反驳："因为你态度不端正。"

女孩回敬妈妈："那你的态度也不端正啊。"

妈妈："你回来的时候我是不是好好地问你的，又没吵你，没说你，你就开始哭了，喊你把手板儿伸出来，接受教训，可是你比我还凶。"

女孩："怎么啦？我有问题吗？"

妈妈："肯定有问题，难道你不觉得自己错了？你现在都没认识到你的错误。"

女孩："我已经认识到自己的错误了。怎么样？"

妈妈频频紧逼："那就要改啊。"

女孩："我已经在改了，我已经按照你说的做了，为什么你们还这么凶？"

妈妈重复着："哪个凶啦？哪个凶啦？"

女孩反问："难道不是吗？爸爸不是经常这样吗？爸爸不是这么凶吗？"

妈妈继续强词夺理："爸爸是教训你，你要接受教训。"

女孩请求："我已经接受教训了，你还要怎么样？我只想自己静一静，请你出去，不要打扰我。"

妈妈继续揪着不放："好，你静一静，等你静完了，给我写个检讨，承认错误，写在纸上，把你的想法也写在纸上，给妈妈看，可以吧？"

女孩失控地快要歇斯底里了，大声喊："我不写！ 我已经说对不起了。"又伸出三个手指头，再次说："对不起。"

妈妈这时才知趣地说："好，你静一静吧，但是不能关门，我不打扰你。"

女孩无可奈何地倒在床上继续哭泣。

我一开始还觉得女孩不懂事，越往后看，越觉得不对劲，妈妈咄咄逼人、不依不饶的态度，好像孩子罪大恶极一样。妈妈为什么要这样？为什么不承认孩子已经道过歉呢？为什么口头承认错误就不行呢？

这位家长的本意是为了让孩子承认错误，从她们的交流中得知女孩已经承认错误了，但父母仍然穷追不舍，口头承认错误还不行，还要书面承认错误，而且承认错误后，父亲的态度应该比较恶劣，以至于弄巧成拙，把孩子激怒了，最终的结果却适得其反，所以能感受到孩子的委屈。

2. 规矩不是为了控制

据了解，老布什的妻子、小布什的母亲芭芭拉，对孩子要求很严，晚上 9 点必须上床入睡，早上 5 点必须起床，绝对不准违反。但她也经常与孩子商量："喂，朋友，你最好自己拿主意，要不然就听我的。"

定规矩是为了使孩子的心理发展更健康，而不是对孩子行为的严格限制。心理咨询师武志红曾写过一篇文章《越控制，越失控》，说的就是越想控制某件事情不让其发生，结果却往往会促使某一事情发生。如家长强迫孩子做某事，孩子偏不那样做，父母控制越严，手段用得越多，孩子的反抗和应对方法也越多。

任何规则都不是写在纸上冷冰冰的条文，规则本身没有情感，也不是完全没有变通余地，监督规则的人也不能总是铁青着脸面无表情，因为执行规则的孩子是有情感的，不是一块铁板。

一个妈妈非常不喜欢两岁的儿子用手抓饭，也不喜欢他把馒头和菜放到稀饭里混着吃，这位妈妈很困惑，问我在规矩面前是以她的标准要求孩子，还是可以适当允许孩子调皮呢？我说是不是可以把孩子某些不规范的行为理解成对未知事物的探索呢？也许用手抓饭吃比用勺子吃有趣多了，也许馒头、菜与稀饭混着吃的味道确实不错，如果是这样，为什么不允许呢？每当馒头太硬、菜太凉的时候，我也喜欢放在热稀饭里，温度合适，又软又香，有什么不好呢。这是规矩还是标准？很多时候，规矩本身不是问题，是家长的心态问题。如果家长按自己的标准只关注规矩本身，忽视孩子的心理需要，感受不到孩子，孩子就会有故意违规的倾向。

3. 早立规矩早受益

颜之推在《颜氏家训》中明确表示："当及婴稚，识人颜色，知人喜怒，便加教诲，使为则为，使止则止。"在婴幼儿时期，孩子的规则教育是强制的，不是任务也是任务，是在家长有意识、孩子无意识的状态下完成的。婴幼儿自然而然地遵守一些强制性的规则，并逐渐使这些规则内化为习惯，早期开展规则教育，能大大减少长大后纠正“违规”带来的麻烦。

规则立得早，凡事好商量，沟通更顺畅。在女儿 4 岁多的时候，我在日记中写道：

在我们忙着的时候，女儿总会以商量的口吻跟我们说话：

你能过来一下吗?

你能帮我一下吗?

你能给我倒点汤吗?

你能给我……?

在这种情况下，我们都是照办。

4. 要让孩子成为规矩的主人

我们每替孩子做一件事，就剥夺孩子一次锻炼、成长的机会，吃亏的还是孩子。我们承担 100%，孩子就没有成长空间了；我们承担 50%，孩子只剩下一半的成长空间；我们放手，孩子就获得 100% 的成长空间。说白了，就是这么简单。

制定规则时要让孩子成为规则的主人，否则我们单方制定规则，容易引起孩子反抗，也难以实施。一旦约定成为规则，我们首先要严格遵守，不能随意破坏规则。很多规则最后不了了之，往往都是父母一时心软，或者破例造成的。比如最常见的就是孩子晚上睡觉、早上起床的问题，规定了时间，设定了闹铃，孩子也清清楚楚地知道几点睡觉、几点起床，偏偏有很多家长忍不住，催孩子，一遍又一遍，从不厌其烦到不胜其烦。

现实生活中，有一个非常有趣的现象，很多时候不是孩子破坏规则，恰恰是父母破坏规则，还要把责任推到孩子身上。

广东一位家长曾在微信上说：“昨晚我们商量，第二天早上两兄弟一起出发上学。今天早上到时间后小哥哥提醒我：妈妈，我们该出发了。结果我还没有准备好弟弟的东西。父母的话孩子还是很在意的，但破坏的往往是大人。”

我回答这位家长：“是的，我问过不少家长，他们说，大多数情况下确实是家长先破坏规则的。”

5. 做有心、用心、尽心的家长

只要细心观察，就可以发现处处有规则，吃饭、睡觉、玩耍、购物、学习、旅游、看电视、用手机、讲故事，不能随意翻包，包括父母的包，玩具或物品用后放归原位，不要在晚上 9 点以后弹琴或制造噪音等，了解这些生活常识并制定相应的规则，使之内化，就会养成良好的行为习惯，孩子也会表现出良好的意识与品行。遵守这样的规则，孩子、家庭与社会都会因此而受益。

行动决定习惯，习惯决定性格，性格决定命运！

今天的付出是为了明天的回报。

第四节　性教育

一、什么是性教育

据了解，曾创作过《性爱的世界》《性爱之旅》《性爱之网》《春梦之结》的美国作家亨利·米勒说过类似的话：如果连性都不能面对，如何面对血淋淋的自我。

“食、色，性也。”这经常被人误认为是孟子说的。其实，这句话虽然出自《孟子·告子上》，却是告子说的。告子是一位哲学家，他对孟子的“人性善”观点不满意，就找上门与孟子辩论。辩论过程中告子说了句“食色，性也”，意思是食欲和性欲都是人的本性，也就是说食、色为人类生存所必需。

按照马斯洛的需求层次理论，人有生理上的需求、安全上的需求、情感和归属的需求、尊重的需求、自我实现的需求，以及自我超越的需求。其生理需求是首先要被满足的。

性教育就是关于性别角色、性别认同、性生理、性心理、性行为等方面的教育。性教育的任务就是教孩子正确地认知生理现象、生理卫生、生理保健并学会自我保护。性教育的目的是维护个体的性健康，使人们能够在性方面保持一种身体、情绪、精神和社会适应的完好状态，而不仅仅是没有疾病、功能障碍和不适。

孩子的幼儿期和青春期是进行性教育的两个重要阶段。当孩子问起时，不必顾左右而言他，应该用正确的态度、正确的知识、正确的方法解答孩子的疑问，让孩子从小就意识到男女有别，这才是真正的性教育。

二、为什么进行性教育

1. 有助于建立正确的性别意识

性别意识是健全人格形成的重要因素，图 3-40 是公共场所常见的男女识别标志。

图 3-40　公共场所男女有别的标志

心理学研究表明，3 岁左右的孩子就有性别意识、四五岁的孩子经常会谈到与性别有关的话题。我翻看当年的育儿日记，有这样的记录：

女儿 3 岁半左右，问我们结婚的时候，她在哪里？

刚过 4 岁，女儿学爸爸的样子，用电动剃须刀刮自己的嘴唇和下巴，把自己的上嘴唇割出了血。

不到 5 岁，女儿一大早醒来，笑眯眯地告诉我：妈妈，我做了一个好梦，我和谁谁谁结婚了，穿着漂亮的衣服，在结婚礼堂，还手拉着手呢。

刚过 5 岁，女儿告诉我们，他们中一班有一对对的“新郎”和“新娘”，配对情况是：小浩与小云，小陆与小强，小明与小雨，等等。她还问我们：“幼儿园男孩那么多，女孩那么少，男孩子长大以后怎么找媳妇呀？”

每次女儿提到类似的话题，如果不要求回答某个具体的问题，我们就笑笑，如果要求回答某个问题，我们都会尽可能正面地给予解释，不论她是否听得懂。

有不少家长反映，他们害怕甚至羞于和孩子谈论与性有关的问题，总把问题不当问题，总把孩子当孩子，总认为孩子还小什么也不懂。所以，当孩子追问父母“我是从哪里来的”这个人人都可能会问的问题时，家长就会随意搪塞，如图 3-41 所示。

图 3-41　孩子提出的问题

我小时候就时常听到“你是从石头缝里蹦出来的”“你是我们从路边拣来的”等说法。现在仍然有一部分家长敷衍孩子，“你是医生送给我们的”“你是充话费赠送的”“你是我们从垃圾箱捡来的”，以至于很多人在小时候对性的认知是错误的。还有少数家长因为无知，随口乱说，最终发生悲剧。

我在网上曾看到这样一个故事，妈妈刚刚生了小儿子，有一天4岁的女儿悄悄地问妈妈：“小弟弟有小鸡鸡，我怎么没有呀？”妈妈随口说道：“小弟弟的小鸡鸡是多余的，等我有时间，就用剪子把弟弟的小鸡鸡剪掉。”过了几天，正巧爸爸妈妈都不在家，小女儿看到熟睡中的弟弟，突然想起妈妈说过的话，于是找来剪刀，把小弟弟的“小鸡鸡”剪了下来，面对小弟弟凄惨的哭喊声，面对喷涌的鲜血，小女儿吓呆了，回来的父母也吓坏了，后悔极了……

2. 有助于建立和谐的婚姻关系

性的问题是无法回避的，更不能用语言羞辱。

初二那年暑假，一个女孩子疯狂地迷上了看书，只要是书就拿回家窝在房间里看。有一天，她从朋友那里借了一本琼瑶的小说，封面是一对拥抱的男女。后来被她妈妈发现了，妈妈看也不看就认为那是一本淫书，顿时暴怒，几乎用尽所有最难听的语言羞辱女儿，狠狠地骂女儿小小年纪看这种书是“犯贱”。这个女孩子做梦也想不到，原来在妈妈心中，她是这样的。事情过去很多年了，但从妈妈口中吐出来的那几个词却深深地烙在女孩心上。她长大以后，惧怕恋爱，惧怕面对男女关系方面的事，心里总有一种说不出来的羞耻感，觉得渴望恋爱就是一件犯贱的事。希望这个故事能让家有女儿的家长引以为戒。

我认识一位女性，有一份很体面的工作，父母都是高级知识分子，父亲的脾气不太好，有些重男轻女。小时候，父母对她要求严格，她表面看很乖巧，为了让父母认可，学习非常努力，也为了争一口气，成绩一直不错，考上了名牌大学。但她说自己的情感世界比较麻木，我不解地问她为什么？她说初中阶段，家里购买了一台黑白电视机，父母偶尔也同意她看一会儿电视，然而不论什么节目，只要涉及男女方面的内容，父母就会立即关掉电视，毫无商量的余地，还会告诉她："这都是不健康的内容，不适合你看"。以至于她结婚以后，也认为夫妻之间的性生活同样是不健康的，最终导致夫妻关系很不和谐。

3. 有助于自我保护和防止性侵害

正确的性教育就是为了让孩子有更多的自我保护与防范意识，防止性骚扰与性侵犯的发生。如果父母不告诉孩子正确的性知识，孩子不了解正确的性知识，在面对性侵犯时，就无法意识到情况的严重性和危险性，甚至无法判断是否受到伤害，何谈保护好自己？

台湾女作家林奕含以自己幼时被性侵的亲身经历为蓝本创作《房思琪的初恋乐园》，她在阐述自己的作品时曾说："这个故事折磨、摧毁了我一生。"

这本书有这么一段话，希望家长警惕。思琪在饭桌上对妈妈说："我们的家教好像什么都有，就是没有性教育。"妈妈诧异地看着她说："什么性教育？性教育是给那些需要性的人。所谓教育不就是这样吗？"思琪一时间明白了，在这个故事中父母将永远缺席，他们旷课了，却自以为还没开学。

我在网上看到一位妈妈的做法很值得借鉴，她的勇气让人钦佩。有一天，这位妈妈因女儿打了一名男同学被叫到学校，为了了解事件的真相，她先分别听取了老师与校长强调她女儿打人的描述。然后当着校长、教导主任、老师、男孩及男孩父母的面，她让女儿把事情的经过进行了更详细的描述。她知道那个男生被打的真正原因，是这个男生一直用中指弹她女儿的内衣，女儿屡屡劝阻也没有用。女儿求助过一位男老师，老师却认为这很有趣，这让那个男生更加肆无忌惮，以至于把她女儿的内衣扣子都弹开了，直到女儿打了他，男生才住手。这位妈妈对老师的不作为非常气愤，最终决定以性侵的名义状告与此事相关的所有人与学校。这位妈妈非常冷静地警告校长："我希望这种事再也不要发生了，不仅不要发生在我女儿身上，也不要发生在任何一个女生身上。”最后的结局是学校董事会严肃处理了此事，负责监管的政府机构也对此事进行了调查。

我们从女儿三四岁开始，就经常叮嘱她，男女是有差异的，要学会保护自己。在外面不要随便与陌生人搭讪，如果在人少的场合，看到陌生男人，一定要尽快远离，到人多的地方去。说得多了，孩子自然有一定的警惕性。有一次，上二年级的女儿与同学们在校内主楼附近玩耍，据女儿说，曾有一个 40 多岁的叔叔走近他们，向他们问路。因为孩子们都不认识这个人，全部快速跑向主楼，到人多的地方去玩了。

据了解，现在仍然有不少家长阻止孩子看与情爱相关的电影、电视、小说等。在这样的时代，这种做法显然已经过时了。我们一定要明白，谈论性是光明正大的，是很正常的，可耻的永远不是性教育，而是性侵。

三、如何进行性教育

有位家长征求我的意见，说她儿子喜欢班上一个女孩子，她要不要到校门口堵住这个女孩，骂她一顿，阻止她与儿子来往。或者去找女孩的父母管住她。

很多父母害怕孩子早恋。其实，孩子喜欢异性也不一定是恋爱，不要强行把孩子的这种行为误认为是恋爱，让孩子感觉像犯了什么错似的。

即便是所谓的早恋，也应该正确理解。哪个少年不钟情，哪个少女不怀春？对异性有好感是正常的，是人之常情，既然无法阻止，就应该考虑怎么引导和应对？接下来，咱们分享几个有关性教育和讨论孩子早恋的案例。

1. 小孩子是怎么生出来的

女儿在幼儿期也曾多次问过“小孩子是怎样出生的”这个问题，我们从来不用“是从石头缝里产生的”“是医院的护士带给我们的”等人为编造的谎言，而是坦诚地告诉她“孩子是从妈妈的肚子里生出来的”。在孩子小的时候，她还理解不了这样的说法，有时还说我们骗人呢。

当小学六年级的女儿再次问到同样的话题时，我仍旧坦诚、开放地回应她。

女儿好奇地问：“妈妈，小孩是怎么生出来的？”

我回答：“是从妈妈肚子里生出来的。”

女儿：“妈妈肚子上没有缝，怎么生孩子啊？你骗人！”

我：“妈妈没有骗你，孩子是从妈妈的阴道生出来的。”

女儿有些担心地问：“妈妈，那我长大后也要生孩子吗？”

我语气坚定地说：“是的，正常的女性成年后都要结婚生孩子，当妈妈。”

女儿又好奇地问：“怎么会有小孩呢？”

我有些含蓄地告诉女儿：“男的和女的要结合在一块，才能有小孩。”

女儿继续追问：“男人和女人待在一起就是结合吗？”

我不好回避，只得说：“光待在一起是不行的，两个人要有性生活才行。”

女儿穷追不舍：“什么是性生活？”

我低着头，感觉脸上有点热辣，硬着头皮说：“简单地说，性生活就是彼此相爱的两个男女，就像每一个小朋友的爸爸和妈妈，他们要睡在一起，夫妻之间性器官的结合就叫性生活。”

女儿的问题仍然在继续：“性器官？男孩子的性器官就是那个小鸡鸡吧？女孩子的性器官是什么呢？”

我仍旧低着头，勇敢地说：“就是女性的阴道，也是平常排出经血的地方，你每个月的例假就是排出经血。在孕妇生孩子的时候，这个阴道又叫产道。”

女儿又问：“噢。那男的和女的在一起过性生活就一定会使女的怀孕吗？”

我略微抬起头，身子转向女儿："那倒不一定。女的能否怀孕取决于很多因素。其实，在你小的时候，妈妈已经回答过这个问题了。简单地说，爸爸和妈妈结婚以后，就要开始在一起生活，爸爸会把种子放到妈妈的身体里，妈妈体内有一种东西，就是你在书里看到的'卵子'，如果卵子与爸爸的种子（也就是精子）相遇，就会变成受精卵，也就是说精子和卵子完全结合在一起了，这个时候的妈妈就怀孕了；如果妈妈的卵子不能与爸爸的精子相遇，妈妈就不会怀孕。这个受精卵就是最早的生命，在妈妈的肚子里，准确地说，应该是在妈妈的子宫里，受精卵会从妈妈的身体里吸取营养，不断长大，逐渐变成胎儿，到了妈妈怀孕 10 个月的时候，胎儿就成熟了，就要从妈妈肚子里爬出来，就像成熟的鸡蛋里小鸡破壳而出一样。"

女儿不依不饶地问："那你和爸爸每天都过性生活吗？"

我无法回避，继续回答："爸爸和妈妈每天都在一起生活，每天都要上班下班、工作学习、买菜做饭，照顾你，还要洗洗涮涮，两个人在一起的生活内容有很多，性生活只是其中的一部分内容。"

女儿的问题真多啊，她又问："如果你和爸爸有性生活，那不会怀孕吗？"

我只能继续应战："不会的。因为可以采取避孕措施，那样就不会怀孕了。好了，等你看完那些书，妈妈还会告诉你，女孩子长大后必须要学会保护自己。"

女儿听完我的回答，脸上仍旧流露出一丝似懂非懂的表情。我又特意强调："只有彼此相爱的男女结婚以后才能过性生活，懂吗？"女儿点了点头。

那天的对话是在厨房里进行的，当时我正在清洗晚饭后的餐具，顺便把当天买来的蔬菜提前择出来、洗净。事后，我告诉先生，当我回答女儿的这些"敏感"问题时，觉得有些难为情，好在以前看过这方面的相关书籍，了解这方面专家的意见，因此就按照专家推荐的做法，尽可能采用孩子容易理解的语言，"如实""直接"地回答了女儿提出的问题。那天的对话结束以后，我长长地舒了一口气，在心里还嘀咕了一句："你总算问完了，我终于解放了。"出乎意料的是，女儿还挺满意，给我的评语竟然是："真想不到，妈妈还挺开放的。"

2. 第一次来例假

女儿第一次来月经是小学五年级。那天放学回到家，女儿说她肚子疼，我问她究竟是什么地方不舒服，她说是小腹部。问她是否拉过肚子，有没有想拉稀的感觉，女儿说没有。我想带她去医院看看，女儿显得有点不情愿。

在此之前，鉴于女儿的一些女同学纷纷来了例假，她还怀疑自己是不是正常，我们还给她购买了介绍少女青春期知识和性生理卫生方面的专门书籍。当时看女儿坐在沙发上，额头上渗出细密的汗珠，我就猜到可能是来例假了。于是，我给女儿拿来一个枕头，让她抱在怀里，然后让她坐在我身边，一边让她喝热水，一边给她讲解自己 14 岁第一次来例假的感受和过程。我按照母亲教给我的话，也告诉女儿："你长大了，不要担心，不要害怕，家里有爸爸和妈妈陪着，如果肚子疼得厉害，实在支持不住，咱们就立刻去医院。来例假是所有女性在发育和成长过程中都必须经历的一道槛。再说，前一段时间，你不是还怀疑自己是否正常吗？现在来了例假，你就应该放心了，说明我的女儿也是一个正常的女孩子。"

在我的陪伴和宽慰下，女儿很快就变得比较平静了，她一边和我聊着，一边默默地忍受着。很快，女儿就到卫生间排出了第一次的经血，肚子的疼痛感明显减轻。这一天过去后，女儿在后来的两天里又不排血了，腹部的胀痛感断断续续。到了第三天下午，我专门陪女儿到医院妇产科做检查，按照医嘱吃了几天药，腹痛感逐渐消失。这以后，女儿的例假就变得很正常了。

回想当年，我母亲虽然只是农村妇女，从来没有进过学校，但对女孩的心事却有很独特的见解，我曾与母亲有过两次对话，印象非常深刻。

第一次交流也是我第一次来月经的时候，那时我 14 岁，在家务农，当时正在兴修水利，我住在工地的草棚里，一个冬天的晚上，一觉醒来，内衣与床上都是血迹，弄得很脏，特别害怕，特别慌张。我只好请假跑回家，母亲看到我的狼狈相就知道发生了什么，一边安慰我，一边告诉我："不怕，你长大了。女孩都会出现这种症状，以后每个月来一次，很有规律。"母亲还专门为我缝制了一个棉质卫生带，教我如何使用，如何清洗。由于母亲的平静，我很快从慌乱转为镇静。

第二次谈话发生在大学第一学期开学后，我竟然 3 个月没来例假，这是以前从来没有发生过的，因为自从第一次有例假以来，一切都很正常。连续 3 个月没有来例假，我特别紧张也很害怕。开始两个月我还不好意思向母亲诉说，因为母亲说过，女孩子每个月都必须来例假的，非常有规律。为什么突然消失了呢？最终我还是忍不住与母亲说了，母亲平静的话语又一次让我从慌乱转为镇静，一颗悬着的心掉下来了，平复了，不再害怕了。母亲问了我一些情况后说："没关系的，一定是水土不服造成的。"果不其然，又过了两个月，一切恢复正常。感谢母亲，我在一切都不懂的时候，她用平和的语气、平静的心态打消了我的顾虑。

3. 关于早恋

早恋，指的是未成年或者生理、心智未成熟的男女建立恋爱关系或对异性感兴趣、痴情或暗恋的行为。父母最害怕青春期的孩子早恋。其实女孩子喜欢男孩子，男孩子喜欢女孩子也不一定是恋爱，但很多家长看到孩子与异性同学接触多了，就特别敏感，强行把孩子喜欢异性的行为当成恋爱，让孩子感觉自己像犯了什么错似的。

其实，我们完全没有必要大惊小怪、上纲上线，更不能打压、责骂，因为打压责骂是最笨的解决方法。人性就像水一样，需要"疏导"而不是去"堵"。如果处理得当，沟通到位，这样的经历会有助于孩子的健康成长；如果处理不好，则会影响孩子的学习和性格发展。如何与孩子交流早恋话题呢？

（1）开诚布公，引发孩子去思考

不知不觉女儿该上初二了。其实，她还在小学六年级时，就谈论过谁对谁有好感，谁给谁买文具，谁给谁写字条方面的话题。

这一次她又主动谈起这个话题，我就不能不重视了。

我先与女儿的班主任取得联系，班主任有多年的教学经验，经历的事情比较多，他认为到了这个年龄，朦朦胧胧地产生感情上的偏好，属于人之常情，大可不必为此紧张。只要能开诚布公地讨论，平等友好地沟通，告诉孩子这种情感与成年人之间的恋爱是有差别的，孩子的情绪不会有多大的波动，孩子的行为通常不会出格的。

和老师谈话以后，我心里踏实多了。于是，有一天晚饭后，我约女儿单独出来散步，边走边聊。

我问女儿："你前几天说，班上有男生给女生写条子，你怎么看这事？"

女儿说："我也说不清楚。但我觉得这些同学有点傻，这么小就开始写字条，是有些不好。"

我说："哎呀，女儿能有这样的觉悟，妈妈真为你高兴。"

女儿问："妈妈，你说，同学们的这种做法就是书上讲的早恋吗？早恋有什么不好？"

她把问题抛给我了。我说："你问的这些问题，我也在考虑。你们这个年龄，关注异性，对异性有好感，这很正常，而且我认为这种好感还是一种美好的情感呢。"

女儿很高兴地说："妈妈，你真这么认为吗？"

我的心态很放松，但语气很坚决："当然啦。但作为学生，你们的主要任务是什么？读书学习，培养能力，锻炼身体，不应该随便分心。再说啦，这么小的年纪，别说不懂得什么是恋爱，就算懂一点，很多同学连最基本的生活自理都做不到，袜子都要妈妈洗，更不具备独立谋生的能力，哪有能力为对方负责任？"

女儿静静地听着。

我接着说：“以前，带你去七里沟果园，品尝过没有熟透的苹果，也就是青苹果，你觉得这种青苹果味道好吗？”

女儿若有所思地说：“青苹果不好吃，又酸又涩。”

我说：“对了，味道不好吧。”

女儿又问：“妈妈，对男同学有好感，或者对某个电影明星有好感，这种情况我也有，但没有影响学习。”

我说：“我相信我的女儿能够很好地把握自己。假如某个孩子因此耽误了学习，那就是本末倒置了。”

女儿点头表示认可。

我不放过任何夸奖女儿的机会：“再说啦，你的眼界高着呢，矿大附中太小了，外面还有徐州市、江苏省、全中国、全世界，优秀的人还没有出现呢！”

我们都笑了。

后来，我多次强调，为了避免被同学老师误解，应该大大方方地与男生交往，谈学习，谈理想，谈未来，尽量避免单独与某个男生相处，更要避免私自外出留宿。

女儿 18 岁去美国上大学前，我也强调过女孩自我保护的话题。我女儿是一个简单、单纯的孩子，对我的话是非常相信的，对自己也保护得很好。然而，从另外一个角度看，我给女儿贴了一个很不好的标签，即男孩子是需要提防的。这种防范是否必要呢？仁者见仁，智者见智。我觉得一个成年的女孩子可以喜欢男孩子，也可以接受一个男孩子的追求，但无论两个人的关系会怎样发展，女孩子学会保护自己，包括防止性侵、避免怀孕或染上性病总是必要的，也是不过时的。

意大利电影《完美陌生人》有这样一个情节。17 岁的索菲娅晚上要去约会，如果不去，还担心男朋友不高兴。这次约会非比一般，可能会发生性关系，而她还是处女。

对于父母来说，应该如何面对这种情况，这的确是一个考验。

如果粗暴阻止的话，很简单：不行，不可以去！

如果进行道德审判的话，也很简单：你有点羞耻心好不好？这么小就想和男朋友发生关系。

如果放任自流的话，同样很简单：你的事我不管，自己看着办。

显然，这都不是处理这个棘手问题的最佳办法。父亲知道女儿的秘密后，语气温和地说："不要因为他不高兴而去他家，这不该是唯一的理由。我要说的是，这是你人生中一个重要的时刻，不只是明天和朋友聊天的谈资，而是你会铭记一生的事。无论何时回想起来，这件事都会让你嘴角带笑，就去做吧！如果你并不这么认为，或者不太确定，那就忘掉它吧！因为你还有大把的时间。"

父亲自始至终都很沉稳，没有发怒，没有道德的说教，没有指责，理性而温暖。不得不说，这真是最为明智而温柔的应对。

我记得大约 10 年前曾看到著名电影演员濮存昕给女儿送安全套的网络文章。濮存昕本人是联合国预防艾滋病公益大使，他坦承女儿 16 岁孤身出国留学时，他将一盒安全套放进了女儿的行李箱，作为一位父亲，他觉得有责任让女儿了解这些性知识。濮存昕说：婚前性行为在当前社会是一种比较普遍的现象，因此应该正确对待，通过教育宣传，帮助青年人对性行为及预防性病、艾滋病形成正确的认识和理念，而使用安全套无疑是各种预防性病艾滋病方法中最有效的一种，实在太重要了。他还表示，当今社会是一个多元化的社会，文化及各种观念也很多元，大家要尊重部分人对于自己的生活行为所做出的不同选择，因此正确使用安全套预防艾滋病的宣传是很有必要的。网上对濮存昕的做法有表示支持的，也有反对的、批评的、谩骂的，多种不同的声音和意见都存在，大家可以在网络上各抒己见，所有人都能获得所有的信息，这与社会的多元化发展是相一致的。

这件事尽管在网络上引起了巨大争议，但濮存昕不为所动，他在接受记者采访时表示："如果因为我说的话在网上引起各种争论，这是一件对社会有益的事情。""我本人不认为自己的说法和做法会产生负面影响。"

10 多年前，对我这样一个在传统家庭长大的女性来说，濮存昕的做法是我想也不敢想的，虽然当时我读了这篇文章，也认为有可取之处，但发自内心地说，我是不敢把濮存昕的做法推荐给女儿的。

（2）信任尊重，放手让孩子自己做决定

有一次参加心学智慧教练培训班，听到两位家长谈孩子早恋的话题，他们的智慧都给我留下了深刻的印象。

第一位家长是妈妈，女儿上高三，有一天女儿主动告诉妈妈，她恋爱了。

妈妈说："很好，很正常啊。"

女儿问："妈妈，你不想说点啥吗？"

妈妈说："我相信你能很好地处理学习与恋爱之间的关系。"

大概过了一个月，女儿告诉妈妈，不想与这个男生谈恋爱了。

妈妈好奇地问："为什么，你们不是挺好的吗？"

女儿说："他人品有问题。他与我在一起时很少有笑容，只问我学习上的问题。可他与另外一个女同学在一起总是笑眯眯的。"

妈妈笑了："说明你的水平高呗。"

女儿说："没有意思，我准备分手了。"

妈妈说："你不再好好想想？"

女儿态度很坚决："我决定分手了。"

妈妈说："好，我尊重你的决定。"

这个女孩子的早恋问题就这样解决了，选择权在孩子手里，她知道自己要什么。

第二位家长是爸爸，儿子的班主任打电话，让他快到学校接孩子，并告诫他："回去好好想一想，要么你儿子不再谈恋爱了，要么退学或转学，两者选其一。"

回到家，爸爸郑重其事地与儿子进行了沟通。

爸爸说："听说你恋爱了。"

儿子嗯了一声。

爸爸说："你比老子强多了，我上大学了还不会恋爱。你妈还是别人介绍的呢。"

儿子好奇地看了爸爸一眼。

爸爸问："你对那个女孩有啥感觉？"

儿子说："就喜欢和她在一起。"

爸爸又问："如果不在一起会有什么感觉？"

儿子说："非常想她。"

爸爸说："看来你是动真感情了。"

儿子又嗯了一声。

爸爸接着说："现在学校有规定，不能恋爱，至少不能在学校谈恋爱，你能做到在学校期间不与这个女孩见面吗？"

儿子说："不能。"

爸爸说："如果不能，你就不能去上学了，怎么办呢？"

儿子说："我想上学。"

爸爸说："要不然，在学校不要单独见这个女孩，周末带她到家里来吧，既不违反规定，你又能上学，还能恋爱，可以吗？"

儿子爽快地表示同意。

谁知，第二天回到学校，情况有变。女孩的父母坚决反对女儿谈恋爱，强行制止她与男孩交往。男孩痛苦地想跳楼。

班主任又一次打电话让爸爸快到学校，晚了会出人命。爸爸火速赶到学校，看到儿子坐在教学主楼的最高层，双脚下垂，时刻准备着往下跳。内心慌张的爸爸表面很平静，他朝楼上的儿子喊话："儿子，别着急，先下来，有什么话咱们回家好好聊聊。"儿子知道爸爸是尊重他的，自己慢慢走下来了。

回到家，父子俩又进行了一次真诚平等的对话。

爸爸说："看来你确实是真心喜欢这个女孩子。"

儿子嗯了一声。

爸爸继续说："女孩子提出分手，也是遵守学校的规定。你准备怎么办？”

儿子说：“我今天好好想一想。”

第二天吃早饭的时候，爸爸问儿子：“今天不去学校了吧？”

儿子平静地说：“我要去学校上学。”

儿子早恋的问题就这样解决了，目前这个男孩已经长大，阳光而帅气。

从这两个例子可以看出，早恋是性生理和心理发育的必然过程，不是洪水猛兽，只要我们以诚相待，没有解决不了的问题。

（3）幽默形象，语言让孩子容易理解

《父与子的性教尬聊》是一部关于性教育的印度电视剧，7 岁的小男孩帕普非常好奇，问爸爸阿南德很多与性相关的问题，让我感悟很多。这些是孩子常问到的敏感问题，阿南德是怎么回答的呢？

问题一：宝宝是怎么生出来的？

在医院外等候妈妈生小弟弟或小妹妹的时候，帕普向爸爸阿南德抛出了第一个问题。阿南德没有像他的爸爸教诲的那样，说“你是神赐予的礼物“，而是指着墙上的宣传画开始解说：“这就像小鸟从蛋里出生一样，宝宝是从妈妈肚子里生出来的。”

帕普不太懂，继续追问爸爸：“孩子这么大，一开始又是怎么钻进妈妈肚子里去的呢？”

虽然爸爸内心有点慌，但他的表情却很镇定，他看到医院走廊里的盆景深受启发，反问儿子：“你知道植物是怎么种出来的吗？”

帕普回答：“知道，就是把种子埋在土里，植物就会生长。”

爸爸说：“是的，人类也有小种子，称之为精子。精子种在女人的肚子里，就像种子埋在土里一样。种子虽小，但植物可以长得很高很大。当精子种下去后也会变得越来越大，10 个月之后，就能长成一个宝宝，来到这个世界了。”

问题二：精子是怎么进入女人身体里的？

帕普又提出了第二个问题。爸爸拿出手机充电线，对儿子说：“你想象一下，假如这根 USB 数据线是男性器官，而 USB 接口是女性器官，当两者对接在一起时，会发生什么呢？就像从手机把文档传输到笔记本电脑里一样，也可以从男人体内把精子传输到女人体内。而插人这根 USB 数据线到 USB 接口的过程就称为性行为、性交或做爱。”

问题三：我出生之前，你和妈妈也经历这个过程吗？

这是帕普提出的第三个问题。阿南德很爽快地承认了，并且告诉儿子：“是的。你妈妈和我就是经历了这个过程，才有了你。两个相爱的人自然而然地会发生这些事情，而且这种行为发生在相爱的人之间是非常美好的。孩子就是爸爸妈妈爱情的结晶。孩子的出生不是羞耻，而是爱的结合。”

问题四：什么是自慰？

像绝大多数父母一样，阿南德对儿子提出的这个问题感到非常惊讶，但是转念一想，当初自己的父亲为了维护所谓的“父亲”的权威，就是什么都不解释，所以他决定自己一定不能像自己的父亲一样，而是成为自己孩子的朋友。首先阿南德给自慰下了一个定义，解释说：“这就好比自己和自己玩，这没错，也不是坏事。”

帕普问爸爸：“你自己也会玩吗？那爷爷呢？”

虽然非常尴尬，但是阿南德还是大大方方地承认了自己会，并且在解释的过程中告诉帕普，男生和女生的性器官有不同的名称。

男生的性器官不是“小弟弟”，它叫阴茎。

后来，阿南德还解释了什么是安全套，什么是同性恋，什么是例假等。这种形象的比喻不仅让孩子懂得了这些“敏感”的问题，还让孩子从小有了正确的性观念。

事实上，性教育和其他任何学科一样，都是孩子成长过程中不可或缺的一课。我们不能做鸵鸟，以为把脑袋埋在沙子里一切都会没事了。相反，整个社会都应该重视起来，只有学校、家庭以及相关部门对性健康教育都发挥应有的作用，才能为青少年营造一个积极健康的成长环境。

第四章

培养步骤之三：通

通，特指沟通，沟通就是心灵呼应的过程。能够感受爱的孩子才有动力，每个孩子都渴望与父母进行良好的沟通。

第一节　沟通见证语言的力量

真正能促进亲子关系并发挥效果的，是我们与孩子之间的沟通。只有良好的沟通，才能建立良好的关系，只有会沟通，孩子才愿听取我们的建议。

沟通是一个既古老又容易被忽视的话题。

为什么说是一个古老的话题呢？因为沟通就像穿衣、吃饭、睡觉一样，不可或缺。正因为是老话题，才说明它的广泛性、普适性、重要性，人只要活着就需要沟通，甚至在动物之间也需要沟通。不仅两个人、两个以上的人相处需要沟通，自己独自相处也需要沟通。家长可能会奇怪，一个人怎么沟通？就是反省自问的过程。刚才我怎么会那样跟孩子说话？如果不训他该多好？亲子沟通的过程就是给孩子的心理补充营养的过程。

为什么又说沟通是一个容易被忽视的话题呢？面对年龄小的幼儿，总有一部分家长认为一个小毛孩，什么也不懂，不需要沟通，也不重视沟通，甚至不屑于沟通，想怎么说就怎么说，想说什么就说什么。

如果是这样，会出现什么现象呢？

突然有一天，父母开始抱怨，孩子长大了，处于青春期了，怎么不像小时候那样懂事了，也不听话了，自己的命令不起作用了，孩子的话越来越少了，自己与孩子之间的关系也变得有点微妙，甚至有点紧张了。

还有一些孩子大学毕业进入职场后，由于不会跟别人打交道，无形之中被同事孤立，无法正常工作，严重的还会引发一些心理问题。

还有不珍惜生命的研究生，留下了悲痛欲绝的父母……

这些可能都是我们没有和孩子进行正常沟通导致的后果。所以说，针对沟通问题，与其在孩子长大后去纠偏，不如从小就开始培养孩子的沟通能力。

一、怎么问才能让孩子愿意说

我在《慧友会》看到一份与沟通有关的问卷调查，是这样的：

某一天，您下班回到家没有见到儿子，到他房间一看，书包在，手机也在。你做完饭半个小时后，7 点钟了，孩子回来了，请根据平时与孩子交流的情况，模拟一段对话。

第一位家长是这样与儿子对话的：

儿子："妈妈，我回来了。"

妈妈："你去哪里了？怎么这么晚才回家？作业做了吗？也不要吃饭吗？"

第二位家长是这样和孩子对话的：

儿子："妈妈，我回来了！"

妈妈："儿子，你去哪里了呀？"

儿子："阿辉约我去奥体中心游泳了。"

妈妈："阿辉？哦，想起来了，是你初中的同学吧？他怎么样呀？还好吗？"

儿子："挺好的，就是学习有点跟不上。"

妈妈："哦，我印象中那小家伙挺聪明的，可能是学习方法有点问题。你学习那么好，今后跟他玩，有机会也可以帮帮他，虽然你们高中不同校，但你们初中是同学呀！有的孩子，父母的话听不进去，但同学的话听得进去。"

儿子："妈妈，你真神，游泳的时候他还跟我聊呢，真是那样，他就是不愿意听他妈妈的话。嗯，我也会尽力帮他。"

妈妈："好的，我们吃饭吧！"

儿子："我去喊爸爸，等我来端菜哦，妈妈！"

吃饭的时候，妈妈又问："儿子，你觉得今天这事，有什么不妥吗？"

儿子："回家有点晚，让你们等久了吧！"

妈妈："这个呢，是有一点，不过……"

儿子："妈妈，我明白了，我去游泳没有事先跟你们打招呼，就是当时阿辉喊得太急，我刚好也想游泳，就立马出门了。"

妈妈："不能怪阿辉哦，想游泳也没错，关键是你没有告诉我们你去哪儿了，让我们为你担心。"

儿子："妈妈，我还真没想到这个问题，你讲的很对，我下次一定注意。"

妈妈："我儿子就是懂事啊！你的安全，是我们最关心的事情。今后遇到不能按时回来的情况，一定要想办法让爸妈知道，可以打电话、微信留言，出门前留个字条也行啊，儿子你说对不对？"

儿子："我记住了，妈妈说得对，是我没考虑周到。爸爸妈妈放心，今后我一定注意，如果晚回家，我无论怎么样都要想办法跟你们说。"

沟通不只是说说，只要我们说得中听、巧妙，孩子听了舒坦，有沟通的兴趣，沟通的效果自然令人满意。

二、如何说才能让孩子愿意听

表现截然不同的姐弟俩，验证了父母怎么说以及说话艺术对他们行为造成的影响。姐弟俩相差一岁半，姐姐自信开朗，学习成绩一直名列前茅。她经常得到父母的表扬：你总是这么懂事、听话、努力，这么难的题目也会做。吃饭的时候知道给我们夹菜，早上按时起床，做事有计划效率高，做家务节省了我们的时间，亲戚朋友都羡慕我们有一个好女儿，比你弟弟强多了。

9 岁的弟弟自卑压抑，学习成绩一直倒着数，父母经常用怀疑的眼光盯着他，用有点尖刻的语言毫不留情地指责和抱怨他，比如：你真笨，什么也不会，只知道吃，早上起床磨磨蹭蹭，做事没有规划效率低，不懂事，什么也帮不了我们，让我们在亲戚朋友那里没有面子，比你姐姐差远了。

在与姐姐的对比中，这个男孩非常痛苦。他曾用近 3 个小时哭着“控诉”：父母的承诺经常变卦，说话不算话，出尔反尔，逼着他上不喜欢的英语辅导班；从来不尊重他，从来不听他说话；从来不让他做自己喜欢的事情；从来都是被命令着去做事，从来得不到与姐姐一样的公平对待；每天被监视着做作业，就像一只“狗”，无非给一些吃的、穿的。孩子反复强调：“我恨他们”“我不想回家”。他要“以牙还牙”地对待父母。

他说话的姿势，总是双手抱在胸前，一副防御状态，语气里与眼睛里都有恨。孩子压抑得太久了，我非常心疼这个孩子。我虽然不完全相信孩子的话，也引导他去感谢父母对他的爱，但我能体会这孩子的真实感受，我不相信孩子会无中生有地编造谎言。我还是相信这句话：没有“问题”孩子，只有制造“问题”的父母。

在这个案例中，父母对女儿的影响是积极的、正面的，对儿子的影响则是消极的、负面的，不同的孩子之所以有不同的性格，就是在这种潜移默化的生活过程中形成的。如果父母总是用这种负面的、消极的沟通模式，孩子根本不想听、不愿意听、更不愿意说。

三、谁在说决定了孩子敢不敢说

在过去传统的家庭相处模式中，大多数家庭以单向命令为主。年龄小的听年龄大的，晚辈的听长辈的。我们小时候在家里就没有发言权，不能表达自己的意见，甚至连自己的事情也不能自主决定，只能听父母的。过去的父母在孩子人生中扮演的角色大部分是权威的、强势的，很少把小孩子当作平等的人。

现在仍然有不少家长沿用传统的、单向的、命令式的交流方式，只许自己说，不许孩子说，孩子只能被动地接受，久而久之就会扭曲孩子的性格。

2018 年，在西国贸大酒店参加“海星父母汇”亲子活动，下午休息时，我被一个父亲的声音吸引住了，应该说是吓着了。这位父亲旁若无人地大声吼着：“你想干什么，给我站住，怎么这么不听话！”直到现在，我的脑海中还时不时会闪过这位五六岁的漂亮小女孩的身影，尤其是一天之内她多变的眼神，一直挥之不去，让我心疼、让我纠结、让我思考，她究竟生活在怎样的环境中？我接触过很多孩子，从来没有对任何一个孩子的眼神这么关注过。是对她长相的喜爱？还是对她因美丽可能带来不可预测的未来的担忧？也许是后者的成分更多一些吧。

那么，这个女孩到底有怎样的眼神呢？第一，恐惧的眼神。她的父亲大声呵斥时，她正在我后面准备拍照，我转身看到她时，她因胆怯两手不自然地抓住裙子的下摆，身体扭曲着害怕地看着父亲。第二，懦弱的眼神。在进行时装秀表演时，孩子们来来回回在铺有红地毯的 T 台上走着，这个小女孩每次经过父亲面前，都很不自信地瞅着父亲。第三，带光的眼神。只要对着镜头，这个女孩的眼光是极其明亮的、迷人的，摆出招人喜欢的姿势，让父亲拍个不停……如果不是这么短的时间，看到孩子眼光有巨大的反差，我对孩子的印象也不会这么深，我的感受也不会这么强烈。如果不是听到她父亲说“我必须管她，要不然她更不听话”，如果这个小女孩不是长得这么漂亮，也许我真的不会这么担心。我把我的感受和担心当天就发给这个父亲了，但一直没有收到这位父亲的回复。

还有一位妈妈在晚上的冷餐会上，再次听到这位父亲的大声呵斥。当时小女孩手里拿着一听“可口可乐”，父亲手里拿着一瓶“粒粒橙”。“谁让你喝可口可乐的？要喝粒粒橙！”父亲一边粗声大嗓地对女孩吼叫，一边强行换掉小女孩手中的饮料，小女孩那么不情愿，但父亲完全不顾孩子的感受，也不考虑周围人的感受。现在想想，惊恐万分的小女孩不知道内心是何等挣扎！小女孩是很优秀的，但她只有在舞台灯光的交错闪烁中、在父亲的镜头前才能找到些许的自信，而这位父亲显然不关心女儿真实的感受，对女儿快乐与否可能从不在意，只希望孩子长成他想要的样子。

然而，谁能说这位父亲不爱她的女儿呢？可是他以这样的方式与女儿沟通，谁又能说这位父亲真的会爱女儿呢？

这种单向、命令式的沟通模式，让孩子长期处于压抑状态，即便有想法也不敢表达。

沟通是双向的，绝不是一个人的唠叨。

决定孩子心理成长的环境主要是语言环境，远远超过物理环境。环境是自己创造的，语言是自己说出来的，改变语言环境就要管好自己的嘴巴。

想与孩子有共同语言，就改变语言环境吧。良言一句三冬暖，恶语伤人六月寒。因此，沟通见证的是语言的力量。

第二节　沟通应该从小开始

现在仍然有不少家长存在认识误区，总认为孩子年龄小不会沟通，也不需要沟通，真的如此吗？

一、沟通是本能也是需要

1. 婴儿天生会沟通

心理学研究强调，即便是婴儿，也能对养育者的心理活动以及情绪保持极其敏感的感知能力，能够透过养育者的表情、声音、肢体动作，来感知养育者的内在状态。《当我遇见一个人：母婴关系决定孩子的一切关系》一书中有这么一段描述：有一天，到了睡觉时间，3 个月大的婴儿却久久不肯入睡。以前遇到这种情况，妈妈都会哄她睡，这次却因为感冒无力，妈妈放弃了控制的想法，选择跟随婴儿。婴儿专注地看着窗外，妈妈也随着婴儿一起静静地看，婴儿慢慢转过脸，庄重地看着妈妈，把小手放在妈妈的额头上。然后，婴儿睡着了，妈妈躺在旁边流泪了，深远的宁静在她们之间蔓延，无边无尽。这一段动情的描述深深地打动了我，我也流泪了。想象在一个月明星稀的晚上，年轻的妈妈与婴儿静静地躺在靠近窗户的床上，一句话不说，只有心与心的交流与感应。

我们也可以设想，如果生病的妈妈不是静静地用心交流，而是带着抱怨呵斥婴儿，大人叫、婴儿哭，那又是一幅什么画面呢。

有一天，先生上课去了，家里只有我一个人，我微笑着又很认真地告诉女儿："小丫头，妈妈要备课了，乖乖地听话，躺在摇篮车里，就在妈妈旁边，妈妈随时都能看到你，真乖……" 6 个月大的女儿通过观察我的表情、听我的声音，竟然懂了，躺在婴儿车里，咿咿呀呀，玩自己的小手或者小玩具，两个多小时不吃、不喝、不哭、不闹，我只是时不时给她一个微笑，摸摸她的小脸。

6 个月大的女儿能沟通，我惊奇孩子的感受能力真的很强。

2. 幼儿的沟通水平超出想象

我认识一位小学校长，当时她的外孙女只有 2 岁半，有一天她给孩子讲了这样一个故事：一个妈妈带两个女儿，年龄差不多，一个是自己亲生的，一个是丈夫带来的。这位妈妈对亲生女儿特别疼爱，什么都不让她做，要什么给什么，除非天上的星星，还给她好吃好喝的，买好看的衣服，结果这个女孩娇生惯养，好吃懒做，没有人喜欢她。而对丈夫带来的女儿却完全相反，从小让她做很多家务，吃剩菜剩饭，穿旧衣服，结果这个女儿长大后特别懂事，孝顺，人见人爱。故事讲完了，姥姥问小外孙女，你愿意做那个懂事善良的小姑娘，还是做那个好吃懒做的小姑娘？

不足 3 岁的外孙女淡定地回答："我做我自己。"

校长说孩子的回答是她无论如何也想不到的，虽然事先想过好几种答案。校长还强调：如果不是自己亲耳听到，绝不相信 2 岁多的幼儿能说出这种话。

2017 年 5 月，我在网上看过一段视频，一个三四岁的小女孩，哭得特别伤心，一边哭一边说："妈妈，你打我，是为了让你高兴吗？"

"如果是为了高兴，为什么我哭了，你还不高兴？"

"还有妹妹，她那么小，你也打她？"

"你打我，难道也是对的吗？"

"为什么要让我听你的？"

"你为什么不能听我的？"

妈妈说："我错了，以后不打你了。我打你，你恨我吗？"

女儿说："我不恨你。"

视频持续 3 分多钟，小女孩的哭声让我揪心。很庆幸这个妈妈开始有意识，并决定改变了，但愿孩子不再挨妈妈的打骂了。

从这些案例可以看出，孩子的沟通能力不完全是教出来的，有些是孩子的本能。

3. 异常环境很难培养正常的孩子

有的家长认为不需要与孩子沟通，沟通也没有用。其实，幼儿也是人，只有正常的沟通才能正常地成长。美国威斯康星大学灵长类研究所所长哈洛博士曾做过这样一组实验：把刚出生的几只幼猴分别放在四周围着木板的隔离室中，只留一个可以通过奶嘴喝奶的小窗口。

第一组试验：把隔离 3 个月的一只小猴，与正常小猴放在一起生活，起初这只被隔离的幼猴很紧张，不敢接近其他小猴，但不到一星期，就大胆活泼地和同伴们玩了起来。

第二组试验：把隔离 6 个月的小猴，与正常小猴放在一起生活。这只被隔离的小猴只是蜷缩着身子，害怕地躲在角落里，不敢与同伴接触，也不和其他小猴玩耍。

第三组试验：把分别隔离一年的两只小猴放在一起，竟发现它们无法相处。

第四组试验：把普通的小猴放入隔离室的猴群中。结果，这只普通小猴由于无法忍受孤独而变得神经衰弱。

对被隔离的小猴与普通小猴进行智商测验，结果发现，隔离 6 个月以上小猴子的智商远远低于普通小猴的智商。

这项实验无疑给人类很大的启示。这也让我想起了大家都熟悉的狼孩故事。1920 年，在印度的一个小城，人们在狼窝解救出了两个裸体的女孩；年龄大的卡玛拉差不多七八岁，活了 9 年；年龄小的阿玛拉一岁半，由于不适应新的环境，第二年就死了。

“狼孩”刚被发现时用四肢行走，慢走时膝盖和手着地，快跑时则手掌、脚掌同时着地。她们只知道饥时觅食，饱则休息，很长时间内对人没有感情；喜欢在夜间单独活动，每天午夜到清晨 3 点钟，都像狼似地引颈长嚎；怕火、怕光、怕水，不洗澡。喜欢吃肉，吃的时候不是用手拿，而是放在地上用牙撕着吃。卡玛拉 2 年后才会直立，6 年后才学会独立行走，快跑时仍然四肢并用，7 年才学会 45 个词并勉强学会几句话。16 岁左右去世时，她的智力只相当于三四岁的孩子！

幼猴、狼孩的事例证明了正常环境对婴幼儿身心发育所起的决定性作用，只有正常的交流才能培养幼儿的交往能力与生存能力。所以说，幼儿懂沟通，会沟通，需要沟通。幼儿年龄小，沟通要趁早。

二、沟通没有想象的那么难

聊天、回应、鼓励、定规则，这些都是沟通；与孩子相处，事事时时都在沟通。

1. 轻松聊天的过程就是沟通的过程

每天去幼儿园接孩子回家时，家长可以好奇地主动询问：今天发生了哪些有意思的事？做了什么游戏？老师讲了什么故事？学了哪首新儿歌？帮老师干什么活了？老师表扬了几次？为什么表扬？批评了几次？为什么受批评？班里哪个小朋友没来？有没有小朋友发脾气、打架？吃的什么饭？什么水果？等等，都能激发孩子交流的热情。

有一段父女的对话特别有意思，不知不觉就把孩子“绕进去”了，这段对话也成了我们夫妻经常谈起的一段经典对话，后来还时不时地学给女儿听。当时孩子 5 岁多，对话是这样的：

爸爸：“蒙蒙，今天在学校有意思吗？”

孩子：“有意思。”

爸爸：“那你告诉爸爸，有什么意思呀？”

孩子：“有——”（答不上来）

爸爸：“那么，老师表扬你了吗？”

孩子：“表扬了。”

爸爸：“老师批评你了吗？”

孩子（很干脆）：“没有。”

爸爸：“想想看，今天老师表扬了你几次？”

孩子：“嗯——，表扬了三次，说我爱举手、回答问题声音洪亮，还坐得端正。”

爸爸：“那老师批评了几次呢？”

孩子（稍作沉思）：“嗯——，批评了两次。”

爸爸：“为什么批评你呀？”

孩子："因为我爬楼梯时不听话，和多多跑到大班去了。李老师很生气，就批评我了。"

2. 积极回应的过程就是沟通的过程

积极的回应就是与孩子共情，理解孩子内心真正的想法。

2017 年 5 月，一个五六岁的小女孩从幼儿园回到家，动静闹得特别大，使劲关门，摔鞋子，踢椅子，故意捣乱。当时妈妈正在家里给不到一岁的老二喂奶，女儿的行为表现出乎妈妈的预料，扰乱了妈妈的心情，干扰了老二吃奶。刚开始妈妈没有意识到发生了什么，就生气地吼孩子："回到家，不跟妈妈说话，也不过来看小弟弟，捣什么乱呀，看你把弟弟吓得都不敢吃奶了。"小女孩更加生气地摔东西，并大声地吼叫。很快，妈妈就冷静下来了，让奶奶把弟弟抱到卧室去，自己长出一口气走向女儿，蹲下来，抚摸着女儿的头，看着女儿的眼睛问："宝贝，今天怎么生气了？跟妈妈说说。"经过沟通，这才了解到女儿这样做的根本目的并不是为了捣乱，只是想得到妈妈的关注。

因为自从家里多了弟弟，妈妈对女儿的关心少多了，感觉妈妈不爱她了。女儿的哭诉让妈妈大吃一惊，从此以后，妈妈每天坚持送女儿去幼儿园，每天放学后再把女儿接回来，一路走一路聊。从此以后，再也没有忽视过，而是以实际行动让孩子明白，妈妈一如既往地爱着他。

3. 斗智斗勇的过程就是沟通的过程

孩子具有极强的察言观色的能力，无理取闹地哭的时候，并不是闭着眼睛傻哭，而是时不时地睁开一只眼睛观察并判断父母的情绪、反应。如果家长心软，或者认为小孩子嘛，不懂事、好玩、聪明，知道要东西了，买吧。第一次妥协了，让步了，答应了孩子的要求，孩子就会发现哭闹的威力，下一次，就会如法炮制，延长哭泣的时间，这岂不是中了孩子的"圈套"？相信很多家长都有这方面的体验，在商场购物时，经常遇到一些幼儿发脾气、大哭大闹，甚至在地上打滚耍赖，目的就是逼迫家长给自己买零食或玩具。可见哭是幼儿最好的表达方式，是最拿手的武器。

2017 年 5 月，我在山东分享教育孩子的经验时，遇到一位年轻帅气的爸爸，他告诉我他想放弃 3 岁的女儿。

我诧异地问："噢，孩子这么小，为什么要放弃？"

这位爸爸说："她太任性了。"

我好奇地问："说说看，怎么样的任性？"

这位爸爸说："每次到商场购物，她什么都要，不给就使劲地哭，很让我丢脸。"

我追问："每次孩子哭着要东西时，你是怎么处理的？"

这位爸爸说："刚开始哭的时候我是不会答应的，后来她哭得太凶，就只好答应她了。"

我问："还有呢？"

这位爸爸说："尤其在外面，就怕别人说我小气，很尴尬，一尴尬就答应她的要求。"

我问："嗯，爱面子？你为了自己的面子培养了孩子的坏毛病？"

这位爸爸说："那我该怎么办呢？"

我笑着说："你应该知道怎么办。"

年轻爸爸说："我也知道这样做对孩子不好，如果不买，她哭闹的时间会更长。"

我说："是的，她哭闹的时间会越来越长，第一次 2 分钟，第二次 10 分钟，第三次 30 分钟……她用一次又一次地哭、一次比一次更长时间地哭，达到她的目的，又试探了你的底线。你这种无底线的让步只能让孩子越来越任性"。

好在这位爸爸是学幼儿教育的，终于明白是自己把孩子养成现在这个样子的，了解女儿任性、爱哭的原因后，他答应改变，并给孩子立规矩。但年轻爸爸最后又嘀咕了一句："这孩子，咋这么任性呢？！"

从积极的层面看孩子的任性，也是一种坚持，为目标而坚持的状态。

2017 年 8 月，我又见到了这位爸爸，他说孩子的任性有好转，我问他是怎么做到的，他说每当孩子哭闹时，他就在旁边静静地等待，直到孩子不再哭的时候，再跟她讲道理，他不再一味让步。看到他的转变，我真的为他高兴，更为孩子高兴。

当孩子第一次无理取闹的时候，给家长几条建议：

理智而平静地面对孩子，坚决不买东西，也不训斥孩子；

自己先离开孩子，在外面等待，只要发现家长不在场，孩子也会跟着走开；

等孩子平静后，耐心地听孩子说他为什么想要那件东西；

告诉孩子哭闹是没有用的，并给出自己不买这件东西的理由。

在这种情况下，家长与孩子就是在进行一场斗智斗勇的“心理战”，看看谁的心理承受力更强。只要在第一次孩子耍赖哭闹的时候，家长能够坚持，守住底线，不让步，孩子很容易改变策略。以后再带孩子逛商场，或者孩子想得到某种东西，孩子就不会无理取闹了，家长也不会被孩子牵着鼻子走了。也就是说，孩子的自控能力是可以培养出来的。

父母与孩子之间没有不能商量的事、没有解决不了的事、没有需要回避的事、没有承诺不做的事。在孩子眼里，事情没有大小之分。成人眼里微不足道的事，在孩子眼里就是天大的事情。

三、与幼儿沟通的几种方式

意大利著名儿童教育家蒙台梭利在对幼儿自然行为的细致观察后指出：人的发展存在各种敏感期，如语言敏感期、秩序敏感期、感官敏感期、动作敏感期等，归纳出 9 种敏感期。

在此研究基础上，有的学者对敏感期的分类更细致，多达 30 多种。

根据蒙台梭利的分类，2.5 ～ 6 岁正是人际关系、社会规范的敏感期，即培养沟通能力和规则意识的最佳年龄，这个年龄段的孩子还具有强烈的好奇心以及无意识的模仿心理，还是培养创造力和想象力的关键期。

在 2.5 ～ 6 岁人际关系敏感期，可以把握的有效沟通方式有：

1. 明确主题，就事论事

做每一件事都应该有具体的主题与明确的目标，沟通也不例外。每次与孩子交流前，一定要理清思路，谈什么？什么主题？什么内容？达到什么结果？列出沟通要点，不能多，一次一个问题，不能毫无目标地乱谈。

说谎是孩子所犯错误中比较严重的，孩子说谎的原因很多，说谎的方式很多。很多家长都会遇到孩子说谎的情况，不同的家长对待孩子的说谎，反应不一样，态度也不一样，发脾气、打骂的居多。但很多家长发现，打骂以后，孩子照样说谎。为什么呢？孩子说谎大多是因为害怕父母的严厉批评，不敢说真话，选择说谎只是为了逃避受罚，或者以为父母不知道就能蒙混过关。但父母都有一双火眼金睛，因为孩子说谎时的眼神、说谎后的表情、行为都是不一样的。只要细心，就能发现孩子的异常表现。

那么，如何与孩子说话，孩子才愿意改，而不是用撒谎来隐瞒呢？关键就是心平气和，一次沟通到位。

我在女儿 5 岁多的成长日记中写道：

晚上我有课，姥爷在家照看我女儿。姥爷平时就怕孩子累着，不让她练琴，我已经预料到小东西可能没练琴。

我下课回到家，问女儿："练琴了吗？"

"练了。"

"真的吗？表现不错，姥爷不让练，自己非要练，是吗？"

"是的。"

从孩子的眼神里能明显看出她在说假话，我不再理她。

晚上睡觉时，我哭了。

还有一周就满 6 岁的女儿第一次对我说谎，深深地伤害了我，一连几天，我都不理女儿，尽管她第二天向我承认了自己前一天晚上说假话的错误，姥爷也为她说情，承认是他擅自做主，不让孩子练琴的，但我仍显得难以释怀。

从表面上看，我显得很平静，仿佛什么都没有发生过一样，可我就是不正眼看女儿，也不跟女儿说话。起床，做饭，吃饭，洗洗涮涮，送她去幼儿园我去上班，一切都挺正常，女儿一次次试图跟我说话，我则是一次次扭过头去。在随后的几天里，女儿练琴表现得非常自觉，弹奏的准确性也是以前很少见的。女儿多么希望我继续坐在旁边看她练琴，继续和她说话，但我就是不理她。

三天后，我先生出差回来了。我们两人针对女儿说谎这件事进行了深度沟通，决定找时间认真和女儿谈谈，不能让她觉得事情很简单，就这样过去了。

又过了两天，我先生去幼儿园接女儿。女儿照旧和小朋友们一块玩一会儿，等玩出一身汗、玩够了，在和女儿回家的路上，父女两人有了如下对话：

“爸爸出差这么长时间，你想不想爸爸呀？”

“想。”

“是真的想爸爸吗？”

“嗯。”

“这几天表现乖不乖呀？”

“乖。”

“在幼儿园表现乖，真好！在家里表现乖吗？”

女儿没有说话。

“在家里表现不乖，是吗？”

女儿还是不说话。

“在家里惹妈妈生气了，是不是？”

“嗯。”

“为了什么呀？”

“练琴。”

“妈妈训你了吗？”

“没有。”

“那你能告诉我是怎么回事吗？”

于是，女儿简单地把那天晚上发生的事情说了一遍。

“那么，那天晚上你到底练琴没有？”

“没有练。”

“是你自己不想练，还是姥爷不让你练？”

“是姥爷不让我练。”

“是那样么？”

“嗯。”

“那妈妈回来问你，你怎么说的呀？”

“妈妈问我练没练，我说练了。”

“你回答得对不对呀？”

“不对。”

“知道什么地方不对吗？”

“我说假话啦。”

“说假话应该不应该？”

“不应该。”

“你说假话，妈妈没有训你。那妈妈生你的气了吗？”

“嗯。妈妈生气了。。”

“妈妈怎么生的气？”

“她不跟我说话。”

“你怎么不找她说话？”

“我找了。”

“妈妈还是不跟你说话，是吗？”

“嗯。”

“那你跟妈妈认错了吗？”

“认错了。”

“你怎么说的？”

“我说，妈妈，我错了。”

爸爸又接着问：“那你知道小朋友说假话有什么坏处？”

“小朋友要是说假话，大家就不喜欢他了。”

“那你以后还说不说假话？”

“不说啦。”

“你还想不想跟妈妈做好朋友啦？”

“想。”

“那好啊！一会儿回到家，你再去跟妈妈道歉，行不行？”

“行。”

那天回到家，女儿再次为自己说假话向我道了歉，我终于伸出手把她抱在怀里，而且告诉她：“知道这几天妈妈一直还在生气吗？”

“知道。”

“你怎么知道的？”

“你不和我说话。”

我接着说：“你要知道，你可以练琴，也可以不练琴，但就是不能撒谎，懂不懂？”

“懂。”

“你如果觉得练琴没有意思，很累，那咱们以后就不再学了，好不好？”

“可是，可是…… 那天晚上，我已经打开琴套了，是姥爷说我累了，陪他说说话，就不用练了。”

“那你为什么告诉我，说你练过了呢？”

“我怕你训我。”

“你以前练琴，妈妈说过你，也训过你，那是妈妈的不对，妈妈向你道歉。可你也不能说假话呀？”

“妈妈，我以后再也不敢啦。”

“宝贝真棒，知错就改，这就对啦！你要是不改，老是撒谎，那你长大就会变成一个爱说假话的大骗子，你真的想成为这样的孩子吗？”

“不想。”

“妈妈跟你说，这几天妈妈不理你，就是要让你记住，妈妈不喜欢说谎话的孩子，爸爸也不喜欢说谎话的孩子，老师也不喜欢说谎话的孩子。谁要是撒了谎，我们大家都不理他，知道吗？”

“知道了。”

“妈妈也向你道歉，不该在你练琴的时候训你，妈妈一定改正。如果哪一天，你觉得累了，不想练琴，咱们就休息一天，第二天再练，就是不能说假话，好不好？”

“好的。”

在我们的记忆里，女儿说假话是非常少见的。我们之所以没有轻易放过这件事，就是觉得，孩子现在还小，还不懂得分清是非，也没有意识到撒谎是一种什么行为，如果不让孩子尽早建立“是”与“非”的概念，不能意识到撒谎是一种绝对不允许的行为，那么，孩子就很有可能形成惯性，继续说假话，长此以往，孩子的诚信与是非观念就会混淆，孩子的健康成长就会成为一句空话。

千里之堤，溃于蚁穴。子不教，父之过。孩子长大后出现的各种毛病，产生的各种问题，追根溯源，都与孩提时代父母的教育有关。

我们在这件事上的做法，绝对不是小题大做，我们认为，这样做才是对孩子负责，才是真正爱孩子。

在女儿说假话这件事上，我们从始至终没有发脾气，没有“训”孩子，而是冷静地处理了孩子说谎的事件，后来，我也专门找孩子的姥爷谈了这件事。

孩子是天真无邪的，尤其是第一次说谎，她的表情、眼神、神态透露着真相，根本用不着怀疑，也不需要猜测。孩子说谎时一定是很害怕的，内心是挣扎的。虽然我们理智地处理了孩子说谎这件事，但祖父母爱孩子的方式却值得商榷，隔代教育存在的问题是不容忽视的。

说谎属于原则问题、底线问题，必须引起足够的重视，更要平静地处理。然而，如果孩子在家庭生活中是真正被尊重、被爱的，对父母有充分的信赖，有足够的安全感，不害怕，就不需要逃避，更不会有谎言！

针对是非问题，一次沟通到位，直至孩子理解撒谎是一种绝对不允许的行为为止，如图 4-1 所示。

图 4-1　一次沟通到位

香港歌手、作家陈美玲教子有方，三个儿子全都被斯坦福大学录取。她从来不打骂孩子，总是通过耐心的交流，让孩子明白事情的真正原因，尤其在孩子做了不该做的事时，她会一直和孩子谈话，直到他们接受、认可为止。面对 2 岁的儿子犯错，她能和儿子谈 4 个小时，最长的一次谈了 8 个小时。孩子说这样与妈妈沟通是最辛苦的，反而不如被妈妈一顿臭骂，还可以快点结束，但妈妈就是有耐心，有时间。陈美玲的这种做法，这种坚持与坚定，即便孩子不能完全领会妈妈的用心，但至少可以让孩子明白，妈妈是认真的，对孩子的错误是不会轻易放过的。

一次沟通到位，看起来费时间，但又是最节省时间的。这时的慢其实就是快，放慢速度看起来慢，但却沟通更充分，解决问题更彻底。任何事情的发展都有其规律性，不是着急就能够解决的。在很多情况下，快慢并不是特别重要，欲速则不达。一次沟通到位，提高了陪伴质量，孩子能够更好地吸取经验教训，避免再犯类似的错误。

孩子说谎的行为看起来是孩子的问题，但分析孩子说谎的根源，却是家长的原因。我知道女儿说谎与我的过于严厉有关系，为此我做了深刻的反省，并及时改掉了训斥孩子的坏毛病。在此，感谢女儿给我一次很好的成长机会。

2. 用心了解行为背后的真相

这里分享四种了解幼儿行为真相的技巧。

（1）技巧一：猜一猜，知其所指

用心猜测，知道孩子非语言表达背后的真实需求。

这种情况，特别适合年龄偏小或者不愿意表达、不善于表达的孩子，尤其是在孩子年龄比较小，还不知道如何正确表达的时候，我们更要用心去猜孩子的想法，而不是逼他们说出来。因为这类孩子掌握的词汇少，没有足够的表达能力，也不知如何表达，每当他们遇到问题或渴望得到某件物品时，他们的本能就是哭闹、发脾气。

这个时候我们如果用心观察孩子的面部表情与眼神变化，留意他们的视线方向，基本就能猜透和读懂孩子无法用语言表达的内心需要。

等孩子平静下来后，用孩子能听懂的简单句子，用手指着物品，真诚地说出我们的猜测。比如，“宝贝，你想买这种饼干呀？”“你想买这个小汽车呀？”避免说太长或太复杂的句子，比如，“你想买那种巧克力口味的饼干，是不是？”“你想买这个电动的遥控小汽车，对吗？”如果句子太长，又没有肢体语言配合，孩子听不懂，不知道我们的意思，还是会继续哭闹的。

如果我们指对了，猜对了，孩子会停止哭闹，会点头的；指不对，猜不对，孩子会继续哭闹，或者摇头。如果我们总是猜不对，就让孩子指给我们看，直到确认我们真的明白孩子的意图为止。

最后再用孩子能理解的方式，或者答应他的要求，或者拒绝他的要求，并给出足够的理由，从而让孩子理解我们态度的坚定性。

我女儿小时候，最爱看行进中的火车。在她一岁多的时候，我们抱着她第一次看见奔驰的火车，她的眼睛瞪得溜圆，小脑袋随着火车的移动不停地转动，目送着一节节车厢跑远，以至于我们顾不上看火车，只顾着看女儿可爱的表情。等火车过去，我和她爸还拖着长音学火车发出“呜——”的声音。后来，只要我们发出“呜——”的声音，女儿就知道又要带她去看火车了。我们还告诉孩子，那种黑不溜秋的长长的火车是“货车”，是用来拉货运货的，有些是用内燃机车牵引的，有些则是用蒸汽机车牵引的，机车头上会不断冒出浓浓的白烟；那种绿颜色、带有窗户的长长的火车是“客车”，是专门让很多大人还有小朋友乘坐的。我们把货车称为“黑乎乎的”，把客车称为“漂亮的”，孩子就能很清晰地理解。看长长的正在行驶的火车成了我们全家人晚饭后的“保留节目”。每当孩子想要看火车时，晚饭后就会跑到房门后，手扶着门把手，如果我们发出“呜”的声音，她就会开心地笑起来，这时候，我们就知道孩子等着我们带她去看火车呢。

（2）技巧二：听一听，知其所为

关切询问，知道孩子情况异常的原因。

这种方法特别适合于做错事的孩子。

有一位妈妈说：她 4 岁多的孩子做错事情后，不愿意承认错误，应该如何引导呢？

我告诉这位妈妈：不要简单地让孩子承认错误，最好静下心来耐心地听孩子叙述事情的经过，耐心地探寻孩子犯错背后的原因。后来这位妈妈说，孩子把玩具带回家这件事处理得很好，儿子的表现也很好。在妈妈的引导下，儿子明白了不属于自己的东西，是不可以带回家的。其实，很多孩子犯错并不是主观故意，也许是孩子的能力不够或理解不到位，解决得不够好而已。

再说说我女儿的一件事。一天下午，我去幼儿园接女儿，老师说我女儿下午吃点心时把自己那块蛋糕吃完，又把对面小朋友的那块蛋糕拿过来吃了。我当场向老师表示歉意，又向这位小朋友的母亲表达了歉意。我女儿当时3岁多，食欲好，能吃能喝，一小碗汤加一块蛋糕肯定不够吃。尽管老师觉得这是比较严重的“错误”，但我回到家并没有立即批评女儿，而是平静地听完了女儿对事情经过的描述，理解孩子是因为不够吃以及对面的小朋友没吃，才拿了小朋友的蛋糕的。然后，我很严肃地告诉女儿，每个人分配的食物量都是一样的，每个小朋友只有一块蛋糕和一碗汤，你把小朋友的蛋糕拿过来吃了，这个小朋友就会饿肚子。如果一块蛋糕吃不饱，可以再向老师要一块，也可以回家吃蛋糕或者其他食物。我还告诉她，拿别人蛋糕的行为是绝对不允许的。从这以后，女儿再也没有拿过其他小朋友的蛋糕或食品，我们再也没有听到老师的“反映”了。

我觉得，假如不把吃小朋友的蛋糕当回事，孩子的不当行为就得不到及时纠正，以后就有可能继续这么做，这才是问题的严重性所在。

一般而言，孩子做错事以后，比较难过，比较害羞，此时最需要的，就是静静地等待，等孩子情绪平稳后，我们再告诉孩子有什么规矩，哪些是允许的，哪些是不允许的，怎么做才是符合规矩的。

（3）技巧三：问一问，知其所忧

耐心等待，知道孩子内心的真实意愿。

这种方法特别适合于喜欢分享和表达的孩子。

有一个5岁多的男孩从幼儿园放学回到家，满脸怒气，坐在饭桌前平时的位子上，双手托住腮帮子，该吃饭了却连看都不看食物一眼。妈妈并没有随随便便地批评或指责孩子，而是搬一把椅子放在孩子面前，坐下来，关心地问：“宝贝，谁惹你生气啦？在幼儿园发生什么事情啦？与小朋友打架啦？还是老师批评你啦？”

在妈妈耐心的询问下，孩子体会到了被尊重、被理解，情绪慢慢地好了起来，于是说出了事情的来龙去脉。

孩子说：“妈妈，你知道吗？今天下午小皓抢我的玩具，我没给他，我把他推倒了，老师就批评了我。”

妈妈问：“噢，小皓摔伤了吗？”

儿子说："没摔伤。"

妈妈问："嗯，小皓为什么抢你的玩具？"

儿子说："那是一幅中国地图的拼图，我都快拼完了，他也想玩。"

妈妈说："嗯，小皓不应该抢，应该和你一起玩。"

儿子说："我让他和我一起玩了，他还是抢，把拼图都抢乱了。"

妈妈说："所以你就生气了，就把他推倒了，对吗？"

儿子说："嗯。"

妈妈说："如果下次再遇到小朋友抢玩具，你会怎么做？"

儿子思考后说："我可以拿另外一个玩具给他，或者告诉老师。"

妈妈说："好，就是不能打小朋友，知道了吧？"

儿子说："知道了，妈妈。"

妈妈说："好儿子。现在开始吃饭吧。"

面对孩子的异常情绪，我们只有静下心来耐心地询问，才能了解事件的整个过程，了解孩子情绪异常的原因，不能不分青红皂白地批评孩子，让孩子受委屈，如图 4-2 所示。

图 4-2　不被家长理解的孩子

（4）技巧四：等一等，知其所思

认真倾听，知道孩子犯错的根源。

这种方法特别适合于想法很多、爱思考的孩子。

有这么一个小故事，一个秋天的下午，天气比较热，妈妈看着四五岁儿子手里的两只大苹果，特别想吃，对儿子说："给妈妈一个苹果吃，好不好？"儿子没说话，先看了看苹果，又看了看妈妈，然后分别在两个苹果上各咬了一口，慢慢咀嚼着。此时此刻，妈妈的内心有一种莫名的失落感。

然后，小朋友嚼完苹果后，却高兴地对妈妈说："这个更甜，给妈妈吃！"

这个小故事告诉我们，忍耐有时很疼，但结果是很甜蜜的；懂得倾听，才会了解真相；爱，有时需要等待。

以上四个技巧说明，只要我们用心，总有办法知道孩子的真正需求，或者行为背后的真相。只有了解了真相，我们才能与孩子高效沟通，真正解决孩子的负面情绪并纠正孩子的不当行为。

只要用心，一猜一听一问一等，所有真相就会了如指掌。

3. 恰当的状态增进亲子关系

幼儿通常比较敏感，父母（或养育者）的状态、心态、姿态、情绪、肢体语言、无意识的小动作、面部表情、眼神、神态，声音的高低、节奏、快慢、语气、语调，是问句还是感叹句，是怀疑还是肯定，是蔑视还是重视，是关心还是轻视，是平等还是居高临下，是否有针对性还是拐弯抹角，这些都会影响沟通效果。

面对 6 个月还不会爬的婴儿，妈妈可以用消极的口气说："唉，孩子怎么还不会爬呀？"也可以用积极的口气说："咿，孩子好像快会爬了！今天上午孩子努力向前伸出右手，还想拿摆放在他面前的摇铃呢！"想想看结果会怎么样。

每个孩子都是有自尊心的，要孩子去做某件事，可以用商量的语气，让他感觉他与我们是平等的，我们是尊重他的。与孩子沟通的最好方式就是心平气和，不是单向的命令。比如，想让孩子帮着拿拖鞋，如果说“快把拖鞋给我拿过来”，这种命令性的语言会让孩子不舒服，可能就会产生抗拒感。同样的意思如果换一种表达：“宝贝，愿意帮我把拖鞋拿过来吗？如果拿过来我会很高兴的。”那么，孩子的感觉就完全不一样了。

烦躁与平静的语气也有不同结果。如果我们想要孩子把地上乱丢的玩具收拾整理一下，可以这么说：“宝贝，玩具乱丢，多不好的习惯啊，跟妈妈一起把玩具收拾一下好吗？”千万不要用命令的语气：“怎么搞的，家里这么乱，玩具乱丢，快点收拾好！”孩子听到责备，心里会反感，即使按我们的要求去做，也是不开心的。

我们都会遇到自己的要求与孩子的做法不一致的时候。如果我们不是总站在权威的高度咄咄逼人，而是情绪平静地与孩子交流，双方怎么会产生冲突呢？

美国语言学家艾伯特·梅瑞宾提出了一个著名的沟通公式：

沟通的总效果＝7%的语言（说话内容）+38%的声音（语气）+55%的表情（情绪）

也有人做过统计，沟通过程中，70%是情绪，30%是内容。由此可见，良好的情绪（状态）对沟通的效果是多么重要。

4. 时间充足，时机恰当与环境适宜

充足的时间，恰当的时机，适宜的环境，这三者是良好沟通必备的条件，三者缺一不可。

首先，一定要有充足的时间。与孩子沟通前，不仅要想明白谈什么，还要确保自己的时间是足够的，自己的工作也已经安排妥当，不要中途以任何理由中断谈话。孩子最怕父母谈到一半就不谈了，不知道父母的葫芦里卖的什么药，不知道父母的真实态度。父母是孩子成长之路上最重要最亲密的人，孩子最需要沟通的人就是父母，但很多父母并不能每天都花很多时间陪着孩子，但的的确确，孩子的很多行为又是在父母没有时间沟通的情况下产生的，又因为不能及时沟通而错过了最佳纠错机会。

其次，一定要在恰当的时机。恰当的时机包括孩子有情绪、犯错、说谎或者我们发现某种不好现象的时候。如果这个时候，我们没有时间，或者没有想明白怎么谈，最好另找时间专门聊。如果我们有时间也不要随便打扰孩子，也就是说与孩子聊天不是随时随地就能聊的，比如孩子正在专心致志地看动画片、玩玩具、做作业，家长突然凑过来要聊天，一定不会有效果的，谁愿意被打扰啊。恰当的时机需要我们创造机会，并停下手头所有的事情。

香港歌手兼作家陈美玲说，每当孩子有问题问她的时候，她绝对不会让孩子“等一等”。有些时候她即便正在炒菜，只要孩子问她：“妈妈，妈妈，天为什么会是蓝色的？”这个时候，她根本答不上来，也会把火关掉，说：“你问得真好，等一下我们一起去找答案吧。”

每个孩子的脑子里都有大量的“好问题”，我女儿 4 岁多的一个春天的下午，我带她到校园北面的麦田踏青，她看到废弃的一口井，问我“我都琢磨半天了，不知道为什么要有井？”

最后，一定要在适宜的环境，即单独的、安静的、不被打扰的谈话空间，家长放下手机，郑重其事地、平等真诚地与孩子谈话。

为了养成良好的沟通习惯，就应该在孩子很小的时候重视沟通。从小开始良好的沟通能在很大程度上增加亲子关系，从而避免出现扭曲拧巴的亲子关系。

第三节　沟通有助于孩子平稳度过青春期

在一次线下的答疑中，有两位家长同时提到“青春期孩子”与“更年期家长”相处的困惑，大吵三六九，小吵天天有，几乎到了水火不容的地步，如图 4-3 所示。

到底该如何化解这种一沟通就吵架的情况呢？接下来分享我对青春期的几点思考，以及与青春期孩子相处的技巧。

图 4-3　青春期孩子与更年期家长

一、每个人都会有逆反期

在孩子成长过程中，大致有这么几个逆反期，2 ～ 4 岁的孩子会用“不”表达自己的想法；7 ～ 9 岁的孩子独立意识增强，认为自己已经长大了，听话是小孩子的事情，有时会表现得蛮不讲理；11 ～ 17 岁的孩子正值青春期（世界卫生组织规定青春期的年龄是 10 ～ 20 岁），更加追求独立、彰显个性，希望自己做主，如果还像对待小孩子一样对待他们，很容易激起他们的愤怒与反抗。所以社会上流传着一个根深蒂固的观念，青春期就是逆反期。

按字面理解，逆反就是不好沟通，不听话，不听老师的话，不听父母的话，与家长、老师对着干，让他向东偏向西，让他打狗偏撵鸡。

还有将青春期比作黑障期的。何谓黑障？就是没有阳光。我不禁要问，是谁遮住了太阳，挡住了进入孩子心中的阳光呢？

千万别认为孩子到了青春期，就一定会逆反。逆反不是青春期的代名词，也不是青春期孩子的专利。事实上，每个人都有逆反的内在倾向，不只是孩子，大人也会逆反。比如，这个周末，你本打算给家人做一顿美味可口的饭菜，结果呢？你发现先生不仅不帮忙，还在旁边指手画脚，等你把饭菜端到桌子上，他还说你做的菜不好吃，这个时候，你还有好心情吗？估计少不了一顿争吵吧。

还有，你逛了一天的街，好不容易才买到一条自己中意的花裙子，本想让先生夸几句呢，结果被先生评头论足，损了半天，颜色不好看，样式太老，花型太俗，与肤色和气质都不搭，没有眼光。你一定烦透了，甚至想吵架了，把裙子压在箱底，连看都不愿多看一眼，也许以后再也不穿这条裙子了。如果先生夸你买的裙子颜色好看，样式时髦，花型可爱，有品位，估计你都舍不得脱下来了，恨不得天天穿这个裙子上班。

所以说，青春期不等于逆反，就像年龄大了，不一定每个人就要经历更年期一样，这都是被灌输的概念，一个预设的结果，让我们产生很多错觉。这一现象又说明，信念影响情绪，情绪影响行为，行为影响结果，如图 4-4 所示。

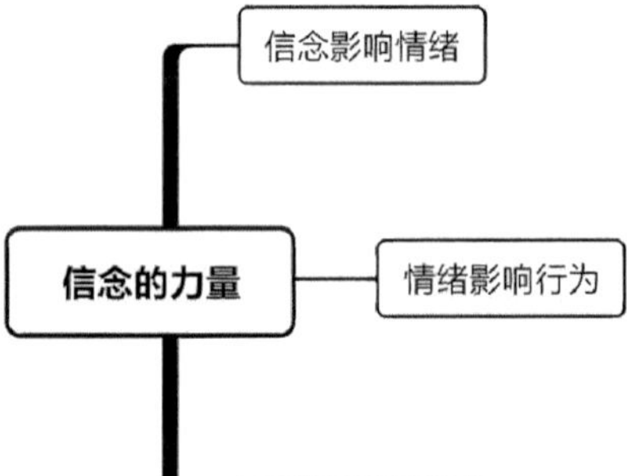

图 4-4　信念的力量

如果我们固执地认为青春期的孩子就会逆反，我们的情绪、行为、表情、说话的语气，都必将是消极的。在负面情绪的心理暗示下，一定会投射出焦虑、紧张、烦恼、忧愁、怨恨等话语和行为。像条件反射一样，孩子自然而然地也会以同样的状态投人对话，双方形成对抗的概率必然增大。一旦产生恶性循环，父母与孩子之间的关系就会受到影响。

只要我们打破青春期孩子必有逆反的思维模式，相信他们无逆反，我们的情绪、行为、表情、说话口气，就会变得更加积极，在乐观情绪的心理暗示下，往往表现出镇定、放松、快乐、开朗等积极状态，这样与孩子交流，同样像条件反射一样，孩子自然会以愉悦的状态投人对话，心平气和地交流，产生良性互动，改善亲子关系。一旦亲子关系良好，孩子怎么会逆反呢！

很多人认为青春期和逆反期有着必然的联系，这种极具杀伤力的观念，我们一定要试着去改变。

我们一定要明白，我们与孩子之间永远隔着一条看不见的“心河”，只有把爱当作“桥梁”或“心桥”，才能到达彼此的内心，着急是解决不了任何问题的。图 4-5 是位于河北赵县的安济桥，就是大家熟悉的赵州桥。正如桥的作用是连接河的两岸一样，“心桥”也是用于沟通孩子和我们家长内心世界的。

所以，逆反不是青春期孩子的特权，而是我们家长内心不会调整负面情绪的表现。那么，我们该如何面对孩子的逆反情绪呢？

二、逆反是孩子成长的机会

有一次我在深圳到北京的火车上遇到一位妈妈，她有两个儿子，大儿子初一，小儿子 3 岁，她不断强调青春期孩子的逆反与对抗，还说青春期的孩子天生就是一个逆反的种。

我说：“嗯，我想知道孩子逆反的原因，当孩子成绩不理想时，你们是怎么说的？当孩子的表现达不到期望时，你们又是怎么做的？”这位妈妈不再说话了。

图 4-5　河北赵县的安济桥

我们都明白，孩子逆反一定是有原因的。我是这样理解青春期孩子一些异常言语与行为的，这个时期的孩子接触的人和事是有限的，经验是不足的，想法是不成熟的，思维也是不定型的，对人对事的理解也是不到位的，但他们又想表达自己的看法、说出自己的观点，希望得到重视和尊重，希望有人给他们机会证明他们存在的价值。正因为他们的经验不足、不成熟、不定型，才有青春期也是人生第二个关键期的说法。最近的 MRI(磁共振成像）研究发现，在青春期，人的大脑进行最后一次突触修剪。青春期的孩子都是非常可爱的，而不是通常意义上所说的，故意要与父母对着干的。有一个初一男生，特别喜欢打篮球，回到家一天到晚跟妈妈念叨字母哥或詹姆斯等篮球明星的名字，渴望拥有一双价值 1000 多元的篮球鞋。妈妈是这样说的：“中学生穿 1000 多元的鞋太奢侈了。当然，如果你考到年级前几名，就可以给你买一双。”孩子感觉很不爽，不理妈妈了。这个孩子的成绩排在年级 85% 左右的位置，虽然一直很努力学习，但也许永远达不到年级前几名，妈妈的话不仅让他有压力，也更失落，一定没有机会得到他喜欢的篮球鞋了。在这种情形下，他哪有兴趣与妈妈交流下去呢？

有一段时间，有十几位初中生的家长与我联系，抱怨孩子只知道玩，上网吧，打游戏，玩手机，甚至忘记吃饭，耽误睡觉，没有一点上进心。更可气的是孩子不让家长说，说什么都不听，说多了就吵，吵不过就打，有的家长甚至诅咒孩子……

有些家长也觉得奇怪，以前很听话的孩子，为什么上初中以后就不再听话，甚至顶撞父母呢？

2018 年，有一位张姓妈妈告诉我她很焦虑，她儿子从上初一开始就变得逆反了，怎么办？

我直截了当地问："为什么您认为孩子逆反？"

她说："孩子不听话了。"

我问："嗯，为什么要让他听话？谁证明父母的话就一定是对的呢？"

她转变话题了："他有自己的主意了。"

我说："噢，孩子有主见不是您期望的吗？"

她说："当然是我们希望的。"

我问："既然希望，为什么不让他按自己的想法去做，把机会留给他？"

她强调："孩子还小。"

我问："如果不给他机会，他什么时候才能长大呢？"

最后她说："杨老师，我明白了。"

儿童心理学研究表明，孩子小时候是以崇拜的眼光欣赏像大山一样的爸爸，像大海一样的妈妈的。青春期的孩子长大了，看待世界的视角与心态变化了，自主意识苏醒了，行为变了，有想法了，有秘密了，有自己做主的愿望了，希望选择自己的生活，渴望活出自己。而且在长大的孩子眼里，爸爸这个山体变矮了，妈妈这个海面缩小了，他不再是父母眼里原来的小孩了，也不愿意做被父母随便操纵的“小棋子”了。但我们却没做好足够的心理准备，不相信、不放心、不放权，对孩子的表现不满意，甚至很痛苦。父母的这种痛苦是对孩子改变的抗拒，孩子也很痛苦，而孩子的痛苦是对父母不改变、自己不被信任的抗拒，两代人产生冲突是不可避免的，如图 4-6 所示。

其实，孩子有不同的想法，即所谓“叛逆”才是成长的开始，任何经历都是人生的财富。

也许有家长可能会问了，孩子的想法看起来明明不对，我们也不管吗？当我们与孩子的意见出现分歧时，该如何沟通才能减轻孩子的逆反情绪呢？

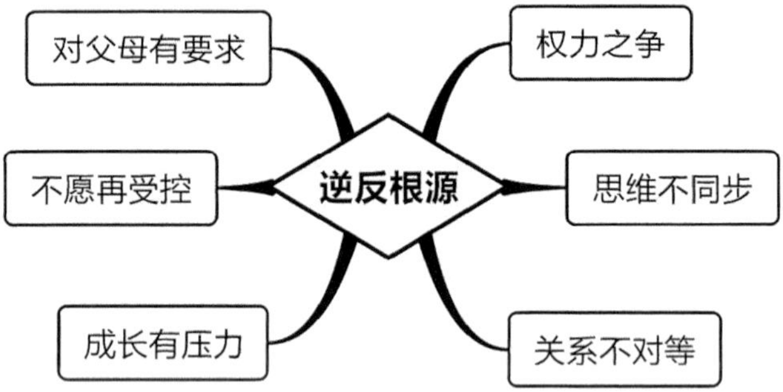

图 4-6　逆反的根源

想沟通就要先了解孩子，想了解孩子就要先走进孩子，想走进孩子，就要学会先倾听孩子，知道他的需求，从而给出建议，并让孩子自己做决定，而不是按我们的想法强迫孩子。

即便因为孩子的选择不成熟，导致一些不理想的结果，甚至是错误，只要我们能够与孩子一起面对，就不会出现逆反，这也是成长。

三、理解孩子的不当行为

为了减少、避免或消除逆反，首先，从需求双方的交集点上找原因。比如孩子想要信任、理解、鼓励，父母就不能创造压抑、抱怨、指责的氛围，要和孩子站在同一条线上，学会换位思考。

其次，即便孩子的想法有些不切合实际，甚至有些荒谬，也不能不假思索地拒绝，要“当回事”，慎重考虑，积极回应；即便不同意孩子的想法，也要给出恰当的理由；即便是非常必要的建议，也应该使用“我希望……”“我认为……”“你要不要试试”等建设性的语句。

比如，有两个孩子分别提出要搬到外面去住的想法。

一个孩子的父亲说：“咋的？翅膀硬了，家里容不下你啦？”

另一个孩子的父亲说：“我希望你慎重考虑，如果你真的想好了，那需要我们帮什么忙吗？”

结果恰恰相反。反对孩子搬出去的父亲不但没能阻止孩子从家庭出走，父子之间还产生很深的矛盾。没有直接反对孩子搬出去的父亲反而使孩子留了下来。

原因很简单：第一个孩子听到父亲那么武断地阻止他，觉得在家里也没有多大意思，整天挨数落，还不如搬出去呢。

另一个孩子的父亲则不同，尊重孩子，理解孩子，并在孩子提出搬出去的时候，没有阻止他，还问他需要什么帮助，这让孩子感到了亲情的温暖，让他感到在家里也挺好的。

与青春期的孩子真的不难沟通，因为逆反不是青春期的代名词，青春期是孩子成长的机会，理解孩子的需要并给出建议，而不是命令！

奥巴马曾经担任美国总统，他从来不缺席孩子的教育，无论多忙，都会抽出时间陪伴孩子，骑车、游泳、去游乐场、过生日、聊天、下饭馆、看电视、读书等。奥巴马曾说：“我不可能做一辈子的总统，却是孩子一生的父亲。”即使在长达21个月的总统选举中，他也从来没有缺席过一次女儿的家长会。

他们的故事很多，这里仅列举三次与大女儿沟通的例子。

第一个例子：玛利亚疑似吸大麻。

不得不说奥巴马与米歇尔是一对好父母，他们教育孩子的原则是：允许孩子犯错。谁都会犯错，不能一犯错就一棒子打死。要与孩子讨论事情的前因后果，给她们改正的机会，让她们懂得为自己的行为负责。

玛利亚曾做过一件在外人看来让父母非常没有面子的事，她出席音乐节的派对，不仅被人拍到吞云吐雾疑似吸大麻的视频，还因为过度喧闹被人投诉。对此，奥巴马通过散步和女儿平等地交换意见。他告诉女儿：我理解你是摩登少女，所以我允许你尽情享受青春期的时光，但作为一名社会人，我更要让你明白无论做什么，都要自己承担相应的责任。

玛利亚认识到自己的问题，积极改正。

第二个例子：玛利亚的成绩下降。

玛利亚的成绩一向优异，但有一次科学成绩，只拿到前27%的名次。奥巴马也感觉很失望。但是，他不指责也不提要求，而是以循序渐进的问答方式，让玛利亚自己发现问题的症结所在。他首先问女儿成绩差的原因是什么？女儿说，她考试前并没有按照学习指导书上的要求去复习。他又问女儿，你对提高考试成绩有什么想法？女儿说，她会仔细将教科书全部读完，而不是只读自认为可能考到的内容。

回想我大学一年级时，就遇到过这样一次考试，我就是按照自己认为可能考到的内容复习的，结果勉强及格。

第三个例子：玛利亚想文身。

有一次，玛利亚看到有的同学文身，她很好奇，也想试一下，回家后就和爸爸说了这件事。

奥巴马当时没有回答，但第二天就对她说：“我昨天也看见了一个文身广告，图案很漂亮，我也决定去文身。”

总统要去文身？玛利亚傻眼了，问爸爸："总统可以文身么？"

奥巴马摊开双手，接着说："没人说总统不能文身啊！我不仅要自己文身，还要带你和妈妈一起，最后我们拍一张全家福放到Facebook上。"

这种讨论更高明，让玛利亚瞬间打消了念头，只求老爸"千万别带我去文身"。

奥巴马用亲身经历告诉我们，比拼爹更重要的，是拼家庭教育。

沟通的目的就是为了引导孩子做出最好的选择，从而成为最好的自己。

沟通，不仅取决于说什么，还取决于怎么说。沟通完全可以从低龄幼儿开始，只要父母坚定信念，转变观念，就会发现沟通没有想象的那么难。从小开始沟通，青春期就不会出现逆反。

第四节　做一个让孩子喜欢的父母

说到如何做一个让孩子喜欢的父母，我们先来思考一下，为什么有些孩子会不喜欢自己的父母呢？

其实，最主要的原因是很多父母不了解自己的孩子。

为什么这么说呢？在和很多孩子沟通以后，我发现现在的孩子从小不缺吃，不缺穿，生活优越，他们喜欢思考的是活着的意义、人生价值等高层次甚至哲学问题，以至于不少家长无法理解孩子，与孩子没有办法对话。

还有，现在有多种多样获取信息的渠道，手机、电视、电脑、网络、书籍、报纸等，孩子年龄小，记性好，模仿力强，所以可能比父母懂得还多。千万不要小看现在的孩子，他们不仅见多识广，脑袋瓜灵活，而且动手能力强，所以，有时候孩子和我们聊不到一块儿，是很正常的。

更重要的是，现在的孩子对话语权要求高，当父母商量事情的时候，孩子想参与，希望提出自己的意见与建议。可家长呢，却又忽视了孩子这方面的诉求。所以，家长不受孩子们的待见，并不是毫无原因的。

不少家长对此很苦恼，怎么办？这里分享两个要点，让我们成为孩子喜欢的家长。

一、鼓励孩子表达并超过我们

有一位哲学家说：如果您想要得到仇人，就处处胜过您的朋友；如果您想获得友谊，就让朋友胜过您。我对这句话的理解就是，如果您想成为孩子的朋友，就让孩子超过您。

如何让孩子超过我们呢？最有效的方法就是给孩子创造成长的机会，让孩子充分表达。曾有几位家长说，不是不给孩子说话的机会，是孩子吝啬到不愿意说话。其实，不是孩子不愿意说话，而是我们很少给孩子表达的机会，孩子没有养成在家长面前充分表达的习惯。

每个人都有表现欲，比如小学生在老师提出问题时，都会争先恐后地举起手来，即便不甚了解，还是要举手，跃跃欲试。有这么一名高一学生，在所有学科中，数学学得最好，每次上课，他总是积极地举手，同学们坐在座位上举手，他要站起来，把手举得高高的，唯恐老师看不见。可老师就是不点他的名，不给他发言的机会，而且还认为这个孩子出风头，以至于孩子受到极大的打击，学数学的兴趣大打折扣。

成人虽然没有小学生那样积极踊跃，当别人发言时，喉头也总是痒痒的，恨不得对方快点讲完，以便发表一下自己的观点。

在家里也是一样的，父母讨论问题时，孩子总想表达自己的观点，虽然观点不一定成熟，但表达自己想法的愿望是非常强烈的。然而，很多孩子小时候，经常被教育"大人说话，小孩别插嘴""到一边去，别打扰大人说话"。过去的家长总认为这是天经地义的，可现在的孩子会直接质疑家长："为什么大人说话，我就不能说话呢？"

如果生硬地阻止孩子发表意见，很容易引起孩子的抵触情绪，被影响的不只是孩子的表达能力，还有孩子的性格和心理。所以，应该鼓励孩子说出他自己想说的，而不是我们想听到的。我曾经看到这样的故事，李泽钜和李泽楷八九岁时，李嘉诚就让两个儿子坐在专门设置的小椅子上列席公司的董事会议，随便让他们发言，表达他们的观点。

有些家长有时会让孩子表达，但如果不赞同孩子的观点，总是随意打断孩子，急于阐明自己的看法。一些家长为了让孩子同意自己的观点，还会费尽口舌，唠唠叨叨没完没了。所以，孩子说话时，我们最好保持沉默，直至孩子把想阐述的东西完全表达完为止，而不要粗暴地打断孩子的表述，更不能强硬地将自己的观点强加给孩子。有些时候，我们可以不同意孩子的观点，但还是要等孩子先说完，再表达我们的观点。

英国作家莎士比亚在《哈姆雷特》中有这样一句名言：凡事需多听但少言，聆听他人之意见，保留自己之判断。这句话非常值得我们学习和领会，只有这样，孩子才会告诉我们真相。

二、倾听孩子说话并做孩子的知心朋友

不善于倾听，这是不受欢迎的原因之一。据了解，世界上受欢迎的父母几乎都是能专心听孩子说话的父母。而对父母来说，只有倾听才能发现孩子行为或表现背后的真相。

倾听就是多用耳朵少用嘴巴。听孩子说话时，父母应该做的就是停止手中所做的一切事情，平静轻松地面对自己的孩子，否则孩子会认为父母对他们所说的事情毫不在乎。

有一位妈妈告诉我，她 5 岁多的女儿与爸爸聊天，让爸爸看她叠的小纸船怎么样。爸爸继续看着电视，连抬头转脸看女儿一眼的功夫都没有，而是心不在焉、敷衍了事地回应：“嗯，不错。”看见爸爸爱答不理的样子，女儿说爸爸一点也不热情。爸爸这种漠不关心，没有

兴趣的样子，让孩子很反感，时间长了，孩子自然就不喜欢与爸爸聊天了。

很多家长可能没有意识到，孩子说话的时候，父母越用心，孩子就越爱说，一个愿说，一个愿听，爱的链接才会越紧密。我女儿每天从幼儿园回到家，特别喜欢讲故事，“从前呢……然后呢……”我们不仅爱听，还跟着她学会了她讲的这些故事，所以女儿就更愿意说。

还有一位年轻的妈妈告诉我，早上送孩子上学的路上，孩子主动找她聊课后吃辣条的事。孩子很有成就感地告诉妈妈，辣条是奖品，只有表现好的学生才能得到，孩子非常开心地讲述了事情的经过与细节，包括有几个同学获奖，为什么获奖，得多少奖品，以及奖品多与少的原因，礼品的包装形式，辣条的味道等。这位妈妈说她并不太赞同吃辣条，但她知道，只有她愿意听，儿子才愿意说。

曾经有一位比我年纪小几岁的家长约我面谈，交流 4 个多小时。在她说的过程中，我有时表示惊讶，有时表示理解，有时表示关心，有时也会复述，有时也会眼神互动，有时也会询问，也有“嗯，哦，哇，是吧，还有吗，接下来呢，感觉你很难过，你这样选择一定有你的理由，这样做也许并不是你的本意”等回应。她竟然说我解决了她心中多年的困惑，找到了知心朋友。其实，我只是很用心地去倾听和理解她而已。

在倾听过程中，如果我们的想法与对方不一致，永远要记住，对方才是对的，了解自己最深的永远是他自己，倾听者的经验只供对方参考，而不要强迫对方一定要接受。

用心倾听，不仅要听对方口头表达的内容，还包括听语音高低、语速快慢，观察肢体行为、面部表情等。不仅是听，还能听懂，了解对方的喜怒哀乐以及真正意图，没有人会拒绝一位友善的倾听者。

用心就是少说多听，只有用心倾听才是最好的陪伴。陪伴的“陪”就是指我们带着耳朵，站在一旁，嘴巴靠后，做一个好听众。就像诺贝尔文学奖获得者莫言的塑像一样（图 4-7），闭着嘴巴，闭上眼睛，把耳朵藏起来认真地听，一心一意地听，全神贯注地用心听，这样才能成为孩子的好父母、好老师、好朋友、好伙伴。

图 4-7　只听不说不看的莫言塑像

第五章

培养步骤之四：省

第一节　为什么要反思

每个人都是在学习、实践、反思、改变，再学习、再实践、再反思、再改变的无限循环过程中成长起来的。

反思过程就像装满水的杯子，自认为原来那杯水很好，是无法再往杯子里加水的。只有倒掉部分或全部的水，让杯子有空间，才能继续加水，才有机会获得更优质的水。腾出来的空间越大，注人的新水越多。如果不舍得倒掉，那杯水或许变凉，或许变质。一个人只有不断反省自己，时时带着空杯心态，才会有意想不到的收获。

我一直觉得自己在教育女儿过程中是肯下功夫的，但反思整个过程，当孩子小我还年轻的时候，也曾犯过不少错误。

一、任务式学习导致心态失衡

幼儿早期教育的目的很多，但在不能输在起跑线等世俗观念与集体意识的影响下，一旦带有明显的功利意识，很容易导致主次颠倒。

当年，我给女儿讲故事、教数数，没有任何功利心，也没有当作任务，既不规定每天必须背几个生字、生词，背几首唐诗，也没有要求她必须记住几个数字，记得住或记不住都没有关系。我有意识没有任务，孩子没有意识没有压力，学得非常开心。

然而，到了孩子学琴的时候，我很快就变得没有这么冷静和理性了。因为我的过高要求，挫伤了孩子的学琴热情。在这件事上，我一直觉得对不住女儿。应该说在我们当地，老师的水平还可以，上门服务，省心。我也比较热情，给老师推荐了不少学生，学琴的学生多了，老师忙不过来，给每个学生的时间自然就少了。老师把 1 小时的教学时间缩短到 40 分钟，有时只教半小时就匆匆忙忙地离开，要赶到下一家。不仅教的东西少了，对孩子的耐心也不够了。老师把教学转变成检查作业了，把教的任务转嫁给孩子和家长了。所有以作业形式留下的练习曲子，也要求孩子流畅地演奏。回过头看老师留的作业，作业量确实不小，刚过 4 岁的孩子，每周要练习好几首曲子，如有一周的作业，是练习弹奏“儿歌”、“轰隆隆火车开”、“可爱的玫瑰花”、“小松树”、“新疆民歌”以及拜伦练习曲 17 与 19。这 7 首曲子有 4 首是基本没有教过的，应该说超过孩子的能力。我自己是乐盲，既看不懂五线谱，又听不懂旋律，孩子刚学不久，根本不知道弹奏对错，怎么可能弹得没有瑕疵呢？老师上课前先检查弹奏水平，只要上节课布置的作业没有很好地完成，只要达不到标准就训斥孩子，还说谁家的孩子就比我女儿弹得好，我坐在旁边，觉得很没有面子。

当时我没有把握好这个分寸，没有与老师充分沟通，而是跟着老师训斥孩子，为此，不知道让女儿受了多少委屈。

现在想想，弹奏水平高不高有那么重要吗？本来练琴的目的只是培养业余爱好，在家里自娱自乐，闲暇时间让自己开心快乐，又不是为了当演奏家在公开场合娱乐他人。但那时，功利心、面子、任务，这些虚幻的东西完全充塞了我的大脑。在老师情绪的感染下，把最初的兴趣目标、快乐目标、专注力目标全忘在脑后，变成面子目标、功利性目标，迷失了方向，扰乱了思维。最终孩子学不下去了，鸡飞蛋打。孩子失去了兴趣，何谈快乐？家长失去了培养目标，何谈快乐？老师失去了生意，何谈快乐？还把孩子本来具备的那点天分也逼没了，现在想起来真的很后悔，肠子都悔青了，甚至有一种罪恶感。

假如当初能够设身处地考虑孩子的实际情况，照顾孩子的实际接受能力，尊重孩子的意愿，多与老师沟通，调整教学进度，而不是一味要求孩子按照成人预先设计的进度来练习，避免给孩子施加硬性的压力或寄予过高的期望，多肯定多鼓励，而不是简单、生硬的“训斥”，就有可能保护孩子的学琴积极性，就会把练琴当作一件快乐的事情，学得更轻松、更容易，收获也更多。

二、过高的要求就是贪

我曾参加过为期 4 天的内观禅修培训，每天有三个单元练习打坐，早上、下午、晚上各 3 小时。我是第一次打坐，盘腿的姿势很不标准，最多坐 1 小时，就有一条腿酸痛麻木。老师说痛则不通，通则不痛，酸痛过后的通透感非常好，鼓励我们坚持，只有坚持才有机会体验通透的感觉。老师说他从每个人的表情能看出来是否通透。通透的时候，脸一定是放光的，表情是放松的，愉悦的。没有达到通透的人，脸部表情紧张、痛苦，甚至扭曲。我第一天的三个单元都没有坚持坐到底，酸痛麻木的感觉实在不舒服。第二天上午，我说服自己无论多么酸痛麻木都不要中途放弃，接近 3 小时，酸痛麻木突然消失了，浑身上下通透的感觉贯穿全身，畅快淋漓到无法描述，只希望那种感觉永不逝去。下午再静坐的时候，我一直期待那种感觉再次光临，晚上也如此，第二天如此，第三天如此，一直没有出现。我问老师既然脉络已经打通了，为什么仍然酸痛麻木呢。老师说内观禅修的精髓就是在意识层面修炼自己的心智，练达内心，实现自我净化与升华，需要长时间的磨炼。只有意念通了，身体才是通的，那种感觉才会持久。如果总期待那种感觉，意念一定没通，而意念不通，又期待那种感觉，只能表明我太贪了。

联想到孩子小时候，我们的所作所为，都是因为太贪了，把根本达不到的高度，逼着孩子去达到。

2018 年 9 月，一位妈妈反复问我，女儿学习不好，是她的引导方法不对还是缺少方法。实际上，这位家长不缺方法，只是她的高目标、不信任、坏脾气没有让方法发挥应有的作用而已，这位家长的高目标，其实质也是贪。家长又问我，是不是她不爱自己的孩子？我说不是不爱，是爱之太切，爱的方式不合适而已。后来这位妈妈转变了，女儿的成绩也从中游上升到班级前几名。

三、攀比导致孩子反击

爱因斯坦说：每个人都是天才，如果根据能不能爬树来判断一条鱼的能力，那我们一生都会认为鱼是愚蠢的。

对比不是为了找孩子的缺点，也不是用来贬低孩子的。

攀比就是标准在作怪。每个人内心深处都住着一个完美的小孩，都试图按照这个标准让孩子长成我们心中的那个样子，期望天下所有的优点都集中在自己的孩子身上，其本质仍然是贪。而孩子只能是他自己，不是我们的复制品。

女儿 5 岁多，六一儿童节排练舞蹈“我们美丽的家乡”，我认为女儿的动作没有小青的动作优美，她很生气地回敬我：“老师都说我跳得好，是第一名，就好就好。”我不仅挑剔女儿，还说女儿不爱承认自己的缺点。

攀比很容易摧毁孩子对家长的信赖和尊重。

当父母希望孩子活成别人家孩子的时候，孩子也希望自己的父母活成别人家的父母。我们挑剔孩子，孩子也会挑剔我们。

我原来在矿大的一位同事说她曾责怪儿子的中考成绩没有谁谁谁的分数高，她儿子一点也不客气地回应妈妈：“谁谁谁的父母都是教授，你们俩都是普通的实验员，怎么不当教授？凭什么让我学得和他一样好？”妈妈觉得被自己的儿子说得很没有面子，就无奈地嘀咕了一句：

“你这孩子。”孩子又说：“我这孩子怎么啦？”我对这位妈妈的话印象特别深。

还有一个故事，父亲对儿子说：“你知道吗？当林肯像你这样大时，他可是班上最好的学生。”儿子对父亲说：“知道，爸爸，但林肯像您这么大时，早已是美国的总统了。”

4 岁多的女儿告诉我说：“妈妈，你看爸爸多聪明呀，你这么笨。”我说“我才不笨呢。”女儿说：“你不笨，那为什么爸爸知道 12 月份有纪念日（12 月 12 日西安事变纪念日），你怎么就不知道。”我一时语塞。

孩子对父母有要求表现在某一年龄非常不希望父母出现在眼前，好像出现在眼前是一件很丢人的事。我先生经常给我讲他小时候的故事。他母亲是他们学校的教工，非常清楚他下课的准确时间，经常在下午最后一节课的铃声快要响起的时候，母亲已经站在窗前了。这还不算，母亲还有大嗓门，喜欢站在外面冲着走出教室的儿子大喊：“快回家去蒸窝窝头”“快回家去做饭”。每当这时，全班同学都哄堂大笑，还有一些调皮捣蛋的男生拿腔捏调地重复他母亲的话：“快回家去蒸窝窝头”。我先生说，他根本不敢抬头，恨不得找个地缝钻进去。现在讲起来也许是笑话，但处于当时那个年龄，孩子是很难过的，甚至是懊恼的。

我记得有一段时间，上小学六年级的女儿经常告诫我们：“不要到学校去找我噢，要不然同学会笑话我的。”我问：“为什么同学会笑话你？”女儿说：“因为我已经长大了。”

四、缺乏共情委屈孩子

在我心目中，女儿的表现一直很好，就是这样的好孩子，也因为我的共情能力差，年轻无知，偏重于讲道理，常常让女儿受委屈。

女儿 1 岁半左右的某一天，她躺在我的胳膊上睡觉，我把她推到一边去，也许我的动作太鲁莽了，得罪她了，她撕心裂肺地哭，无论如何也哄不好，哭声持续了一个多小时，问她为什么哭，不说。想要什么，不说。我们俩就静静地等待她哭，再后来，我们就把她关进厕所里，又哭了40分钟，仍然没有止住她的哭，只好把她抱出来，她仍然在哭，我们心都被哭碎了，没有任何办法，束手无策。写到这里，我哭了，为当年的年轻幼稚，为当年的粗心，没有真正理解也不明白孩子哭背后的真正原因。现在想想，孩子或许不舒服了，或许被某件事吓着了，或许被小朋友欺负了，或许做噩梦了。我不断地问自己，是不是太狠心了？是不是太残忍了？是不是太愚蠢了？但一切都不可能回到从前了，我现在能做的就是多爱女儿一些。

有一天，上小三班的女儿从幼儿园回来，晚上我在给她脱裤子时才发现裤袋里装着碎饼干。她说这块饼干是上午喝豆浆时发的，不舍得吃，想留给妈妈尝尝。还有巧克力也想留给妈妈的，但天气热，容易化掉，只好把巧克力吃了。碎饼干显得挺脏，可我看了很感动。在感动之余，我告诉她："以后幼儿园再发饼干或巧克力，你就在幼儿园吃掉，不要带回来，那会把衣服弄脏的。"我不经意的一句话，在她的潜意识中让她感觉把衣服弄脏会给妈妈添麻烦。

女儿4岁多的一天晚上，我们三人到教4楼采矿实验室参观玉器与玛瑙饰品展。女儿非常高兴，试戴了好几种，最后看中一串粉红色的项链，价值30元。我却故意取笑女儿："粉红色的不好看，你的欣赏水平太低了，你不行。"把女儿气得大哭，先生直埋怨我。表面看是故意取笑女儿，实际上，我根本就没有理解女儿想购买那件饰品的快乐心情。另外，我自己也不真实，没有把我和先生没带钱的真相告诉女儿。

女儿上一年级的时候，曾提出要一台光学显微镜。当时问她要显微镜干什么，她说为了观察小昆虫。可是在那个年代住60多平方米的房子，空间不大，那么奢侈的一件实验装置，搬回家是不现实的。当然，我们也担心，孩子只是一时心血来潮，她的要求有点不符合实际。结果，这件事就没有引起我们的重视，也没有及时回应女儿。过了很多年以后，我有一次问女儿还记得这件事吗？她说不记得了，当时她的想法也许来自某个科学家的故事，也许是因为我们带她去过化学实验室。当时不懂得保护孩子的兴趣，没有及时保护孩子的梦想，就有可能扼杀一个潜在的生物科学小天才，留下的只有遗憾。也许是拒绝的次数多了，女儿就很少向我提要求了。2018 年 5 月，在跟女儿聊天时她告诉我：“妈妈，您知道我为什么有时候不向您提要求吗？因为我怕被您拒绝。”女儿这句话，深深触动了我的心灵。

有时候，我虽然能控制住自己的情绪，但更多的是给女儿讲道理，夸她乖、懂事、大方，自以为是地替她做主。这种带有强烈目的的表扬和讲道理，会让孩子感觉到另外一层意思：如果买了东西，就不是一个好孩子啦。这在某种程度上，完全没有尊重孩子的意愿，忽略了孩子的感受。

五、训斥造成孩子说谎

训斥孩子其实就是我自己无能和缺乏智慧的表现。

翻看当年的记录，当读到一篇篇批评孩子日记的时候，我非常难过，感觉太对不起女儿了。

5 岁刚过的一天晚上，女儿练琴时不太认真，吃药时磨磨蹭蹭，我一下子就来火了，训斥了好长时间。

5 岁半的那年暑假，女儿放假在家，不如上幼儿园时生活有规律，琴也练得不好，休息也不好。老师检查作业时只写下一个“良”字，又被老师数落了一顿，女儿哭得很伤心。老师还经常吓唬孩子，他不想教了，他不愿意教了。

我情绪不好，也没给女儿好言语。

孩子成绩不好，通常都与家长有关系。有一个家长说她女儿三年级上学期有一次语文小测验只得了 59 分，原因就是她平时督促孩子阅读时，态度太严厉了，如图 5-1 所示。

我们应该意识到：孩子掩饰和撒谎的原因只有一个，那就是逃避处罚与责怪。如果孩子是真正被尊重、被关爱，对父母有充分的信赖，有十足的安全感，就不会说谎，也不会隐瞒，没有害怕就没有谎言。我感到十分庆幸的是，在处理孩子说谎的两件事一是弹琴，二是在试卷上模仿我的签名上我都是非常平静的。

图 5-1　一位反思的家长

六、读故事的时间太短

虽然我陪女儿讲故事的时间开始得比较早，但结束的时间也有些早。女儿 4 岁多能自己读故事的时候，就几乎很少陪她了。对此，我非常遗憾，也很后悔没有陪读到小学毕业。女儿高中期间，我遇到她一位小学同学的妈妈。那个孩子的写作水平很高，文笔细腻，描写人物惟妙惟肖，生动传神，我问这个妈妈孩子是怎么练出来的，她说是陪孩子讲故事的原因吧，她一直陪到小学毕业。这两者之间应该有必然的联系。每当我与年轻的妈妈说到陪孩子读书时，都要强调能坚持陪多久就陪多久。因为我们与孩子待在一起的时光太短了，以至于我们还没有意识到的时候，孩子已经长大了。孩子小的时候，期待她长大，现在长大了，真希望她永远长不大，或者再重新生一回。

七、忽略对平衡教育的认知

比起亲情教育，我们可能更注重挫折教育。大的挫折如考试失败，小的挫折如打牌输了，跌倒了，我们都鼓励女儿不要怕，特别强调坚强和忍耐。摔倒了，让她自己爬起来，鼓励她不哭。很多时候，我们是按照男孩子的培养方式带女孩子，显得刚性有余，柔性不足。其实这也是我的性格，我就比较坚强。当然女儿的抗挫能力，还是很让我佩服的。

比起日常生活，我们更强调学习，学习目标的设定更多的是“知识导向”。虽然我从来不购买课本以外的复习资料，但是我会让孩子阅读、写作、学外语。孩子被占用的时间多了，做家务的时间就少了。除了让她收拾自己的房间，洗自己的内衣，我们很少让她帮我们做家务，尤其到了高中阶段，孩子根本没有时间，我们也不舍得让她做家务了。

2018 年 9 月，一位家长发微信说，昨晚孩子作业没写完，10 点钟就要睡觉了，睡觉之前说第二天早上写，结果早上还是没写，她很纠结，如果写完作业再睡觉，就太晚了，第二天孩子就会没精神，应该怎么办？这个案例也是时间与任务平衡的问题，我宁愿让孩子睡觉也不愿意为了完成作业不睡觉。

在饮食方面，我们更强调营养，忽略了分享。每当有好吃的好喝的，我们俩有时尝也不尝一口，或者假装尝一口，全部给女儿吃。小时候女儿经常把食物分给我们吃，我们总是说："我们不吃，你要长身体，你比我们更需要。"如果她把肉夹到我们碗里，我们还会再夹回她的碗里，尤其是我这个当妈妈的。只有当女儿硬向我们嘴里塞的时候，我们才会象征性地品尝一点点。有意无意地，这就容易让孩子感觉爸爸妈妈是不需要被关心的。

女儿大学刚毕业，有一次她与同学聊天说她从来不需要主动给我打电话，我总是主动打电话找她的。她的同学把这话转告给了她妈妈，她妈妈又把这话转告给我，这位同学的妈妈的语气是带着某种担心与惦记的。后来，我与女儿聊起了这件事。

我："闺女，你真傻。"

女儿："为什么这样说，怎么啦？"

我："你是不是给同学说过你不需要主动给我打电话，我总是主动打电话找你？"

女儿："聊到与父母联系的时候，我是这么说的。"

我："你不是经常给妈妈主动打电话吗？不是也很惦记我们吗？不是经常给我们寄来吃的、穿的、用的物品吗？你这么说好像你还是一个没有长大的小孩子，你太单纯了。"

女儿："我知道了，以后每个周末我都主动打电话，谢谢妈妈。"

这件事也让我深刻地反思，孩子小时候，我对孩子的关心更多，很少接受她对我们的关心。因为每当孩子主动关心我的时候，我都会说我挺好的，不用担心。也许过于坚强的父母会在无形之中限制孩子的这种学习能力——学习关爱父母。

现在，女儿每天早上都会在微信上送来她的问候和祝福，让我们倍觉贴心。

第二节　如何进行反思

经常有家长说："哎，刚才我是怎么了，怎么又犯脾气了，怎么又骂儿子笨了啊！"世上虽然没有后悔药，时光也不能倒流，但是仍然有不少家长经常做让自己后悔的事，这是很多人都会犯的毛病。

《论语·学而篇》中曾子曰：吾日三省吾身。即便我们做不到一天三次反思自己的言行，至少当孩子的行为表现达不到预期，或者孩子有了过错时，父母都应该先从自身找原因，多问自己：为什么孩子是这个样子？我究竟做了什么？哪些方法是有效的？哪些方法是无效的？图 5-2 显示一位低头反思的家长。

我们是普通人，不是圣人，犯错不可怕，可怕的是不知道错在哪里。或者明明知道错了，不愿意反思；有的反思了，却不知道怎么改变。

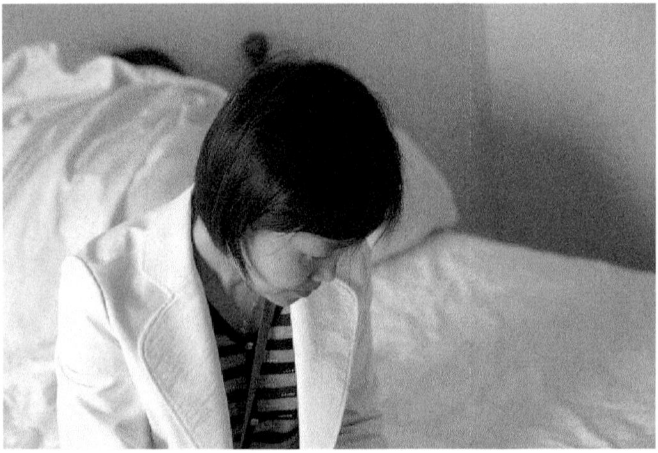

图 5-2　一位低头反思的家长

虽然自我反思很重要，但是反思也不是盲目的，不是自我怀疑与自我否定，而是有规律可循的。图 5-3 给出的是三步优化逐级反省机制。

一、检验培养目标的合理性

父母都希望孩子出类拔萃，十全十美。按理说设立高目标，有高要求也没错，但有一个前提是万万不能忽视的，就是孩子自身是千差万别的。

不同的孩子，要有不同的培养目标。

如果孩子的表现不尽如人意，作为家长就要反思，已设定的培养目标是否符合孩子的实际情况，是不是目标设置太高了？

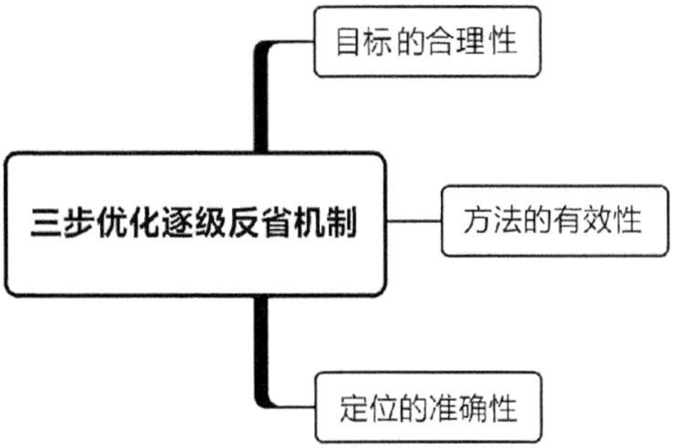

图 5-3　三步优化逐级反省机制

我曾接触过一个小女孩，爸爸是大学教授，研究纳米材料的合成与性能。妈妈在中学教声乐，擅长拉小提琴。妈妈一心一意希望女儿将来从事音乐方面的工作，主攻小提琴，成为小提琴方面的杰出人物。这个女孩 5 岁多的时候，妈妈就开始教她拉小提琴了，很奇怪，这个女孩从小对拉小提琴并没有表现出多大的兴趣，但在妈妈的逼迫下，断断续续地学到小学五年级，勉强通过小提琴 6 级考试。妈妈既生气又失望。

女儿喜欢什么呢？她特别喜欢爸爸做的工作。有时跟着爸爸去实验室，在电子显微镜的镜头下，原来用肉眼根本无法分辨的纳米颗粒，在放大一万倍、两万倍后，就像变魔术一样，会呈现出各种各样非常神奇的图像。每次看到这些图像，女儿都表现出特别的兴致，不断问爸爸这是为什么？那是为什么？每当孩子提问时，爸爸都非常耐心地讲解，或者拿出专业书籍让女儿自己阅读。

妈妈也很有智慧，根据女儿的实际情况，及时调整了自己的思路，支持女儿去做她喜欢的事。现在这个女孩子正在攻读博士学位，与爸爸的研究方向非常接近。

据了解著名物理学家杨振宁在美国读研时，动手能力比较差。不少同学开玩笑说：“实验室哪里发生爆炸，哪里就有杨振宁。”要知道，作为一个从事实验物理的研究生，如果动手能力差，通常意味着这个学生没有前途。但是，一位物理学大师却看到了杨振宁的长处——分析能力一流。于是，这位大师悉心培养杨振宁，建议并指导他研究理论物理。后来杨振宁果然在理论物理领域取得了杰出的成果，并获得了诺贝尔物理学奖。

究竟要把孩子培养成什么样子呢？要根据孩子的实际情况进行全面的考虑与权衡，从而制定合理的培养目标。

二、检验培养方法的有效性

父母都希望孩子考高分，有好成绩，于是每天晚上盯着孩子做作业，帮助孩子纠错，批评孩子不细心。结果呢，孩子不胜其烦，成绩总是上不去。为什么会这样呢？是因为我们的方法不对。

也许您听过袋鼠的故事吧。有一天动物管理员发现袋鼠从栅栏里跑出来了，他们就开会讨论，一致认为是栅栏的高度过低导致的，可是把栅栏的高度由原来的 10 米加高到 15 米后，袋鼠还是跑到外面来了。继续加高到 20 米，没想到袋鼠仍然能跑出来。管理员们决定一不做二不休，决定继续加高栅栏的高度。

有一天，长颈鹿问袋鼠:“这些人会不会再继续加高你们的栅栏？”袋鼠说：“也许会吧，如果他们再继续忘记关门的话！”

这个故事表明，虽然目标是清晰的，合理的，但方法是不对的，什么事都有“本末”，关门是本，加高笼子是末，舍本而逐末，当然就不得要领了。

孩子教育也是一样的，有不少家长明明想提高孩子的学习积极性，可又因为过度关注成绩，指责打骂孩子，实际上却做着挫伤孩子学习积极性的事情，从而导致方法无效，出力不讨好，这就是本末倒置。

三、检验角色定位的准确性

什么是角色定位呢？有的家长在孩子很小的时候，就希望孩子成人后从事某项职业，比如当歌唱家、当英语教师等，这一类家长给孩子的角色定位是很明确的。有的家长并不给孩子进行定位，而是全方位地培养孩子多方面的能力，如沟通能力、自主学习能力、动手能力、组织领导能力等。

是按职业培养孩子，还是按人才，甚至是人物培养孩子，这三者是有区别的。虽然谁也不知道以后会发生什么，谁也不知道以后的事情，谁也无法准确地预测未来，但有一点是可以预测的，一个有能力、有健全人格、有高尚品行、良好习惯与高雅兴趣的人，将能够胜任很多种角色。

职业是可变的，角色是可变的，有能力的人才有选择成为某种角色或从事某种职业的机会，能力在前，角色在后。

有一位年轻的母亲，口才不错，有很强的人际交往能力，她小时候的志愿就是做一名优秀的老师，而她的父母却坚持让她从事财务工作，大学志愿也是父母强制她选择的。虽然她坚持学下来了，却一点兴趣也没有，毕业后也没有做与财务相关的工作，宁愿选择在一家咨询公司做人力资源培训，与财务工作一点都不沾边。为此，她走了很多弯路，浪费了很多宝贵的时光。这位妈妈与我经常交流的话题就是做家长的一定要了解孩子，尊重孩子，正是因为她自己有过教训，她就非常尊重孩子，给孩子选择的机会，鼓励孩子去做她自己喜欢的事情。

还有这么一位优秀的美发师，不到 16 岁就从东北来到北京跟朋友学理发，刚过 30 岁，已是 8 家美发连锁店的老板了，一年营业额近千万元，每个店都有 20 多名员工，也就是说，他给 160 多名员工提供就业机会。当初父母坚决反对他学理发，希望他好好读书，上大学。现在呢？他的父母为儿子感到骄傲。

每个孩子都有自己要走的路。智慧的家长需要经常反思，及时调整思路，改变方法，全方位培养孩子的能力，而不是提前框定某种职业。

第三节　怎样实现自我改变

反思的目的，是为了改变，如何实现改变呢？

一、真诚道歉

女儿 3 岁半开始练琴时，学琴的积极性并不是很高，居然告诉我的一个朋友："阿姨，我不喜欢练琴，因为太难了。"最初她对节拍的掌握不是很好，特别是 1 拍半、2 拍、4 拍。我看到女儿弹得不好，就有情绪、发脾气。

事后，我会解释、会道歉，女儿也会原谅。去年女儿曾诚恳地告诉我："父母训孩子很正常，妈妈的训斥让我更坚强。"她这样说的时候，我更感觉无地自容。

真诚勇敢地向孩子道歉，我们的形象不会因此变得渺小；相反，坦率和真诚的道歉还能显示我们有过必改的决心，拉近与孩子的距离。

美国作家艾伦·拉扎尔在《道歉的力量》一书中写到：道歉与接受道歉，都是意义深远的人际沟通行为。道歉可以让冒犯他人的一方不再那么恐惧会遭到报复；道歉能减轻内心挥之不去的内疚感、羞耻感，不让它们成为紧箍心灵的桎梏；接受道歉则可以化解被冒犯一方的屈辱与怨恨，打消其报复的念头，进而给予对方宽恕。道歉的理想结果是和解，是修复破裂的关系。只要真诚地道歉，哪怕道歉迟来了几个月、几年甚至几十年，也有可能促成双方和解。

在人际关系中，道歉很重要。真正的道歉是所有人类交流中优雅和深刻的体现，道歉需要更大的胸怀，是通往亲密和减少心理压力的有效途径。

二、因人而异定规则

孩子的睡眠问题，是所有家长关心的，但有些孩子因早上睡不醒，会被妈妈骂一顿、打一顿。一位家长一大早发微信说：

我是一个坏妈妈吗？早上，我没有控制住自己的脾气，动手打了小儿子的屁股，还打了两次。前一天晚上已商量好，也是一起定的闹钟，结果闹钟从6点半响到7点，儿子连一点反应都没有，叫了一遍又一遍，他还是我行我素地在床上赖着，就是不起来。我担心他上学迟到，就把衣服往他身上穿，刚拉上来一条裤腿，要穿另一条裤腿时，他却把穿上的那条裤腿蹬了下来，这样的情况从星期一到星期五几乎每天都在上演。每天我都要绞尽脑汁，连哄带骗，连说带劝，可收效甚微。起床后刷牙、洗脸也要提醒，每天早上都把我弄得焦头烂额。今天又是这样，我来气了，用打屁股的方式叫他起床，他醒来后很生气，还怪我打扰他睡觉！起床后跑到沙发上跟我怄气，用愤怒的眼神看着我说："我再也不理你了！"我也不多说，只是很严肃地告诉他还有3分钟的洗漱时间，结果3分钟过去了，他仍然歪在沙发上一动不动，于是我又打了他。说实话，打孩子的感觉真的不好受，孩子那么小，那么信任我，可我却对他狠下"毒手"，真的有点心痛。

可以想象，一个早上挨打的孩子，一天的精神状态能好吗？如果精神状态不好，怎么可能认真专心地听课，不认真专心地听课，怎么高效地做作业？做作业不高效，就是磨蹭，晚上睡得晚，第二天就起不来。上课不专心，成绩不好还要挨打，一个经常挨打的孩子会担心害怕，伤心难过，怎么可能成为一个开朗阳光的人呢？看起来，早上起床后挨打是小事，细细深究起来，直接影响孩子的性格发育就成了大事了。

关于孩子早上起床的问题，我与别人的做法不同。我宁愿让孩子每天多睡几分钟。不得不起床的时候，我是连拉带拽的，一边拉她起床一边说："瞌睡虫，瞌睡虫，太阳照屁股了。"一定要一次性地叫醒。我女儿觉多，很小的时候，如果没睡醒就被喊醒，她会哭闹。上学以后，虽然不会因为睡眠不足而哭闹，但到了晚上会显得注意力不够集中、轻易不外露的双眼皮也会翻露出来。后来，我们经常根据女儿的眼皮状况确定她是否缺少睡眠。

孩子刚上小学时，也给她添置了闹钟，楼下的电线杆上还有学校的大喇叭每天早晨准时广播，但女儿总是“闹不醒”，特别是在冬天，门窗紧闭，大喇叭的“呼唤”功能减弱，我们这个“人工闹钟”就不得不去喊醒女儿。她出国上大学前，基本都是由我们负责叫醒，因为每天都是一次叫醒，不费时间，也不觉得这是负担，这方面也没有立过什么规矩。我当年上初中的时候也是由父母叫醒的，似乎觉得喊孩子起床是天经地义的事。周末在家，就让孩子睡足睡够，直到自然醒。我们曾担心，孩子出国上大学，没有了我们这个“人工闹钟”，早上能起来吗？事实证明，任何担心都是多余的。

也因为我的经历与体验，我对女儿的身体健康特别关注，锻炼、睡眠、饮食从来不敢松懈，也从来没有轻视过。女儿刚上初中时，我曾与校长交流过，让我的孩子少做作业、多睡觉，校长直接呛我：“别人的孩子都行，偏偏你的孩子不行？”我们全家迁到北京的一个重要原因就是希望女儿能少做作业，有充足的睡眠，不要近视。在女儿高中期间，她是班里三个不戴眼镜的学生之一。

三、允许犯错

爱因斯坦有一句名言：只有从来不尝试新事物的人，才能永远不犯错。图 5-4 是普林斯顿大学的爱因斯坦塑像。

一个人如果要有所作为，就要永远与失败、错误相伴，没有缺点的孩子就没有优点。有能力去失败，才有能力去成功。中国城市独生子女人格发展课题组的调查研究表明：32.5% 的孩子害怕困难，34.2% 的孩子胆小屈从，而这些孩子背后都有一对不允许他们失败的父母。父母越不允许孩子失败，孩子就越害怕失败；越害怕失败，心理承受力就越差。承受力越差；就越容易走极端。也就是说，我们不允许孩子犯错，就是不给孩子成长的机会，如图 5-5 所示。

图 5-4　普林斯顿大学校园里的爱因斯坦塑像

图 5-5　家长指责犯错的孩子

有些事情，只有孩子自己经历了，才能从中学到经验。

我曾经看到一条新闻。曾经的高考状元因为大学挂科而不敢回家，竟然在外面流浪了 10 年，以捡破烂为生。

不了解真相的人难免会冷嘲热讽，说这位名叫小叶的高考状元心理素质太差。看完深度报道后发现，小叶自甘堕落，更重要的原因是他一直成长在一个不允许失败的环境里，因而难以面对挫折。每当他考试成绩下降的时候，父母总是责骂他，全村的人也会对他投来失望的目光。他从小到大都是考第一名的人，是全家人以及全村人的骄傲。他怎么能失败呢？

小叶的问题就是不可以失败，必须每次都拿第一。给小叶种下这个心结的不是别人，正是小叶的父母，还有左邻右舍。

还有一则新闻。一个 14 岁的中学生背着书包从 11 楼跳下，书包里装着刚刚从学校领回的成绩单和排名，成绩单显示他的期末考试排名掉了 300 名。作为市重点中学初一“火箭班”的学生，成绩虽然下滑了，但依然处于全年级中等偏上水平。为什么一个如此优秀的孩子选择跳楼？因为他从小就是考前三名的孩子，偶尔考差了，父母虽然不打骂，但会投来失望的目光。

他在日记里写道：“来到重点中学以后，再也不能像小学一样考前三名了，每次老师在讲台上念大家的考试分数，我就害怕得手心发抖。如果没考出好成绩，所有人都会对我失望，我不想看到爸爸妈妈失望的眼神。”

虽然这是两个比较极端的例子，但父母不允许孩子失败，导致孩子害怕失败的现象却很普遍。

不允许孩子失败就是给孩子传递这样的信息：失败是羞耻的，失败会让父母丢人现眼。一次次的不允许，渐渐地就内化成“不能失败，应该成功”，从而变成完美主义者，不断地给自己施压。一个人长期有压力，有焦虑，必定会像一个不断充气的轮胎，总有一天会爆炸的。

孩子的考试成绩偶尔失误，要让孩子明白一两次考试成绩不好是很正常的，根本不算事，只要学习态度是积极进取的，能找到存在的问题，勇敢面对，一切都会过去。我经常给女儿讲我自己的失败经历，还让孩子尝试失败，玩游戏时故意让孩子输，让孩子体会失败的感受，这样孩子一旦遇到失败或挫折就不会觉得难以承受。

没有害怕失败的孩子，只有害怕孩子失败的父母，以及只有不会引导孩子面对失败的父母。如果父母能够抗住压力，允许孩子失败，孩子就能更健康地成长，在心理上变得更加强大。

芬兰自2010年起就设立了“国际失败日”（The International Day for Failure）。每年10月13日，芬兰人都会鼓励全世界的人“自曝己短”进行自我批评，释放自己内心的压力，摆脱对失败的恐惧，用自己的方式，尽情地失败一次，勇敢地分享。虽然这样的自曝己短或反省让人尴尬，但让人更清醒，让人从失败中学习，输得起的孩子将来更容易成功。

我特别佩服很多父母对孩子教育的投入，理解父母期待孩子快速成长的心情，但无法接受父母不允许孩子失败时的态度。

四、正确认识成功

每个人都希望成功。

什么是“成功”？如何看待“成功”？如何评价“成功”？如何争取“成功”？相信在每个人的潜意识里都会冒出这些问题，都会在内心深处思考这些问题。回答上述问题，以下三个层面是不能不考虑的。

1. 衡量标准

普天之下，并没有一种放之四海而皆准的通用标准，可以用来判断或衡量一个人或一件事是否“成功”。纵观古今中外无数人物的经历，从来就不存在永远的成功者。第二次世界大战时期的英国首相丘吉尔被许多学者认为是事业最成功、个人潜力发挥到最大限度的典范，世界很多地方都有他的塑像，如图5-6所示。

然而，在世界大战的硝烟刚刚散去的1945年，这位功勋卓著、彪炳史册的英国首相，却被“无情”的英国选民“赶出”了唐宁街10号。如果用世俗的标准衡量，1945年时的丘吉尔一定是不成功的，甚至是失败的。

图 5-6　伦敦街头的丘吉尔塑像

丘吉尔毕竟不是一个目光短浅的人，他根据自己担任英国首相兼国防大臣的亲身经历，于 1948—1954 年陆续写作和出版了《第二次世界大战回忆录》。1951—1955 年，他再次赢得人民的信任，出任英国首相。1953 年，他凭借《不需要的战争》荣获当年诺贝尔文学奖。相比于 1945 年那个竞选的"失败者"，20 世纪 50 年代的丘吉尔再次成了举世瞩目的"成功者"。

2. 评判级别

假如一定要凭借某个层级或行政级别评判一个人是否成功，那么，应该选定什么级别呢？比如"处级"，只有达到处级及以上级别的人才能称得上"成功人士"，那么，够不上这个级别的普通大众岂不都成了"不成功者"或"失败者"？同样也不应该拿文凭或财富多寡作为衡量一个人是否成功的"尺度"。

一个名牌大学的毕业生，在暂时不被人理解、没有社会资源、暂时没有找到合适工作的情况下，不是自暴自弃、沉沦堕落，而是凭借"眼镜肉铺"维持生计，顽强地保护着家人，保护着自己的尊严，这位大学生也是值得人们钦佩的，也属于自强不息的成功者。就像北大毕业生陆步轩卖肉的时候，很多人认为他失败了。当他出版专著《屠夫看世界》《北大屠夫》，拥有不菲资产的时候，大家又认为他成功了。一位国家机关的处级干部或局级干部，尽管他以前也曾经克勤克俭、认真敬业，做出过很大的成绩，获得较高的地位。然而，当他因为地位升迁不再能保持清醒的头脑，开始运用手中的权力谋取私利、接受贿赂、东窗事发时，这位曾经留下成功光环的官员在此时此刻就不再是从前的那位成功者，而变成了锒铛入狱的失败者。

3. 积极的心理状态

任何一个人，要想正确、客观地看待和评价自己，首先就要解决心态问题。因为成功与不成功，二者之间的差别并不在于我们所处的这个世界，而在于我们以怎样的心态看待所处的这个世界，以及看待自己。

人生的道路既是短暂的，又是漫长的。说它短暂，因为人的平均寿命七八十年，900 个月左右，按照一般规律，一个人满打满算只有 35 ～ 40 年的工作机会。即使退休后继续发挥余热，一个健康的人能够有效工作的时间也就是四五十年。说人生漫长，是因为我们所处的社会总是在变化，我们经历的时代也在变化，每个人在生活和工作中都会遇到或大或小、或难或易的各种变故、机遇，人生充满了不确定性。因而很难说，一个人考上了大学，甚至考上了中国名校、世界名校，就一定意味着这个人获得了成功，从此可以高枕无忧地尽情享受了。君不见，有些财大气粗的“老总”“CEO”“成功人士”不也是因为各种原因转瞬间变得一贫如洗吗？

考上名校，只意味着孩子的学业达到了名校的录取水平，其他什么也说明不了。2018 年 9 月，全球排名前 10 的斯坦福大学校园发生过这么一个真实事件：一个大一新生到校几天后，快递公司把他家里寄来的箱子送到了宿舍外面的人行道边。因为箱子又大又重，这位新生不知道怎么把箱子弄到自己的房间去，他只好把这个箱子搁在那儿。他的妈妈不得已给宿舍管理员打电话求助，管理员才找人把箱子搬进了他的房间。他告诉宿舍管理员，他不知道如何找人帮忙。如果连这么简单的生活技能都不具备，能把未来的路顺利走下去吗？

仅仅培养孩子的智商，开发智力水平是远远不够的，还要培养孩子的情商、爱商、逆商、财商、德商、志商、悟商、健商……

孩子的路，终归是要孩子自己去走的。孩子现在的成功不等于今后的成功，当下的不成功也不代表未来不成功。

一个健全的社会，衡量一个人是否成功的“尺度”是多维的、多样化的。成功可以代表某个目标，也可以代表某种状态。简单地说，只要努力了，只要自我感觉快乐，就是成功。

对我来说，真正意义上的成功，就是改变家长的教育观念，帮助他们成就更快乐的孩子。从事家庭教育工作以来，我有一个强烈的愿望，要下决心努力去帮助更多本来就很智慧的、愿意改变的、但需要启发和点悟的家长，希望通过各种分享、交流，让所有爱孩子的父母少走弯路甚至不走弯路，与他们共同成长。

现实生活中每个人都期待成功，并不是人人都关注自己的成长。其实，人的成长永远比成功更重要！成功强调结果，成长强调过程，是终生的。我们不能只一味地追求结果，却忘记了享受成长的过程，过程才是最重要的。在追求成功的过程中，最重要的并不是打败别人，而是做一个最好的自己。我们的职责就是先接纳自己，然后无条件地接纳孩子，让每个独一无二的孩子成为最好的自己。

4. 父母持续学习

哈佛大学柯比教授说：过去，一个人全部知识的 80% 是在学校学习阶段获得的，其余 20% 则依靠在工作阶段的学习获得；而现在，在学校学习到的知识不过占 20%，80% 的知识需要我们在漫长的一生中通过不断学习和实践获得。

学习不只是孩子的事。作为家长这个特殊的角色，想让孩子成长，必须自己先成长；要求孩子学习，不如自己学习。唯有投资大脑才是只赚不赔、性价比最高的生意。终身学习，不断成长，才配得上家长这个称呼，才是给孩子最好的爱。

我曾多次告诉家长，不要把全部精力放在孩子身上，尤其不能把自己的眼光盯在孩子的缺点上。有家长问应该怎么办呢？最简单的方法就是转移注意力，而转移注意力的最好方式就是学习。学习的途径很多，参加培训，网上自学，或者阅读。每天忙完家务，关闭电视，放下手机，坐到书桌前、沙发上，或者任何合适的地方都可以，轻声的阅读。有的家长说自己从小就没有养成读书的习惯，那有什么关系，只要把书捧在手上，每天假装去读，努力地装下去，能装 3 个月就能养成习惯。

为了跟上女儿成长的脚步，我一直在努力学习，包括：

41 岁时放弃稳定而体面的工作，重新以全日制学生的身份走进教室，攻读博士学位；

54 岁参加为期半年多的教练技术培训；

55 岁参加“心智导航培训”与“我是好讲师”大赛；

56 岁学习演讲、参加读书与思维裂变等课程培训；

57 岁转行，从事家庭教育。

三人行必有我师，敞开心胸、放空自己向所有人学习，尤其向年轻人学习、向孩子学习。如果认为自己不行，那就是因为学得太少。学得多了，脑袋里有货了，自信心自然提升了。

学习让我改变，学习让我成长。

女儿和先生都非常支持我学习。

第六章

思路比方法更重要

以上五章内容完整展现了一个会爱孩子、会引导孩子的智教练家长的六个特点和培养孩子的四个步骤，可以说这就是我自己的“一家之言”。这些特点和步骤有些自己做到了，有些自己做得也有明显的不足。我想跟读者说的是，这确实就是一家之言，因为在培养孩子方面，还有更多的教育家、实干家和家长利用自己的方法进行摸索也获得了很好的效果，他们的方法同样很有意义，值得学习和借鉴。正如我在书中已经说过的，不存在“包治百病”的通用方法，更不存在放之四海而皆准的“妙计或秘籍”。只要是我们用心尝试的、适用于自家孩子的培养方法就是有效的方法；只要我们在培养教育方面能够一以贯之、持之以恒地坚持有利于孩子成长的思路并付诸实践，就一定能够获得很好的回报。

因此，本章将着重讨论培养孩子的核心理念，即思路比方法更重要，有了正确的思路，好的教育方法才能发挥作用。这一理念是我多年来在自然科学研究过程中悟出来的，同样适用于孩子教育。因为孩子成长的过程与从事科研的过程出奇的一致，有相同的经历和相同的步骤，如图 6-1 所示。

图 6-1 说明一种新产品的问世一般要经历八阶段七步骤，而从想

要孕育一个孩子到这个孩子就业同样经历八阶段七步骤。

我们先来看八个阶段。

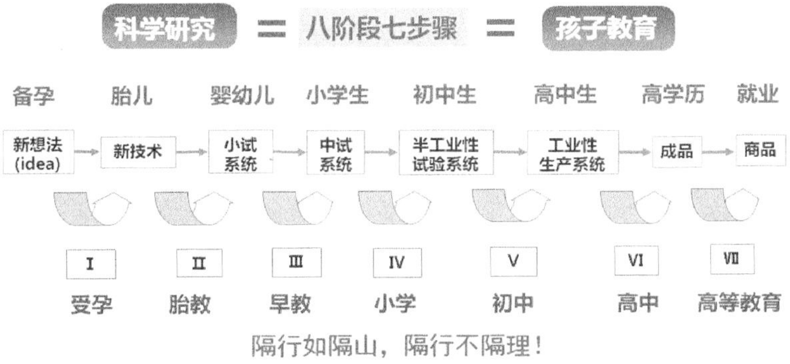

图 6-1　从事科学研究类似于孩子教育

第一阶段：新思路或新点子，相当于夫妻俩准备要孩子的想法与念头。

第二阶段：新技术，相当于胎儿。

第三阶段：小试系统，相当于婴幼儿。

第四阶段：中试系统，相当于小学生。

第五阶段：工业性试验系统，相当于初中生。

第六阶段：自动化生产系统，相当于高中生。

第七阶段：成品，相当于专科、大学生、研究生、博士生等高学历人员。

第八阶段:商品,相当于能正常进入社会就业、自食其力的劳动者。

新产品开发第 I 步，就是探索一种可行的技术。开发任何新的产品都要有好的思路、好的点子、创意。俗话说“没有做不到，只有想不到”。很多技术就像一层窗户纸一捅就破,最常听到的一句话就是“原来这项技术就这么简单，我咋就没有想到呢”。新的思路出现后，首要的任务就是查找、阅读、分析、归纳、提炼，从海量文献中梳理技术方案，然后再对技术方案进行试验验证、优化操作，获取满意的小样品，这时才算完成了从新想法到新技术的转化。

新产品开发第Ⅱ步：大部分情况下，第Ⅰ步探索出来的技术只能算是一个雏形，类似大学里很多实验室的瓶瓶罐罐，也称实验室技术，比较零散，不成系统，远没有达到较为成熟的阶段。在第Ⅰ步的基础上，收集数据，优化设计，确定合理的处理工艺和操作参数，加工组装，才能把零散的瓶瓶罐罐转化成完整的小试系统。小试系统搭建完成后，还要继续进行试验验证，获取样品，对样品进行检测、分析、评价，寻找规律性，提出改进意见，调整系统，再试验，再调整，直到获得满意的样品为止。这一步非常关键，很多很好的实验室技术，转化成小试系统后，样品的指标偏差很大，实验室技术能完成的指标，由于完整系统的工作参数与实验室零散设备的操作参数差距较大，导致产品指标经常出现不合格的现象。这一步仅仅考虑技术的可行性就不够了，还要考虑经济上的承受能力，很多很好的技术因成本太高被迫中断。

新产品开发第Ⅲ步，第Ⅳ步、第Ⅴ步与第Ⅵ步：分别研制中试系统、工业化试验系统、自动化生产系统，制备合格产品。前一步是后一步放大的基础。每一级放大并不是简单的体积放大，都是在前一阶段基础上的改进、优化与稳步提升，不是盲目的，也不是跨越式的，而是逐步优化、提升、改进的过程，对技术的要求越来越高，对人、财、物的需求越来越多，资金的投入越来越大，时间投入越来越长。欲速则不达，设备放大、工艺改进的过程，也是技术方与投资者进行有效沟通和洽谈的过程。

新产品开发第Ⅶ步：任何产品只有进入销售环节，被消费者购买才能称为商品，产品只有销售出去才能回收资金，实现资金的流动，企业才能存续。储存在仓库里卖不出去的只能称为产品，产品长期库存过了保质期或寿命期就是废品。有能力，敢于吆喝把产品卖出去才是王道。

同理，我们再来看一看养育孩子的七个步骤。

第Ⅰ步，受孕过程。想要孩子只是夫妻俩的一个想法，如何怀上孩子？大部分是自然受孕，还有少数夫妻只能通过人工授精，或者做试管婴儿才能怀上孩子。

第Ⅱ步：十月怀胎过程。呕吐、保胎、妊娠合并症，个中的辛苦不必赘述。我很幸运，体质好，一切正常，怀孕期间，每天与胎儿对话，精心挑选不同类型的轻柔的世界名曲，经常放给胎儿听，每次播放的时间不长，音量很小。这种温柔又优美的声音给胎儿安全感。有时胎动频繁，只要播放音乐，胎儿就会安静下来，胎动明显减少。音乐能刺激早期记忆，培养对声音的敏感度。还参加适量的体育锻炼，散步、慢跑和骑车。我胆子比较大，怀孕 7 个月的那年暑假，坐一夜的火车硬座前往西安参加专业研讨会。孩子出生时，身体健康，哭声有力。

第Ⅲ步：早教过程。这个阶段是孩子成长和教育的第一个关键期。现在仍有少部分家长对婴幼儿的潜力认识不足，总觉得孩子长大自然就好了。我从来不相信“树大自然直”。孩子的习惯和能力都是从小培养出来的，是一个缓慢的过程，不可能短期见效。“十年树木，百年树人”说的就是教育的作用。而且儿童的潜力遵循递减法则，教育得越晚，能力实现得越少。

第Ⅳ步、第Ⅴ步、第Ⅵ步：家庭、学校、社会配合教育的过程。这个过程是孩子学知识，学技能，一步一步成长、成熟的过程。中小学九年义务教育，只有极少数孩子的教育不是在学校完成的。初中毕业考不上高中、高中毕业没有跨入大学之门的孩子，直接进入社会，接受社会教育。

第Ⅶ步：高学历培养过程。有的经历 3 ～ 4 年大学教育，有的再经历 2 ～ 3 年硕士研究生教育、极少数经历 3 ～ 5 年博士研究生教育，学到了很多知识，掌握了很多技能，然而，每年仍然有一部分高学历学生找不到工作，包括怕苦怕累的、不会沟通的、没有能力的，只能回家啃老。我经常出差，时不时就会听到，拥有大学文凭或研究生学历的高才生，没有目标，又不脚踏实地，整天窝在家里，把父母愁坏了。

大家想一想，无论他们的学历多高、水平多高，只要这样的孩子不能把自己推销出去，不能为社会所用，不能为社会创造价值，也不能做到自食其力，就无法成为合格的人才。

不只是科研，服装设计、微商网店，或者从事其他任何行业，在任何领域，都需要多个阶段的磨合与实践，每个阶段都是不可或缺的。虽然隔行如隔山，但隔行不隔理，起决定作用的首先是思路，有了思路，明确了目标，就能找到针对性的有效方法。

比如我们想创业，是创办销售型企业，还是创意公司，是创办一个现代化、规模化、自动化的加工生产企业，还是一个私人小作坊。思路不同，目标不同，方法自然也随之不同，方法是为思路和目的服务的。

思路为本，方法为辅，思路在前，方法随后。掌握思路才有方法，思路一变，方法一片。

第一节　思路为本

一、思路就是思考的线索

思路就是针对某一具体对象，以目标为导向，形成的一种逻辑自洽、可进行实际操作并获得令人信服结果的思维活动。思路既包括主观无效的思路，也包括客观可行的思路。比如想给孩子摘天上的星星，这是主观的愿望，显然是不现实的，思路不对，努力白费。而把孩子培养成一个身心健康、自信快乐、胸怀宽广的孩子，这是客观可行的，也是可以做到的。

思路受信念与方法的影响，如图 6-2 所示。

在意识层面，信念对对象（孩子）的未来即目标进行定位时起决定作用，直接影响所确立目标的高度、深度与广度。信念是有能量的，正向积极的就是正能量，说你行你就行，不行也行；负向消极的就是负能量，说你不行你就不行，行也不行。

方法是实现目标的路径，偏重于“战术”。条条大路通罗马，没有对错，但有快有慢，没有万能的方法，有效可行的就是好方法，合适的就是好方法，否则就是出力不讨好。所有的结果都是对方法的奖赏。

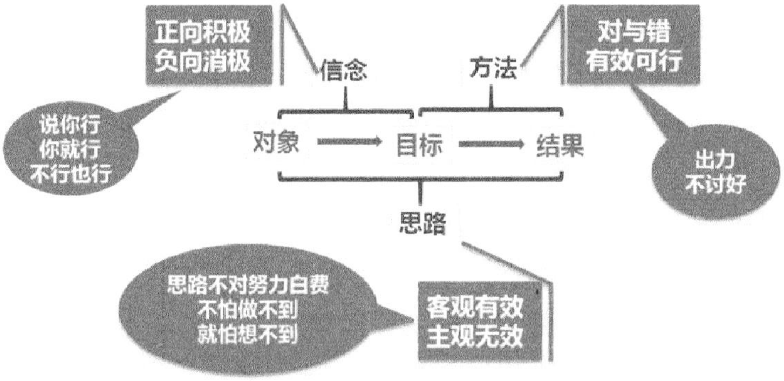

图 6-2　思路受信念与方法的影响

信念与方法相互影响，信念越坚定，目标越合理，方法越有效，结果越理想。反之亦然。

马云对一百元钞票与一张白纸的区别分析得很透彻。无论怎么搓、怎么揉、怎么踩，把一百元钞票展开后，其价值仍然是 100 元，而白纸被揉、被搓、被踩后就没有应用价值了，不得不扔进垃圾桶。我们既有可能把孩子整成一张脏、皱、破的“废纸”，也有可能把孩子培养成像一百元钞票一样有价值的人，这完全取决于我们家长的思路。其实，每个家长都有对孩子的期望，只是因为没有理清思路，导致很多家长自称没有掌握教育方法，或者总认为别人的方法更好，思路才是需要整理的。

整理思路的过程就是理清头绪、把复杂的事情条理化与简单化的过程，也是把碎片式、零散的信息系统化的过程。只有把珍珠粒串起来，才能构成一串和谐有序的项链。

让探险者走出密林、走出沙漠的是探险者对方向的辨别，包括使用指南针、看日出日落、看星辰等，而改变孩子命运的关键因素就是父母的思路。

二、培养目标的差异性与合理性

培养目标的差异性体现在定位不同，是按人才的标准培养孩子，还是按角色的需要培养孩子？是把孩子培养成为某种角色还是培养成为人才或人物？一个是饭碗教育，一个是能力梦想教育，这二者是有区别的。

培养目标的合理性体现在德、智、体、美、劳等各个方面。虽然谁也不知道以后会发生什么，谁也无法准确地预测未来，但有一点是可以预测的，成为某种特定的角色不一定是一个健康快乐的人，而作为一个有能力、有健全人格的人，具备了高尚的品行、创新性的思维能力、良好的习惯与高雅广泛的兴趣，就能够胜任很多种角色。品行、能力、兴趣，习惯，就像一艘帆船，可以把一个人送到任何一个港湾。以某种角色从事某种职业只是一个人能力的具体表现。未来大部分专业的生命周期将远远短于自然人的寿命，只要具备足够强的学习能力，掌握解决问题的思路，一生从事多项工作是很正常的事。

从职业定位来看，科学家、企业家、医生、教师、公交车司机、工人、农民……这些只是职业的不同，没有高低贵贱之分。有一位家长曾自信地说:“我的孩子即便他是扫厕所的，也能愉快地做好他的本职工作，成为世界上扫厕所扫得最干净的人。”全国劳模时传祥之所以受人尊重，就是因为他的认真与坚持。杨绛先生当年在特殊的时代也曾被安排打扫厕所，她打扫得特别干净，没有异味，可以坐在马桶上读书学习。

从成长定位来看，一个人的能力与上什么大学、上哪所大学、什么学历，并不完全呈正相关的关系。据了解 Google（谷歌公司）招聘时有 15% 的职员不是靠文凭，是靠能力的。一个没有上过大学，甚至高中毕业、初中毕业的人，只要在某一行业坚持做 10 年、20 年、

30 年，照样有可能成为专家、大师。能工巧匠在现在和未来都不过时。

我认识一位非常优秀的美容师，女性，34 岁，高中没毕业就出来学习美容了，10 年前被聘到一所非常有名医院的美容中心。现在她是这家美容中心的顶梁柱，年收入几十万元，很稳定，远远超过一名普通大学教授的收入。她的巧手，尤其是她设计的眉形，让那么多爱美的女性显得更年轻更漂亮，她自己很有成就感。想当年，她的愿望只有一个，就是做美容师，而她妈妈逼着她上学读书做一个有价值的人，她妈妈心目中那种价值又是什么呢？母女之间的矛盾冲突在哪里呢？谁能说她活得没有价值呢？

人生是一次旅行，没有合理的目标就容易出问题，没有目标就像房间没有窗户，没有目标就找不到合适的方法。

2018 年 9 月，我与一位家长一起用餐，因为她对儿子期望太高，母子之间产生了很深的矛盾，我问她是否允许儿子做餐馆服务员，她说那可不行。我又问如果孩子很乐意做餐馆服务员呢？这位母亲看着我，没有说话。我又问她要把孩子培养成什么样子呢？这位母亲说她只希望儿子表现得更好。什么是更好？这是很多家长困惑的原因。能接受孩子是什么样子，它决定了我们的心态、与孩子的相处模式，以及所采取的教育方法。一个没有目标的家长扰乱了孩子的梦想，没有梦想的孩子不知道该往哪里去，如图 6-3 所示。

图 6-3　没有目标的人就不知道何去何从

我们都知道孩子的成长是一个缓慢的渐变过程，是从无意识到有意识、从强制到自觉、从被动到主动、从“要他做”到“他要做”“他愿做”的成长过程。

当孩子小，还不完全明白或不知道自己需要什么的时候，作为父母，我们就要想明白，我们能给孩子什么呢？我们需要或看中的就一定是孩子需要或看中的吗？大家可能都听过小白兔钓鱼的故事，小白兔第一天去钓鱼，一无所获。第二天又去钓鱼，仍然一无所获。第三天它刚到河边，一条大鱼从河里跳出来，大吼大叫：“你要是再敢用胡萝卜当鱼饵，我就扁死你！”小白兔自己爱吃胡萝卜，就理所当然地认为鱼也爱吃胡萝卜，这就是小白兔无法钓到鱼的根本原因。

很多家长看到别人家的孩子学什么就让自己的孩子学什么，跳舞、弹琴、武术、书法、绘画、演讲、数学、英语……很多都不是孩子感兴趣的所谓“兴趣班”，把孩子逼得疲惫不堪，学不好还要挨批评、遭抱怨。有一位年轻的妈妈，自己做主，曾给 3 年级的孩子同时报过 5 个兴趣班：写作、英语、数学、奥数、国际象棋。周末和非周末时间带着孩子不断赶场，苦不堪言，孩子也是又累又烦，钱没少花，时间也用了不少，根本没达到预期的效果，家长怨、孩子闹。这位妈妈与孩子反复讨论，尊重孩子的意愿，去掉英语班和数学班，孩子心情放松了，学习效果明显改变，看课外书的时间也增加了。

2017 年 9 月，有一位年轻人跟我交流。他是公司的中高层管理人员，自认为做了很多，但就是无法解决老婆和母亲的矛盾问题，不是老婆对老妈不满，就是老妈对老婆有怨气，他自己也是一肚子委屈，经常两边受夹板气。通过引导，他重新定位，知道了自己的努力方向就是建立良好的家庭关系，让家庭成员更和睦。清楚自己的责任以后，就找到了平衡他与老婆、他与老妈、老妈与老婆各方关系的方法，他说现在感觉很幸福。

没有目标，好方法也无效。会开车的家长都清楚，如果没有目的地，在三岔路口不知道该走哪条路、去向何方，就算有导航仪，也是发挥不了作用的。如果确定了目的地，即使走错路，在导航仪的引导下还可以在前方调头，无非多走一些冤枉路。如果不调头，导航仪还能重新计算路径，尽量使路径最短，用时最省。

教育孩子与开车有类似之处，但教育孩子与开车又有极大的不同，培养孩子只能一路向前，无法调头，没有回头路可走。可见培养目标的定位是非常重要的。

三、培养目标的时间性和层次性

认识目标的时间性和层次性，有助于缓解焦虑，平稳心态。

培养目标与时间有关，包括长期目标、中长期目标与短期目标。

培养目标还是有层次的，总目标可以分解为分目标、阶段性目标和具体目标，如图 6-4 所示。

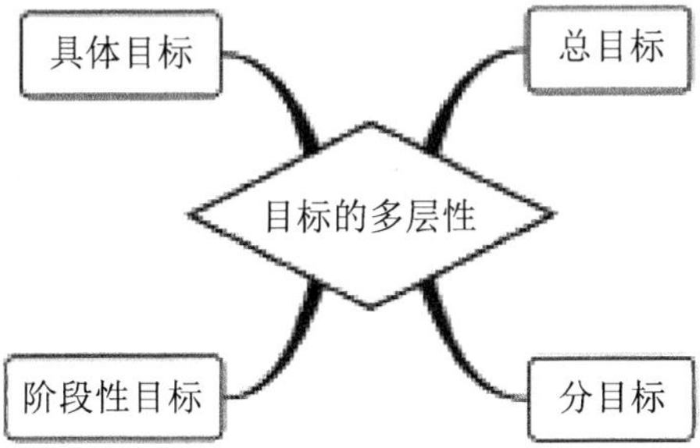

图 6-4　目标的多层性

各培养目标之间相互关联，互相支持，互相协调。

身心健康、自信快乐、胸怀宽广是培养孩子的总目标，具有导向作用，我们所做的任何努力都要符合这个大方向。身心健康、自信快乐、胸怀宽广包括身体健康、心理健康、兴趣爱好、习惯能力、行为品德等分目标。根据不同年龄段的生理、心理特点还要将分目标进一步细化成为阶段性目标，如婴儿期重点培养对环境的适应能力，幼儿期重点培养规则意识、沟通能力、语言表达能力和数感，学生时代培养自主学习能力、承担责任的能力、抗挫折能力等。阶段性目标之间不是平等关系，而是一种承接关系，也是一种递进关系。前一年龄段目标的完成质量直接影响后一年龄段目标的制定。

具体目标也可称为不可再分的小目标，是可以量化的、有时间规定的、可考核的、有一定挑战性的。比如提高化学成绩，多长时间？提高多少？实际的客观条件是否具备？化学成绩比较差，现在只能考 90 分，如果要求孩子一学期就提高到 140 分，就有些脱离实际了。

总目标是制定分目标、阶段性目标、具体目标的重要依据，每个具体目标的实现都是对阶段性目标、分目标、总目标的贡献。只有具体目标实现了，阶段性目标、分目标和总目标才能得以实现。比如日本著名马拉松运动员山田本一，他在多次国际大赛中夺冠的“秘籍”就是给漫长的马拉松路程分段，把一个遥远的终点分割成好几个易于完成的“具体的小目标”，每达成一个“具体的小目标”的成就感，都会激励着他向下一个目的地冲刺，并最终冲向终点。图 6-5 显示一个拾级而上的小女孩，只要她踏踏实实，一步一个台阶，就可以到达她心中的目的地。

图 6-5　从具体的小目标到总目标的行进过程

第二节　方法的多样性

下面将从几个点与大家一起体验“方法的多样性”。

一、时间管理能力

世界上最快又最慢，最长又最短，最平凡又最珍贵，最容易被人忽视，又最令人后悔的，就是时间。

有的家长经常在早晨火急火燎地冲孩子叫嚷：“快点，5 分钟洗完脸！”“快点，10 分钟穿好衣服！”很常见的一种情况就是小孩子没有时间观念，真的不知道 5 分钟、10 分钟、半小时、1 小时到底是多长一段时间，于是慢慢悠悠地该干吗干吗，我们就说孩子磨磨蹭蹭。

我确实见过没有时间观念的孩子。2018 年 6 月，在东莞，我与一对母子一起吃饭，小男孩 6 岁，在点菜上菜的空隙，孩子要玩手机，妈妈说:“好,你准备玩多长时间？”小男孩高兴地脱口而出:“1 分钟。”妈妈告诉孩子：“要说话算数噢，计时开始。”小男孩有点心不在焉地嗯一声。小男孩还没有把游戏软件打开，时间已经到了。妈妈说：“把手机还给我吧。”小男孩疑惑地说，“怎么这么快？我还没开始玩呢。”妈妈一边伸出手一边说：“我知道你是说话算数的好孩子。”这个孩子真的很守信用，很懂规矩，虽然不情愿，还是把手机还给了妈妈。小男孩又补充了一句话:“下次我要玩 1 小时。”妈妈强调:“下次再约吧。”其实，这位妈妈正确的做法应该是在孩子提出 1 分钟的时候，第一时间确认,真的是 1 分钟？再告诉孩子 1 分钟有多长,能做的事情有哪些,比如开机、找到软件、打开软件，这差不多就需要 1 分钟了。再让孩子确认是 1 分钟吗？孩子也许会说，想玩一局。这时再与孩子讨价还价。

女儿小时候，我们通过下列几种方法帮助她建立了时间观念。

1. 讲解法

这一步是在孩子三四岁的时候进行的。当时我们家的墙上挂着一个石英钟，床头有闹钟，还有手表，我们经常带她指认时针、分针，各转一圈是多长时间以及两个针之间的关系。我们对秒针的关注较少，因为秒针转得太快，不容易让幼儿理解秒针与时针、分针之间的关系。

2. 图示法

这一步是在孩子四五岁的时候进行的。按照石英钟或者闹钟的外形（那时的石英钟和闹钟的外形大多是圆的），先教孩子画两个圆，各自平均分成 12 份，并按顺序标注 1，2，3，4……12。从圆心起画两条向外辐射的、由宽变窄的线条，长线代表分针，短线代表时针。设计两个石英钟表盘，其中一个代表活动开始的时间，比如 9:00，让时针对应数字 9，分针对应数字 12。另外一个代表活动结束的时间，比如 9:30，让时针对应在数字 9 和数字 10 之间，分针对应数字 6。也经常在她的手腕上画手表，让孩子理解时间。

3. 声音提示法

活动开始前要让孩子做好一切准备，先把洗手、喝水、吃水果、上厕所的规定动作完成，活动开始时提醒孩子，现在开始练字了（画画、阅读、看电视、做作业都可以），中间不能吃东西、不能喝水、不能玩，不能上厕所，同时开启提前设置好的闹铃。约定时间到，闹铃响起，也告诉孩子时间到了，可以休息了。初期训练，最好把设计的表盘与实际的表盘对应起来，同时辨认分针、时针所指的具体位置。锻炼的次数多了，孩子就能在实际生活中感受 5 分钟、10 分钟、半小时、1 小时的长度了，一旦建立时间观念，就能提高孩子的时间规划能力和做事效率。

4. 时间次序法

孩子们的日常生活并不复杂，每天做的事情比较固定，比如先做作业后玩，先做哪一门后做哪一门，或者先玩后做作业，都可以。做作业的时间不是一成不变的，有时作业多，有时作业少。女儿的大部分作业都是在学校完成的。我们很少购买与课堂学习有关的补习或辅导资料，也不陪她做作业。孩子的心情一直比较放松，做作业的速度很快。如果有做不完的家长作业，“做完了还有”就很容易造成孩子的拖延症。

5. 灵活机动法

爱玩是孩子的天性，如何控制玩耍的时间？先了解玩耍的伙伴是谁，有几个伙伴，到哪里去玩，具体玩什么，根据玩耍的内容规定玩耍的时间，可长可短。5 岁左右的一天，女儿放学后要到小朋友家玩新买的智力拼图，还告诉我那个拼图可复杂了。我考虑再三，与孩子谈条件，如果周日去玩，可以玩半天。如果现在去玩，半小时就要回来。孩子也知道权衡，最终愉快地选择周日下午去小朋友家玩拼图。

再比如看电视，类似于现在的孩子玩手机，我通常是这样与孩子商量的：

“蒙蒙，今天你准备看多长时间？”

“今天是一部音乐故事片，要看两小时。”

“噢，今天的作业比较多，晚上看完了，就会耽误睡觉的，周六上午看重播，行不行？”

我相信孩子都会接受家长建议的。每次时间一到，孩子一般会主动关电视。如果孩子不主动关，我们就按下电视开关，不表态不评价，更不要生气。只要我们多点耐心，不知不觉间，孩子的自制力就提高了，时间观念也增强了。

6. 家长的时间观念

与孩子相处，家长也要有时间观念。比如全家出门前，告诉孩子：“现在是 9:50，还有 10 分钟的准备时间，10:00 准时出门。”结果孩子准备好了，家长还没准备好，磨蹭到 10:20 才出门，孩子看家长都不着急，他有什么可着急的呢？

有的家长抱怨每天用各种方式催孩子，嗓子都破音了，孩子仍然慢悠悠的，做事磨磨蹭蹭，作业明明不多，可每天都要拖到 10 点多才能写完，有时还写不完。岂不知，是家长的催促培养了孩子的拖延病。

二、专注力

专注力是高效做事的前提。女儿曾在作文中写到“我上课时总是认真听讲，不停地盯着老师，因为以前妈妈告诉我那样做最能集中注意力”。专心听讲很容易跟上老师的思路，在适当的时机提出恰当的问题，提高听课效率。有专注力的孩子，课堂上精力集中，眼光聚焦，专心听讲，记得牢固，课后做作业花的时间少，效率高，事半功倍，学习成绩自然提高了。

我深深理解专注力对学习成绩的影响，在女儿婴幼儿阶段，我认真思考过这个问题，并有意识地做了一些训练专注力的尝试。

1. 提前沟通，大胆放手

在女儿小的时候，我就喜欢观察她的一举一动。记得在刚过一岁的一天下午，女儿在家里玩积木，她无论如何不让我陪她玩，自己专心地把 20 多块积木全部立起来，倒了再扶，碰倒哪块扶哪块，独自玩了 40 多分钟，一点也不着急，如图 6-6 所示。

图 6-6　专心摆积木的女儿

当最后一块积木立起来后，她长长地出了一口气，有如释重负的感觉，然后非要拉着我们去欣赏她的杰作。她高兴地鼓掌，也让我们鼓掌。虽然在我们看来，她花了 40 分钟才把积木全部摆好，并没有任何创意，但她脸上那种快乐和自豪溢于言表。从中我感受到幼儿具有长时间专注做事的潜力，不像有些人说的幼儿一般只能专注做事十几分钟。

后来，我发现，她喜欢独自搭积木或者玩拼图，不喜欢我们在旁边指指点点，也很少按照说明书给定的图案拼图。因为她根本看不懂那些文字，只能听我们解释。但我们边解释她边玩的话，会分散她的注意力，影响她的情绪和思路。了解这个特点后，每次她开始玩之前，我们都先征求她的意见，问她要不要我们陪着，还是她想要自己玩。

只要她摇头摆手，我们就不会打扰她，正好去做我们自己的事情。最终不论她摆出什么图形，我们都夸她有创意、认真、努力。如果她愿意与我们一起玩，我们也只是一名跟随者，或者旁观者，从来不要求她按照我们的思路玩，不试图教会她什么，也不奢望从某一次游戏中就让她获得什么真经，而是在游戏过程中当她的小帮手。每当她沉浸在游戏中认真玩的时候，我们并不总是全程参与，除非她自己搞不定，只要她需要，我们总能在最短的时间内出现在她的视野内。

如果她需要我们告诉她怎样玩，我们会直接告诉她，讲完后，就放手让孩子自己玩。在孩子玩游戏的过程中，我们不会拼命引导，指指点点，尤其是这种积木、乐高等训练孩子创造能力的手工游戏，我们并不是非得让孩子拼成什么样子，也不以我们的标准去评价，单纯的鼓励就可以。

在孩子玩积木、乐高等玩具的时候，如果总是告诉孩子怎么玩，让孩子按规定的图形摆，反而影响孩子的心理、创造性和认知发展。

2. 计时玩数字游戏

在孩子 1 岁左右时，可以陪孩子玩找数字的游戏。如 20 张卡片，18 张是 3，2 张是 8，让孩子在规定的时间内把 8 找出来。

女儿上幼儿园中班时，我们开始教她玩数独游戏。画一个正方形，横竖各 9 列，分别写上从 1 到 9 的数字，横行、竖列不得重复（图 6-7）。这样能提升孩子对数学的兴趣，填完空格很有成就感。先从简单的做起，空格尽量少，然后逐渐增加难度。

1		5	7	9	6	4	3	8
8	7	9	3	2		5	6	1
4	6	3	1		5	7	9	2
9	3	8	6	4	2	1		7
6	1		8	5	7	9	2	3
2	5	7		1	3	8	4	6
	8	2	5	3	9	6	1	4
5	4	6	2	7	1	3	8	
3	9	1	4	6	8		7	5

9	3		4	2	6	1		7
	4	2	7		9	3	8	6
7		6	8	3	1	2	4	
6	1	9	2	7	4	5	3	8
	8		9	6	3	7	1	2
3		7	1	8	5		6	4
8	6	1		9		4	2	3
2	9	5	3		8	6		1
4	7	3	6	1		8	9	5

图 6-7　数独游戏

到了幼儿园大班和小学低年级时，可以跟孩子一块玩多位数混合的加法游戏。

比如，第一组，2 个 1，1 个 2，2 个 3，4 个 10，这些数字加起来是多少呢？在这个过程中可以按不同的顺序读数字，念数字的速度要尽量快，计时练，能够锻炼孩子的心算能力，有助于专注力的提升。

第二组，1，2，3，4，5，6，7，8，9，10，共 10 张扑克牌，总数是 55，变换出牌顺序，让孩子随机快速给出结果。

这两组小游戏都是计时玩，孩子都非常感兴趣。当结果 100% 正确时，看看最短时间是多少，通过计时提高运算速度。一般来说，准确率高，用时少，专注力一定好。

3. 尊重孩子的兴趣

为了培养女儿坐得住的习惯，在她 3 岁半的时候，我们开始请老师教她弹奏电子琴，如图 6-8 所示。

双手弹琴，需要眼、耳、手、脑并用，用眼看谱，用耳倾听，用脑判别对错，双手十指用于弹奏。我发现，3 岁多的孩子竟然能在老师的指导下坚持坐 1 小时，这说明孩子是天生具有专注做事的潜质的，这种潜质就需要我们用心地去保护、去开发。

图 6-8　三岁半开始学习电子琴

女儿从 6 岁多开始练习书法、绘画，这对培养她的专注力也起到了积极的作用。

培养幼儿专注力的方法还有很多，比如辨颜色、挑异同、指读讲故事、阅读和运动等。孩子好动，对看到的新鲜事物充满好奇，走在路上也不会规规矩矩地跟着走，而是喜欢走马路牙子，或者路边的台阶，如果没有危险，不需要家长扶着，孩子就会很自然地平衡身体，那个时候是非常专注的，也是非常开心的。

在培养孩子专注力的过程中，我们家长除了配合孩子的需要、提供必要的条件之外，还需要注意一点，就是在孩子专心做事的时候，不评价，不打断，不过度关心。

比如，5 岁的阿程与外祖父母同住，孩子的妈妈告诉老人，孩子练琴时不要打扰，不需要吃，不需要喝，也不需要聊天。姥姥却说孩子还小，哪有这么多规矩，该吃就吃，该喝就喝，该玩就玩。每当孩子专心练琴时，不管饿不饿，姥姥就送来一块蛋糕；不管渴不渴，送来一杯水。这在无意中就破坏了孩子的专注力，姥姥和姥爷还全然不知。这种破坏孩子专注力的情况可谓比比皆是。

有一次我路过一家水果超市，门口坐着一对父子，孩子正趴在椅子上写作业，坐在旁边的爸爸严厉地说："怎么又写错了，你就不能认真看看题目，这么简单的题也做错，难怪考试成绩这么差。"我小声告诉这位爸爸不要紧盯着孩子做作业，更不要训斥孩子，这样的话孩子根本无法专心学习，也没有效率。这位爸爸还挺有理地回应我："我不盯着，又不训他，他更不认真写作业了。"听说孩子上四年级，他抬起头可怜巴巴地看着我，且不说超市门前来来往往的行人会扰乱孩子的思维，这位爸爸创造的语言环境也让孩子根本无法专心学习。

专注力强，还能节省时间。这就是为什么很多成绩优异的孩子多才多艺，因为专注力强的孩子做事效率高，同样的时间可以做更多的事。

三、记忆力

英国哲学家培根说过：一切知识，只不过是记忆。

也有人预言：未来的文盲不是没有知识的人，而是那些不会学习、学过就忘，以及重复学习的人。

谁能高效地学习，谁就能在未来的社会竞争中胜出，而高效的前提，就是要有一个好的记忆力，由此可见记忆力的重要性。成绩好的学生大部分记忆力都很好，有的学一遍就记住了，有的学好几遍也记不住。

婴儿有长期记忆能力，我在育儿日记上记载了女儿十个月能记住一周前所教物体的名称，两岁多能记住两个月前在幼儿园学的儿歌。读书给孩子听时，只要多读几遍，孩子就能完全记住，一旦我们说错孩子就会立刻指出来。有一个围棋天才，婴儿期每天看爸爸下围棋，他能把所有看到的棋局毫无理由地记录在大脑中，不知不觉间便拥有了极高的棋艺才能。如果训练得当，这样的潜意识就会发挥很好的作用。为了培养女儿的记忆力，在她很小的时候，我也探索了一些非常实用的方法。

① 指认读书法，即握着她的手指一起阅读故事书，而且要读出声音。不知不觉中，这种无意识的灌输，很容易就培养了孩子的记忆力，更重要的是引起她对读书的兴趣。

2018 年 11 月，一位三个孩子的妈妈欣然接受我的建议，每晚临睡前，妈妈陪着，分别让 14 岁的老大、10 岁的老二用指读的形式给 10 个月大的老三读 10 ～ 15 分钟的绘本故事（中文、英文读本都可以，尽量选择老二、老大自己喜欢的读本）。一天，一周，一个月，一年，这样坚持下去，不仅有助于建立良好的亲子关系和兄弟关系，而且在无形中培养了老大、老二的阅读能力、语言表达能力和专心做事的能力，同时在故事中长大的老三也锻炼了听力和专注力，可谓一举多得。

② 重复认五官。随时随地，只要与孩子在一起，尤其是抱孩子的时候，不断提示，让孩子指认自己的五官和我们的五官。

③ 找常用物品。家里厨房内的锅碗瓢盆，橱柜里的五谷杂粮；墙上的挂件如石英钟，衣柜内的衣服，客厅内的桌椅板凳、家具、电视，甚至墙壁上的一个小凹坑，都可以作为目标物，让孩子不断地寻找和指认。孩子特别喜欢与家长玩这种游戏，夸奖越多，玩得越起劲，在家里这些熟悉的物品之间跑来跑去，特别开心，特别有成就感，无意中还锻炼了体力。有时还让她背电话号码，背唐诗宋词，用扑克牌玩加减法游戏等。

《斯特娜自然教育法》的作者斯特娜夫人陪女儿经过商店橱窗时玩“回头看”游戏培养记忆力，这与我让女儿反复找家里的物品培养记忆力没有本质的区别。让孩子先看几分钟，看完后走开，让孩子说出看到的，然后再回头重新观察，就知道哪个记住了，哪个没记住。

重复几次，孩子就能牢固地记住这些物品的名称和个数。

《我的事业是父亲》的作者蔡笑晚老师让一岁半的儿子带路，培养他识别道路的能力，而带路的过程就是记住沿途标记、强化记忆的过程。

我的外甥阿恒很小的时候，为了培养记忆力，他妈妈每次带他出去只做两件事，一是记车牌号，辨认汽车的品牌；二是到书店读书。

培养幼儿记忆力的方法也有很多，比如复述记忆法、联想记忆法、图像记忆法等。只要持续不断地坚持，都能很好地培养记忆力。

记忆力与专注力的培养是相辅相成的，不论使用什么方法培养记忆力，同时也培养了专注力，培养专注力的过程也培养了记忆力。方法本身并不重要，因为方法只是一些操作层面的技术，重要的是抓住孩子小时候记忆力、专注力的培养敏感期，及早开始这样的培养和训练。

由此可以看出，在帮助孩子成长方面，任何单方面的训练都会对其他方面产生积极的连带效应。

四、感觉能力

感觉是儿童身体发展的基础，也是儿童认识自己和外部世界的基础，不同的孩子对同一种东西的感觉完全不同。

以意大利儿童教育家玛丽亚·蒙台梭利的名字命名的蒙氏教育，比较注重在发展的敏感期训练孩子的感觉。华德福教育则注重保护孩子的感觉，认为孩子是通过感觉来认识世界的，碰到他们熟悉的或者喜欢的东西，就会抓住不放；对不熟悉的一些东西，他们也可能很感兴趣，那一定是这个东西带给孩子很好的感觉。

记得女儿上幼儿园小三班的时候，有一天我加班，就把她放在小朋友家。阿姨做了辣子鸡，应该很辣，她一边吃一边吸溜着鼻涕，她吃得太香了，直说不辣。阿姨家的小朋友嫌辣，一口都不吃。那么，女儿对辣的感觉和耐受力是训练出来的还是本身就有的呢？我觉得正常的孩子都能尝出辣的味道，这是正常的感觉。但在对辣味的耐受力方面，不同的孩子可能会有不同的表现。我做的菜比较清淡，家里很少吃辣味菜，女儿也不喜欢吃辣。阿姨烹制的辣子鸡确实味道不错，女儿对肉食和美味的欲望明显超过了对辣味的恐惧，因而她敢于尝试，既获得了美妙的体验，又提升了自己对辣味的耐受力。其实，她的这种感觉既是训练出来的，也是本来就有被保护下来的。

五、英语学习

毋庸讳言，英语是世界上使用最广泛的语言之一。年轻人出国热情的持续高涨，导致全国范围内学英语的人数居高不下。学英语拿高分的方法实在太多了，如疯狂英语大声朗读、早晚背诵法、反复听录音复读法、公共场合勇敢表达法、分类学习法，还有记单词、练写作、看原版电影等方法。

学习场所和方式也有很多，学校、培训机构，到国外上学，自学、请家教、一对一学、集中学等。

教材就更多了，课本、英语九百句、新概念英语、词汇练习、原版或者中英文小说等。

无论在哪个场合，采用哪种方法，只要坚持学下去，最终都能取得 SAT、雅思、TOFLE、GRE 考试的好成绩（图 6-9）。

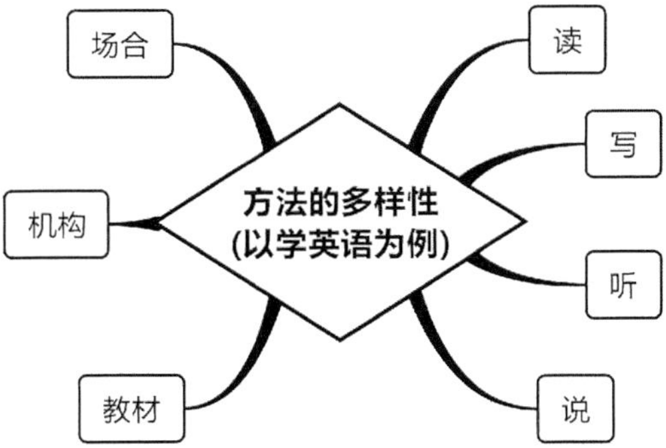

图 6-9　英语学习的多样性

我女儿在英语学习方面也积累了一些经验，她在一篇作文中是这样说的：

培养流利的口语：小时候初学英语的时候，几个家长合作为我们10个孩子请了一个留学归来的老师（注：在此之前，先请了一个口语最好的中学英语老师），我的英音就是在那时打下的基础。

辅助教材：最初的时候，除了参加那个小班，还在家学习新概念英语（NCE）。众所周知，NCE是享有盛誉的纯英音启蒙教材，对于初学者来说，第一册NCE是十分理想的自学课本。首先听磁带，学语音语调，然后跟读和模仿，努力把课文里出现的说法记住并能够自发地说出来。我认为用NCE起步比较容易坚持下来，因为课文相对简单,重复率又很高。第二册基本解决语法,第三册是最有用的一本，要认真地研读，理想的方法是背诵所有的短语甚至句子(ideal way is to recite all phrases and even sentences)，第四册精读，极好的教材，无论怎么精读都不过分。

记单词：语法与语音解决后，生词是继续深造的biggest obstacle(最大的障碍)，最扎实的方法是平时的自然积累，一天积累20个单词，这样做效率可能不够高，但印象深刻。

看原版电影：不仅仅看情节，理解每一句台词。第一遍不看字幕，努力听；第二遍看英文字幕，勤做笔记，不懂的查字典；第三遍看中文字幕，有的说法字典里查不到，看中文字幕能较好地了解其意思；第四遍再看英文字幕，跟读，久而久之，语速就上来了。包括Friends，以及经典奥斯卡和迪士尼电影Gone with the Wind(飘), Pride and Prejudice（傲慢与偏见）,Casablanca（卡萨布兰卡）,Roman Holiday（罗马假日）, Sleepless in Seattle（西雅图夜未眠）, Schindler' s list（辛德勒名单), Pretty Woman(漂亮女人,或岁月俏佳人), the Lion King(狮子王）, Finding Memo（寻找备忘录）等。

多与native speakers聊天：用不着紧张，只要场合合适，主动交流，不要永远没完没了地问Why do you come to China？ What do you think of China? 这样笼统的老话重提，外国人可能已回答过一百次同样的问题了，对话不易深入，最好问一些建设性的问题，或者用 email 和 native speakers 用英语交流，也能学到好多地道的英语。

参加各个级别的英语比赛：笔试的竞赛同平时考试差不多，每次也不用费太多时间。至于口语，比赛前几天，总要看看英文影像产品，帮助把舌头弄顺溜了。我有一种感觉，就是连着说上一两个小时的英语，在说汉语的时候，就会觉得舌头不灵光了。同理，总是说汉语的话，刚开始说英语也会觉得别扭的。当然，如果语言的基础比较扎实，这种转换会比较快的。因为，熟能生巧，这可是至理名言。参加的多了，获各种各样的奖，自信心提升，兴趣也就越来越浓。

其实，这些环节都是相辅相成的。学英语要不断强化，"不积跬步，无以至千里，不积小流，无以成江海"，只要持之以恒地积累，任何目标梦想都能实现。

六、协调能力

一是通过折纸、做手工，培养手的灵活性；二是通过运动，锻炼身体协调能力。

七、培养兴趣，激发梦想

兴趣是最好的老师。如果对某件事产生兴趣，有良好的感情体验，就会不自觉地反复做，在重复中进步。一旦有了兴趣，就算这件事不容易，会遇到挫折，也会因为热爱而坚持。英国教育家伯特兰·罗素（Bertrand Russell）说过：一个明智地追求快乐的人，除了培养生活赖以支撑的主要兴趣之外，总得设法培养其他闲情逸致。孩子的爱好往往是多样的（图 6-10），这与家庭的熏陶和培养是密切相关的。

1. 保护与生俱来的好奇心

所有的孩子从来到这个世界开始，就对自己和周围充满了好奇心。利用这种好奇心就能够激发孩子的兴趣，有了兴趣就能培养爱好，从而热爱生活，热爱这个世界。

四川有一个 8 岁的男孩，酷爱玩泥巴，父母在偶然的机会看到了孩子的杰作，又惊又喜。孩子居然完全凭自己的想象力修建了一个城池，里边有一座又一座的宫殿。对待这样的孩子，不管孩子每天身上有多脏，多么不符合父母的卫生习惯与要求，也绝对不要急于否定孩子、打击孩子，首先要拥抱孩子，真诚地审视孩子；其次是欣赏孩子的作品，坐下来倾听他的描述；再次是支持孩子做下去。如果这个孩子的兴趣被好好地保护，并给予适当的鼓励，相信他长大后，必然能成为一个了不起的建筑设计师或艺术家。

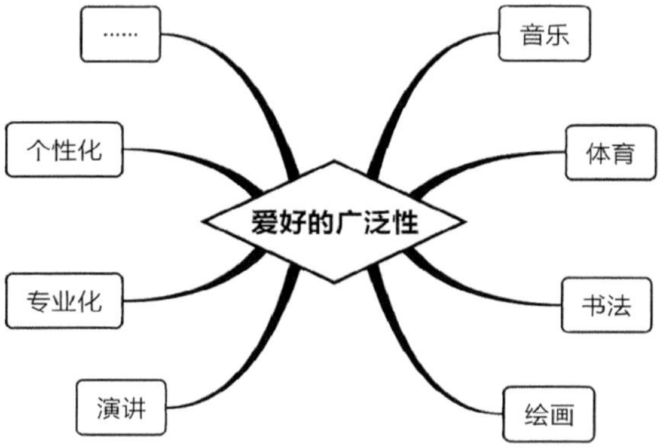

图 6-10　爱好的广泛性

有一位妈妈是机械工程师，她的大儿子从小表现出对机械结构的喜爱，经常蹲在那里观察自行车的轮子、商场的滚梯、汽车的轮子以及其他能够转动的机械装置。每当孩子表现出这种兴趣的时候，父母都非常耐心地陪伴在旁边，随时解答他提出的问题，或者带他到图书馆查找相关的书籍。他们一家在孩子小学五年级时移居国外，后来这个孩子考上一所著名大学的机械工程学院，经过激烈的竞争，顺利毕业，他直接被本系的导师选中攻读硕士研究生。获得硕士学位后，导师推荐他到一家航空发动机企业工作，这个公司是英国罗尔斯 - 罗伊斯公司的分公司。工作两年后，2017 年春季，他在参加一次国际会议时又被欧洲一所著名大学的导师看中，直接邀请他去攻读机械工程专业的博士学位并给予非常优厚的经济资助。

从这个孩子的身上我看到，保护孩子与生俱来的兴趣，不仅可以见证孩子从稚嫩到成熟的成长过程，而且可以帮助孩子选择很好的人生之路。

2. 从无到有培养兴趣

阿纬从小在父母的鼓励下，逐渐喜欢制作和操纵航模，在全国航模比赛中得过前三名以上的好名次，高中期间申请了 4 项与航模有关的发明专利与实用新型专利，学习成绩处于全年级上等水平，非常稳定。

她是高一下学期萌生去国外读大学的念头的，爸爸妈妈一直给予大力的支持。只要孩子稍有放松，妈妈就给她打气鼓励。后来阿纬被美国一所著名大学录取，经过 4 年的努力，获得数学和统计两个很有挑战性的学士学位。由于她出色的学业成绩与专业背景，还没毕业就被普华永道会计师事务所录用。

阿纬的成绩既归功于她个人的不懈努力，也得益于她妈妈的耐心和对兴趣培养的执着。

3. 捕捉灵光闪现的兴趣

每个孩子身上都有与众不同的闪光点，0 ～ 6 岁的孩子都是好奇宝宝，他们提出的每一个问题都可能是他们思想火花的一次闪现。我们要珍惜孩子的好奇心，对孩子提出的问题，要有耐心认真回答；如果暂时回答不了，还可以和孩子一块看书或上网或请教别人，求解问题。

如果我们随意对待，敷衍了事或者信口雌黄，那么就有可能扼杀孩子具有创造性的想法或把孩子引到一个错误的方向上。

我接触过不少家长，他们喜欢问我怎么培养孩子的兴趣。

兴趣因孩子而异，关键要看我们是否善于发现。当孩子的兴趣在我们看来，那么微不足道，不值一提，看不上眼时，我们是否允许孩子有某方面的兴趣？

我在网上看到这样一个案例，一个小男孩对鱼有一种近乎痴迷的热爱，从 3 岁开始，看见各种鱼就会不停地问这是什么鱼、从哪里来、喜欢吃什么……孩子的爸爸捕捉到儿子的这个爱好并非常支持，一有空就带他去花鸟市场、海洋馆看不同的鱼。还和儿子一起查资料，研究各种鱼的生活习性。7 岁的小男孩俨然成了小小的“鱼类专家”，能够分辨上百种鱼。

孩子的爸爸感慨地说，孩子看鱼的眼神会发光，那种专注令人感动。

是啊，孩子只有在做自己喜欢且擅长的事情时，才能调动全部的力量去思考。然而，由于孩子的知识面有限，接触的领域少、范围窄，他们在低幼年龄段所具有的兴趣未必就是终身的兴趣。但对于孩子表现出的兴趣、梦想，父母应及时关注，让孩子继续保有这样的兴趣、梦想，引导孩子为实现这样的兴趣、梦想而持续努力。这样的努力和由此获得的能力，将会让孩子受益终生。

4. 找准时机激发梦想

家长应该有意识地创造机会并参与孩子的活动，比如共读一本名人传记，女孩子读《居里夫人传记》，男孩子读杨利伟的《天地九重》；共同观看一场有孩子所崇拜的明星参加的体育比赛，或歌星的演唱会；共同欣赏一场有深度、有意义、需要仔细品味的电影。我很喜欢《无问西东》这部电影，该片通过四代人四个故事，表达了大学精神的传承，爱你所爱，行你所行，听从你心，不问西东。我还喜欢片中这样一句话：“如果你们提前了解了你们所要面对的人生，你们是否还有勇气前来”。

在与孩子一起参加活动的过程中，可以找准时机，让他们大胆说出自己的想法与感受，理解并与孩子共情，不失时机地进行引导。很多女孩都有追星的经历，心中都有一位白马王子，现在称“小鲜肉”，包括电影明星、电视明星、演唱明星、体育明星等。有一天傍晚，我和先生路过首都体育馆时，从海报上知道那天晚上 7：30 有一场流行音乐演唱会，海报上全是年轻男歌手的照片，确实很帅气。更壮观的是入口的队伍已经排了数百米长，而且 80% 以上是青春少女，手里拿着各色彩棒，等待入场。我们问一个小女生，为什么也有男生来看演出？她说，差不多都是女孩子带过来的男朋友。我们还问一个年龄稍大的女生，问她为什么还来看小男孩的表演。她说人的一生如果没有心目中的偶像就白活了。那场面挺让我感动的。

如果家里真有这样一位疯狂的追星女孩，比如她特别喜欢王俊凯，我们首先应该与孩子一起听一两场王俊凯的演唱会；其次，学唱王俊凯走红的原唱歌曲《不完美小孩》《萤火》；第三，了解王俊凯的喜好。这样一来，就有可能把孩子对明星的崇拜转移到对父母的刮目相看，父母与孩子之间的交流就没有什么障碍了。然后，我们可以告诉孩子，只要努力学习，成绩优秀，就有资格追求王俊凯了。一般情况下，小女孩都会眼光发亮的。有了努力的方向，就有了前进的动力。即便某一天发现孩子的动力不足，我们仍然可以轻松地调侃："宝贝，你离王俊凯越来越近了。"我们可以设身处地地想一想，有这么够朋友的父母，孩子哪有不努力的理由呢。

只要我们不断鼓励，并相信孩子持续努力就一定能成为他想成为的那种人，孩子的潜力就能得到最大限度的发挥。比如，我女儿小时候，我把英国女首相撒切尔夫人当作她的偶像，因为两人的生日一样。中国赏识教育倡导人周弘的女儿听力不好，他把海伦·凯勒当作孩子的偶像，两人正好相差一甲子，即 60 年。

5. 借助梦想激发热情

激情来自于梦想，我们不仅要善于捕捉孩子的梦想，还要善于引导孩子想象一下实现梦想时激动的场景，给孩子描述一幅幅美丽的蓝图。比如，孩子想当农民，我们可以描绘田园式生活的闲适、走在洒满阳光的田野的浪漫、播种时的希冀、收获时的喜悦，可以享用自己亲手种植的有机农产品，让孩子产生愉悦感、幸福感、快乐感；还可以给孩子讲解美国、以色列和荷兰等国的现代农业的发展和变化，让孩子知道现代工业、科技与农业的密切关系，然后再引发孩子思考，从而点燃孩子为梦想而努力的决心，比如可以问孩子：“宝贝，太好了，那你说说看，你想当什么样的农民？想研究什么植物种类？全世界农业科技最先进的是哪个国家？我们国家的农业与欧美国家存在哪些差距？”

即使孩子想当农民，也不能讽刺孩子：“我们每年花那么多钱送你到最好的学校，上那么好的补习班，你就想当农民，就这么点出息？”

其实，未来想当农民也没有那么容易了，未来的农民将不再是面朝黄土背朝天的样子啦。比如，人工智能农业的到来完全颠覆了我们的思维。2018 年，荷兰举行了一场举世瞩目的国际人工智能种菜大赛。与传统种菜不同的是，该大赛全程不涉及任何人工。像浇水、通风、光照、施肥这些工作，都是由人工智能自动收集环境数据，进行计算、分析、判断和决策，再驱动温室里的设备元件所完成的。我国腾讯公司的人工智能实验室在 61 平方米的温室内，种出 6992 斤黄瓜，以平均每平方米收获 114 斤的成绩力压英特尔团队，夺得大奖。

61 平方米产出 6992 斤黄瓜是什么概念？这一产量几乎是人工种植的 5 倍之多，而且质量稳定、形状统一，普遍为重 375 克以上的 A 级优质黄瓜。

早在腾讯公司之前，京东也建立了人工智能植物工厂，采用水培方式，颠覆了几千年的传统土耕方式，即采用类似集装箱的装置培育秧苗，然后将秧苗移植到塑料大棚内，通过人造太阳光和营养液进行水耕栽培，全程采用人工智能技术，控制温度、湿度、光照、二氧化碳浓度等因素，常年把环境保持在最适合蔬菜生长的状态。每棵菜都保持在绝对无菌的环境下生长，工作人员每次进出工厂，都要全身消毒。在这种环境里生长的蔬菜不仅没有任何病虫侵害，就连农药和各种肥料都不需要，收获的蔬菜干净到不用清洗就能直接食用。

可以预见，一场颠覆传统农业的变革正蓄势待发。在这种情况下，我们不学习怎么行？如果孩子没有学习能力，不掌握高科技，以后想当农民也当不成了，不要让孩子想当未来农民的梦想破灭，应该让孩子感到未来当农民是一件很了不起的事情。

著名教育心理学家霍华德·加德纳认为，每个孩子都是潜在的天才，这些天赋在开始时并不能立刻体现出来，需要独具慧眼的父母花时间与精力，用心、细心地观察。孩子只有面对自己愿意做的事，才会有持续努力的热情，即便速度很慢，即使遇到挫折，都不会轻易放弃的，因为每个孩子都有证明自己存在价值的潜在意识和内在动力。

教育学家的研究还表明，孩子的潜能能否得到发展，关键在于我们能否提供充足的支持和帮助。孩子一般都有一个非常特殊的功能，一旦他们感兴趣的事情得到了家长的支持和鼓励，他们就有很大的信心坚持下去。如果家长不鼓励、不支持，甚至批评、贬低孩子，他们的激情就如昙花一现般迅速枯萎、消沉。

6. 敢于创新大胆设想

我看到这样一组数据，深深体会到不同的思维方式会有不同的结果。

1 块钱等于 1 块钱吗？

一般人的思维：1 元＝ 1 元

数学家的思维：1 元 =1 分

解：1 元 =100 分

=10 分 ×10 分

=1 角 ×1 角

=0.1 元 ×0.1 元

=0.01 元

=1 分

这个证明过程似乎毫无破绽，几乎把数学老师逼疯了。正如现在的社会，我们口袋里的钱，稀里糊涂钱就没了。

老板的思维：1 元 ×1 元

= 10 角 ×10 角

= 100 角

= 10 元

互联网思维：1 元 ×1 元

= 10 角 ×10 角

= 100 分 ×100 分

= 10000 分

= 100 元

金融思维：1 元 ×1 元

=1000 厘 ×1000 厘

=100 万厘

=1000 元

虽然上述计算过程有偷换概念的地方，但谁又能说这些创新性思维没有道理呢！

只要我们善于引导，让孩子有激情，看起来不可能的事情也会变得可能，孩子的潜力就有可能得到激发，所以面对孩子，千万别说不可能。

孩子是独一无二的，就像鲜花，花期长短不一，绽放的时间有早有晚，所以才有一年四季的芬芳与美丽。

培养孩子的方法也是各种各样的，没有任何一种适用于所有家庭的标准方法。一切取决于我们的意识、信念与培养目标。

不仅培养孩子的方法多样，而且方法是否有效与家长的身份地位不完全相关，有成就的家长照样培养出败家子，养牛的大嫂、普通农民甚至是收破烂的农民工也能培养出优秀的后代。有的家长套用很多教育方法，孩子却一事无成；有的家长只是因为相信并放手，孩子反而成绩突出、多才多艺。

2017 年 7 月，有一位家长带着她上小学的儿子在北大校园，随机采访了一些大学生。这位家长发现，愿意接受采访的大学生中有 70%

以上是自学成才的，很少上课外补习班。她儿子知道这些大学生的成长经历后，信心大增。

2018 年 9 月，我曾与一位家长辩论，孩子成长到底是天生基因的作用还是后天环境的作用？我以印度狼孩为例，认可后一种作用；她以我的个案为例，认同前一种作用。多子女的家长都有类似的体验，孩子性格不同的根本原因是不同的教育方法导致的，或者是不了解孩子的个性非要用相同的标准、设定相同的目标、期待同样的结果导致的。

这里举一个具有良好基因而微环境不良影响孩子成长的案例。生来高贵又备受瞩目的艾伯特王子（乔治六世，当今英国女王伊丽莎白的父亲），小时候是一个严重的口吃患者，而他的哥哥大卫却自信从容，原因何在呢？就是因为乔治五世在两个孩子的成长过程中使用了不同的培养方式。根据真实故事改编的电影《国王的演讲》给我们提供了答案。

先思考，再行动。只要思路清晰并制订切实可行的实施计划（图 6-11），任何方法都是有效的。

图 6-11　切实可行的实施计划

第三节　转变观念

一、用成长型思维培养孩子

我曾看过一则新闻，一位知名的老艺术家妈妈，女儿很有才华，在某常春藤大学读博士。对于大多数中国家庭而言，她女儿的表现近乎完美，可望而不可即，但她对独生女儿的要求特别严，在她去美国看望女儿期间，不知为何又指责女儿了。当女儿问："我是不是永远都没有办法让您满意？"这位妈妈说："你觉得自己做得很好么？"女儿翻身跳下阳台……

问题出在哪里呢？为什么我们明明是为了孩子好，却总是费力不讨好呢？

其实，这位妈妈也和其他妈妈一样，爱女儿爱到骨子里，在外人面前，恨不得把女儿夸上天；但在女儿面前，却吝啬地不说一句赞美之言。女儿无论多努力都感受不到自己在妈妈心目中的分量，感受不到爱的温暖，以至于影响自己的判断。这个案例给我的最大启示，就是家长的思维模式。

有些父母经常将孩子的缺点看作是性格缺陷，容易将小过失上纲上线，比如孩子不小心打碎了一只玻璃杯，就认为孩子毛手毛脚、性情急躁。还有一些家长会非常固执地说："我就是这样的人，不可能改变，这样对待孩子有什么错？我的父母不也是这样把我养大的吗？"这种思维模式通常被称为固定型思维，具有这种思维模式的父母通常认为自己和孩子的特质是固定的，江山易改本性难移。不难推测，这位艺术家妈妈应该比较习惯用固定型思维，而固定型思维模式正是摧毁母女关系和女儿生命的幕后黑手。

有些父母会将孩子的缺点看作是成长的必然。同样是打碎一只玻璃杯，首先看孩子是否受伤，是否受到惊吓，然后会小心地把孩子移开，防止被玻璃碎屑扎伤，把其他易碎的用具收拾好，确保不会再次被孩子撞到。还要承认孩子绝不是故意的，也不是粗心使然，耐心倾听并询问，才知道究竟发生了什么？这种思维模式通常被称为成长型思维，提出这个概念的是美国心理学家卡罗尔·德韦克。拥有成长型思维的父母一般都有开放的心态与面向未来的胸怀，相信孩子的能力能够通过后天的努力而改变。

在与孩子相处的过程中，如何运用成长型思维呢？

前面提到过没有哪个孩子天生就让人喜欢，也没有哪个孩子天生就让人讨厌。每个人都是优缺点并存的，能力是日积月累的结果。

幼儿学系鞋带，系不好的时候，我们不要当着别人的面说："我儿子系鞋带的动作可慢了！"而要说："我儿子的手还挺灵巧的，才学两天，就差不多学会了。今天的鞋带系得比昨天又快又好，真了不起！"

孩子学洗手帕，洗不干净的时候，我们不要说："怎么洗得这么不干净！"而要说："你洗得多认真啊，又会搓，又会打肥皂，洗得很干净，真为你骄傲！"

孩子刚接触数学应用题，总有出错的时候，我们不要说："你怎么这么笨，都告诉你几遍了还不会。"而要说："你已经很努力了，这一次错了，没关系，再试几次，就不会错了。"

多看优点少看缺点，夸奖孩子没有那么难。赏识教育专家周弘说过："优点不说不得了，缺点不说渐渐少。"

得到父母的肯定，孩子的自信心会一点一点地积累、提升，性格越来越随和，成绩越来越理想。

无数的事实证明，固定型思维是一剂慢性毒药，会使曾经亲密的关系病入膏肓，而成长型思维将成为密切亲子关系的"助推器"。

可能有人会纳闷：我是期待孩子成为卓越的人，但为什么我的孩子却非常普通，甚至是失败者？这是因为，我们自认为传递给孩子的是正面、积极的期待，但潜意识或信念层面给孩子传递的却是负面的、消极的信号。

二、赏识教育促使我觉醒

不知道您是否训斥过孩子，如果没有训斥过，您的孩子就太幸福了。

在这方面，我做得很不好。

翻看过去的日记，女儿小的时候曾多次提过她不喜欢挨训。

记得女儿不到 4 岁时，就曾告诉过她爸爸，她练琴时妈妈爱训她，她不高兴，她不练琴又怕妈妈生气。

女儿 4 岁多的一天，我们三人骑车出去兜风，女儿对我说："妈妈，我不喜欢别人训我，喜欢别人夸我，喜欢和妈妈很随意地聊天。"我虽然知道了她内心的想法，但我依然改不了这一点。

很清楚地记得，那是女儿 4 岁多的一天早晨，我们正在吃饭时，女儿突然问我："妈妈，你喜欢我为什么还会训我？"我说："对啊，就是因为我关心你，才训你的啊。"女儿说:"关心我，应该不训我呀。"我竟然强词夺理，甚至自以为是。

感谢女儿的提醒，没有让我糊涂到底，我也有良心发现的时候，她练琴时，我偶尔也会给予鼓励。本来练琴是一件辛苦的差事，看到女儿练琴的积极性不高，我告诉女儿练琴可以使人聪明。女儿却说："如果一个人越不学越聪明，越学越笨该多好，我就不用练琴了，就不用挨训了。"

这个时候，我才发现女儿太渴望我的鼓励和夸奖了。

然而，从我意识到训斥孩子不好，到我真正的觉醒，经历了漫长的时间。促使我觉醒的原因，竟然是女儿的"静音"。

对于父母来说，世界上有一种绝望是训斥完了孩子，却不知道那个不说话的小人儿心里在想什么。

我就遇到过类似的情况。女儿不到 3 岁半就开始学琴了，当时的想法很简单，不走专业发展之路，只要认识五线谱，唱歌发音准确就行了，不要像我一样唱歌跑调。因为高期望与过度贪心，我忘了初心，不知不觉间，把兴趣式学习变成了任务式学习，规定女儿每天必须练习多长时间，弹几首曲子，达到什么水平。女儿第一次弹《梁祝》片断，我竟然按照小提琴演奏家俞丽拿的水平要求她。因为我听过《梁祝》，潜意识中有印象，理所当然地认为孩子练习一周就应该达到那个水平。对根本达不到的高度，逼着孩子去达到。对根本不可能实现的、超越现实的东西，期望她在短时间内做到。这就导致心态失衡，而心态失衡又导致我对女儿的训斥升级，冷静下来想一想，被训斥的孩子多无助，内心多痛苦。

以前，无论我怎么训怎么说，她要么哭，要么生气，要么犟嘴，要么吧啦吧啦地和我讲道理。

谁知道，这一次，当我训她的时候，却发现女儿静音了，她一句话都不说，也不反抗，更不争辩，而是用眼睛直直地瞪着我，用那样的眼光看着我，我心里有点发毛，感觉周围的空气似乎都要凝固了。

过了几分钟，我忍不住了，小心翼翼地问她："你怎么这样看着我？"

对峙在继续，我又问了一次："你怎么不说话了？"

女儿恨恨地说："我怕你还不行吗？就知道训人！"

这下轮到我沉默了。

不是她怕我，是我"怕"了，我真的害怕了，非常非常的害怕。一定是我的教育方法出了问题，我知道我错了，错得很彻底。如果这种情况继续下去，我们之间的关系会发展到什么样子，真的不敢往下想。

这件事发生在女儿即将升入四年级的那年暑假，鉴于我那时的无知，同样给女儿贴上了提前到来的青春期可能会逆反的标签。担心她不听话怎么办？与我对抗怎么办？

当时，我特别渴望找到一剂灵丹妙药，让自己摆脱困境。

在女儿的"静音"抗议后不久，征得女儿的同意，我们让女儿结束了学琴生涯，这对于她是结束了频繁"挨训"的日子，对于我们也是一种“解脱”。

然而，尽管“训人”和“挨训”的日子过去了，我自觉和孩子的关系没有受到多大影响，但学琴为什么会变成这样？问题的根源是什么？这些问题一直困扰着我，一直无法理清头绪。

就这样过去了一年，2000 年 8 月我们在逛书店时，无意间翻到《赏识你的孩子》一书。我如饥似渴，一夜之间读完，深受触动。由此，对女儿学琴过程的反思才算有了一次飞跃。

周弘老师的很多说法，很多观点是非常发人深省的。

“孩子的心灵是否舒展是教育成败的关键。心灵舒展的孩子必然会欢乐而轻松地飞。”

“赏识导致成功，抱怨导致失败。”

“没有种不好的庄稼，只有不会种庄稼的农民。”

“赏识教育是充满生命力、充满人情味的教育。”

“赏识教育是让家长成为孩子的朋友，是两代人共同成长的教育。”

反观我对待女儿练琴的态度，就可以看出差距是很明显的。

我的差距表现在：在女儿练琴过程中，既不注意及时肯定和赞扬她付出的努力和取得的进步，还经常数落她．这种做法非但没有起到激励孩子突破难点、掌握演奏技巧的效果，反而挫伤了她的自信心，客观上造成了孩子学琴的“抵触”心理。

我的差距还表现在：对孩子练琴施加了比较大的压力，没有考虑指导教师规定的教学进度是否符合实际，只是片面地理解“一分耕耘，一分收获”“严师出高徒”，也没有考虑孩子的实际接受能力。

《赏识你的孩子》一书，一夜之间帮我改掉了训斥孩子的臭毛病。由练琴再想到女儿的学习与其他方面，我很庆幸我并没有沿袭学琴过程中的简单、粗暴做法，孩子在“欲罢不能”的练琴之外，还能有一块“保持自尊”的领地，因而在学习知识、养成学习习惯和摸索学习方法方面，孩子的自信心和自尊心基本没有受到影响。

幸亏，女儿的学琴过程及时终止了。这样一来，因为练琴而出现的“母女对峙”没有继续发展下去，也没有因而影响我和女儿的感情。

我很庆幸，我开始醒悟了，醒悟的时间正是女儿要进入小学高年级的时候，一切都是恰恰好！

我很庆幸，我找到方法的那一天就立即改变了。

然而，细细算来，从女儿 3 岁半，我隐隐约约意识到孩子不喜欢被训斥，到她 12 岁多我彻底觉醒，并下决心改正，经历了 8 年多的岁月。

真是太可怕了。

谁痛苦谁改变。一个能改变的人，通常是那些遇到了自己感觉痛苦的事，有强烈改变的意愿，还能立即付诸行动的人。

三者缺一不可。

对这三个要素进行量化，就是：对痛苦的感受程度越高，改变的意愿越大，执行力越强，改变的速度就越快。

即改变的速度取决于对痛苦的感受度、改变的意愿度和行动的执行力。三者的取值范围，均介于 0 ～ 10 分之间，取值越大，越有利于我们去改变。

比如女儿“静音”了，我对痛苦的感受度是 10 分，改变的意愿度是 10 分，若行动的执行力只有 2 分，我改变的速度一定很慢，因为我没有尽力。如果执行力是 10 分，我全力以赴了，改变的速度一定很快。

我是一名普通的母亲，反思自己的所作所为，孩子小时候学琴时，对她生气、发脾气，让女儿受过很多委屈。我常常问自己，如果早几年觉醒该多好啊！然而，人非圣贤，孰能无过，知错能改，善莫大焉。

然而，即便我有很多不尽如人意的表现，孩子仍然得到了健康成长，这足以说明孩子的潜力是无限的。

三、改变认知让孩子插上翅膀

我女儿去国外读大学时，有一个男孩刚刚上高一，知道我女儿考上耶鲁后，这个男孩子产生了强烈的愿望：高中毕业后也要到美国去上大学。

在开始阶段，他的父母特别高兴，因为儿子有了理想，有了学习热情，看到儿子积极向上的状态，满口答应。至此，儿子牢牢记住了父母的承诺，即支持他去美国读大学。

但父母在同意与不同意之间反复了几次，父母每次反悔，儿子不仅灰心丧气，而且与父母发生激烈的言语冲突，说了一些父母不爱听的话。父母就说孩子不懂事，不体谅他们，甚至责怪他不懂得感恩。高一开学两个多月了，当孩子感觉出国无望时，不夸张地说，他完全没有了学习热情，心情也降到了冰点。

经了解，他父母的担心主要来自这样几方面。

其一，对孩子不够信任。孩子的成绩处于中下游，考上国内一本尚需付出极大的努力，申请美国大学似乎不可能。

其二，去美国读大学的费用太高。即便能够申请到美国上大学的机会，获得奖学金的概率也比较小。当年人民币对美元的汇率为 8:1，每年的学费与生活费需要 40 多万元人民币，对工薪阶层这笔费用并不是一笔小数目。

其三，希望儿子安心学习，在国内上大学，大学毕业以后再到国外攻读研究生，这样获得奖学金的机会更大。

我特别明白孩子父母的心事，也理解他们的担心，但孩子的愿望只有一个，高中毕业到美国读大学，绝不在国内上大学。

了解了事情的原委，就找到了沟通的突破口。

第一，男孩父母承认他们的承诺在前，不能随便反悔。因为他们出尔反尔，影响了孩子的状态，导致孩子没有学习热情。男孩承认自己不成熟，对感恩的理解还不到位。

第二，分析了在国内与国外上大学的差异，比较了中美教育对孩子未来可能产生的影响。在尊重孩子的前提下，父母愿意尽可能为他创造更好的发展平台。

第三，分析了父母工作挣钱的目的和解决经济问题的各种办法，确认在孩子教育方面早投入早收益、多投入多收益的教育理念。

最后，父母与孩子握手言欢。

至此，这对父母坚定了信念，全力支持孩子去美国读大学，再也没有犹豫过。“我要做”+“父母支持我做”让儿子的心灵彻底放飞，就像一只振翅欲飞的小鸟。

后来，这个男孩子在短时间内制订了学习计划，除了课堂学习，还自发组织文学社团、补习+自学提升英语水平、参加科技创新大赛、模拟联合国辩论等课外活动，最终在两年以后如愿被美国一所著名的州立大学录取。2013 年 5 月，这个男孩本科毕业时，成为全校三名获得金质奖章的优秀毕业生之一，进入该校荣誉殿堂；本科毕业前申请攻读研究生（读博），同时获得两所顶级大学化学专业的最高奖学金；在研究生学习期间，仍然年年获最高奖励，顺利获得博士学位。每每说到这里，这对父母都非常自豪。

这个男孩子的经历，也正好应验了马云的那句话：“人还是要有梦想的，万一实现了呢？”这个例子还说明，父母应该尊重孩子的梦想，孩子有了梦想才会有动力和激情为实现自己的梦想而努力奋斗。

四、被信任的孩子更有动力

我认识这样一对父母，爸爸是大学老师，妈妈也在大学工作，对儿子的陪伴特别用心，从小学起就陪着孩子做作业，一直持续到高中毕业。小学阶段的题目比较简单，爸爸不用自学就能教，到了初中尤其是高中以后，数理化与爸爸当年学的内容还是有很大差异的，再说高中时学的很多知识都忘记了，但这位爸爸特别有毅力，坚持自学，完全跟上孩子的学习进度，同步辅导。但这位爸爸对孩子的要求特别严格，绝对不允许孩子看电视。爸妈都要工作，不可能一天二十四小时看着孩子，怎么办？不论是爸爸还是妈妈，每天进家门后的第一件事就是摸电视机是不是热的（现在的平板电视机没有突出的容易发热的显像管），不论是热的还是不热，孩子从来不承认自己偷偷看过电视。

孩子也很精明，知道爸爸妈妈的下班时间，耳朵也特别好使，只要听到钥匙开门的声音，立即关掉电视，坐在书桌前，装模作样地看书做作业。我们要想清楚，不是孩子坐在那里就等于学习，不是学习时间长就等于成绩好，以什么样的心态学习，搞清楚这个问题远比盲目地督促孩子学习更重要！

我告诉这个孩子的妈妈，与其让孩子偷偷摸摸地看电视，不如让他光明正大地看电视，只要约定好规则，双方都不必紧张，至少孩子用不着再说谎，家长也不用疑神疑鬼了。后来，家长与儿子也耐心地交流了，效果不错，这个孩子高中毕业后考上了一所 211 大学，大学毕业又在另外一所 211 大学读研究生。

2018 年 8 月，我家来了一对母子，儿子说他妈妈不相信他，已经到了难以容忍的地步。他是这样叙述的：妈妈做小生意，回家的时间不定，不论什么时候回到家里，不论他是否玩手机，都认为他一定会玩或玩过手机。有一次妈妈回家他没玩手机，但妈妈认为他一定玩过了。还有一次，妈妈回家的时间比较晚，他正在收拾自己的藏品，妈妈坚持认为他已经玩过手机了。再有一次，妈妈回家的时间比较早，他正在看书，妈妈就推断他放下书一定会玩手机。另有一次，妈妈是中途回家的，他正在做作业，妈妈说要不他已经玩过手机了，要不他一会儿还会玩手机。儿子怎么解释都没有用，儿子对妈妈的意见大极了，妈妈就说儿子青春期了，不听话，逆反了。

在我的引导下，妈妈说愿意相信孩子，也愿意去理解他，还答应给他减负。离开我们家的时候，儿子如释重负地说，今天是一个里程碑的日子。

五、成长需要一生的努力

2017 年 9 月中旬，回徐州老家时，我听说有个女孩高考成绩不理想，只能上二本。这位女孩子对未来充满了憧憬，觉得现代社会变化太快，只要大学期间努力学习，将来可以考一本的研究生，或者出国去读研究生甚至博士生，未来的路很长，不一定非要考一本。而且，高中复读本身是有风险的，无论结果如何，都会耽搁一年，所以她暗下决心，不去复读了。

而与女儿的认知不在一个层次的父母，却固执地认为，无论如何，都要女儿去复读，甚至说读二本的大学还不如不念大学。其实，更重要的原因是，女儿怎么能上二本呢，多没有出息，太丢人现眼了，这会让父母很没面子。

双方的态度都很强硬，互不相让，父母逼着女儿复读，女儿则明确地告诉父母，如果复读就去死。父母觉得女儿平时比较听话，也很懂事，以为女儿只是说说，吓唬吓唬他们而已。万万想不到，他们把女儿送到复读学校的第二天早上，就接到学校的电话，女儿真的就没了。父母这才开始醒悟，可是已经晚了，他们恸哭不已，追悔莫及。早知今日，何必当初？

什么一本，什么二本，在生命面前，还有什么意义呢？可惜的是，只有把孩子逼上绝路的时候，似乎我们才愿意去反思和改变自己。

其实，高考只是人生旅程中很短的一段路程，不能单凭这一段路就妄加推断孩子一生更远的风景。未来的路途很长，只要继续付出努力，想要的辉煌就在前面。

再看看另一个完全不同的案例。阿南平时的成绩还不错，在当地重点高中的重点班，按照平时的水平以及一模二模的成绩，考进一所 211 大学，甚至 985 大学，是预料之中的。结果阿南那年的作文《拒绝平庸》写得跑题了，平时最拿手的语文科目考砸了，总分比一本线低了不到 10 分。

是复读还是读二本？同样面临这样的选择。他的父亲是重点中学的高级教师，母亲是实验小学的高级教师，孩子读二本，在别人看来似乎是失败了。然而，阿南的父母并不觉得没面子，而是坦然地接受现实，接纳孩子，尊重他的选择。经过分析与讨论，把高考失利看作新的考验，新的起点，鼓励孩子一切向前看。

阿南在二本学校学习期间，第一年做班长，第二年做系学生会副主席，第三年做系学生会主席，同时在学习上刻苦努力，大四上学期，就被北京一所 985 工科大学录取为硕士研究生。考研成功后，他又参加了选调生的选拔考试，结果阿南取得笔试第一、面试第三、综合第二的好成绩。最终，他放弃读研，选择做自己喜欢的工作。他边工作边学习，2017 年又考上一所 211 大学工商管理硕士研究生，他的生活充实而快乐。

这个孩子特别有才气，2018 年 8 月特意为考上清华的表弟赋诗一首。

再学有感 祝弟志恒志恒久：

锦鲤跃门志不休，苍松攀顶恒中求。
荷塘百年真自清，明理楼中牛名留。

这是一首藏头诗，他把表弟的名字巧妙地嵌入诗中，以此表达自己的祝贺之意。

孩子的成长不是一朝一夕的事，我们需要尊重和理解自己的孩子，让孩子自己做选择并承担责任，这样就不会在认知方面与孩子产生分歧，更不会出现不应有的人生悲剧。

简而言之，归纳本书的体系，其核心内容，就是“十个字，一句话，两种方法，一个机制”，如图 6-12 所示。只要我们做到这些，就能培养身心健康、自信快乐、胸怀宽广的孩子，孩子的内心就是充满爱的。

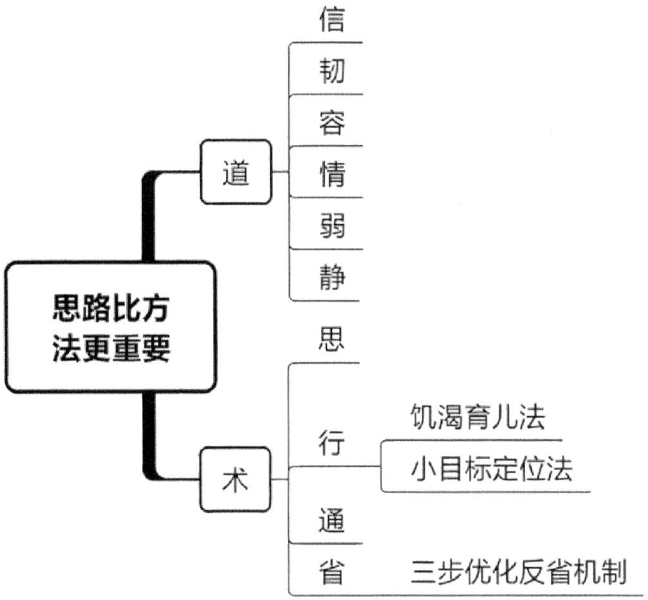

图 6-12　本书核心内容

后 记

接受朋友和家长的建议，准备三年多，这本书终于要和读者见面了。欣喜之余，总觉得还应该说点什么。

在家庭教育方面，我以前陆陆续续做了一些工作，但全力以赴做这件事的时间还不到四年。虽说在女儿的成长和教育方面，自己确实做了不少大胆的尝试，堪称有心、用心和尽心，也积累了一些心得，在 2007 年 1 月和先生合作在中国妇女出版社编写出版了家庭教育的经验之谈——《我们这样把孩子送进耶鲁大学》，但真正开始跟“母亲研究所”、“好未来”、“三宽”、“效优”、“幸福家庭读书会”、“学知鉴”、“佳瑞”、“善天下”和“千载教育”等教育机构合作录制音频、视频节目，在幼儿园、中小学以及社会团体组织的分享活动中进行“现身说法”，还都是这三四年的事情。

在三年多的时间里，我先后在北京、浙江、江苏、广东、广西、山东、山西、河南、河北、宁夏、四川等省（自治区、直辖市）的学校家长学堂、家庭教育公益论坛、家长教育研讨会以及网络课堂与微信群等，做了一百多场分享报告，依托的机构和组织有清华附中国际部、清澜山学校、北京蒲公英中学、嘉洋国际学校、淄博第六中学、徐州金山桥实验学校与侯集中心小学、杭州西湖区闻裕顺幼儿园、石家庄华源实验学校与市第七中学、华为集团人力资源部、母亲教育研究所、通许母亲教育协会、好未来集团、三宽教育集团、洛书汇、幸福家庭读书会等，有时面向家长，有时面向老师（把他们当家长），有时直接面向学生，少则几十人，多则两千人。还有家长与孩子的个案咨询服务，我接触了数以万计的家长和学生。通过这些报告和活动，我深深体会到越来越多的家长（包括还没有做家长的年轻人），都非常重视孩子教育，希望自己的孩子能够健康成长，也深深体会到一些孩子因家长教育意识不到位，错失最佳时机带来的不良后果。作为一名普通的母亲，我愿意将自己的经验、教训分享出来，帮助更多的家长转变观念，希望他们少走弯路，甚至不走弯路。这也是我下决心在退休后从自然科学研究转行家庭教育的原因。

在本书编写过程中，承蒙华东交通大学母亲教育研究所所长王东华教授的热心指点和鼓励。他是当代中国家庭教育的领军人物、母亲教育运动的发起人与倡导者，他主编的《发现母亲》一直畅销不衰，产生了非常广泛的社会影响。在本书付梓之际，王东华教授拨冗作序，体现了他对家庭教育一如既往的重视和支持。

书中的数十幅白描插图是小草、小海两位小画家倾注心血创作的，数十张思维导图得益于陈嶙女士的大力资助，封面设计由经验丰富的刘志斌先生创作完成。他们的付出使本书大为增色。

本书涉及的众多案例主要来自我的亲身经历和家庭教育实践，也有一些来自网络。这些网络案例无法一一标注，请各位读者谅解，同时我也利用这个机会向这些案例的原作者表达崇高的敬意。限于篇幅，对所有提供直接、间接帮助的亲戚、朋友、同事、家长、相关教育机构一并表示衷心的感谢。

本书的书名和六章的章名均为我女儿的书法习作，是在清澜山学校刘宏远老师指导下完成的；我先生为本书的章节安排和文字润色做了大量工作，还有我的老母亲及兄弟姐妹也给予了大力支持。在此，特别感谢家人的倾情理解和帮助，让我在家庭教育方面迈出了可喜的一步。我将继续努力，更好地回馈各位朋友、同事和家人。

杨玉芬
2019 年 10 月于北京上地